ULTRA--APRENDIZADO

SCOTT H. YOUNG

ULTRA-APRENDIZADO

DOMINE HABILIDADES VALIOSAS,
SEJA MAIS ESPERTO QUE A COMPETIÇÃO
E DÊ UM IMPULSO NA SUA CARREIRA

Tradução
Lucas Bandeira

Rio de Janeiro, 2024

Copyright © 2019 por ScottHYoung.com Services Ltd
Foreword copyright © 2019 by James Clear.
All rights reserved.
Título original: Ultralearning

Todos os direitos desta publicação são reservados à Casa dos Livros Editora LTDA.

Nenhuma parte desta obra pode ser apropriada e estocada em sistema de banco de dados ou processo similar, em qualquer forma ou meio, seja eletrônico, de fotocópia, gravação etc., sem a permissão do detentor do copyright.

Diretora editorial: *Raquel Cozer*

Gerente editorial: *Alice Mello*

Editor: *Ulisses Teixeira*

Copidesque: *Marina Góes*

Revisão: *Marcela Isensee*

Capa: *Guilherme Peres*

Diagramação: *Abreu's System*

CIP-Brasil. Catalogação na Publicação
Sindicato Nacional dos Editores de Livros, RJ

Y71u

    Young, Scott
        Ultra-aprendizado: domine habilidades valiosas, seja mais esperto que a competição e dê um impulso na sua carreira / Scott Young; tradução Lucas Bandeira. – 1. ed. – Rio de Janeiro: Harper Collins, 2020.
        304 p.

        Tradução de: Ultra-learning
        ISBN 9786555110050

        1. Método de estudo. 2. Aprendizagem. 3. Sucesso. I. Bandeira, Lucas. II. Título.

20-63284   CDD: 371.30281
                  CDU: 37.091.39

Meri Gleice Rodrigues de Souza – Bibliotecária CRB-7/6439

Os pontos de vista desta obra são de responsabilidade de seu autor, não refletindo necessariamente a posição da HarperCollins Brasil, da HarperCollins Publishers ou de sua equipe editorial.

HarperCollins Brasil é uma marca licenciada à Casa dos Livros Editora LTDA.
Todos os direitos reservados à Casa dos Livros Editora LTDA.
Rua da Quitanda, 86, sala 218 — Centro
Rio de Janeiro, RJ — CEP 20091-005
Tel.: (21) 3175-1030
www.harpercollins.com.br

Para Zorica

SUMÁRIO

APRESENTAÇÃO DE JAMES CLEAR		9
CAPÍTULO 1:	É possível obter educação de qualidade padrão MIT sem ter frequentado o MIT?	17
CAPÍTULO 2:	Por que o ultra-aprendizado é importante?	42
CAPÍTULO 3:	Como se tornar um ultra-aprendiz	58
CAPÍTULO 4:	Princípio 1 — Meta-aprendizagem: faça um mapa primeiro	69
CAPÍTULO 5:	Princípio 2 — Foco: afie sua faca	89
CAPÍTULO 6:	Princípio 3 — Prática direta: siga sempre em frente	107
CAPÍTULO 7:	Princípio 4 — Repetição: ataque seu ponto fraco	127
CAPÍTULO 8:	Princípio 5 — Recuperação: teste para aprender	141
CAPÍTULO 9:	Princípio 6 — Retorno: não se esquive dos golpes	158
CAPÍTULO 10:	Princípio 7 — Retenção: não encha um balde furado	176
CAPÍTULO 11:	Princípio 8 — Intuição: cave fundo antes de começar a construir	201
CAPÍTULO 12:	Princípio 9 — Experimentação: saia da zona de conforto	222
CAPÍTULO 13:	Seu primeiro projeto de ultra-aprendizado	241
CAPÍTULO 14:	Uma educação não convencional	259
AGRADECIMENTOS		285
APÊNDICE		287
NOTAS		293

APRESENTAÇÃO

Minha relação com Scott Young começou em meados de 2013. No dia 10 de julho daquele ano mandei para ele um e-mail perguntando se queria marcar um telefonema para o mês seguinte. Havíamos nos encontrado em uma conferência alguns dias antes, e eu esperava que Scott desejasse continuar a conversa.

"É possível", respondeu ele. "Mas vou estar na Espanha, e a prioridade será em meu próximo projeto de aprendizado de idiomas."

Não era a resposta que eu esperava, mas parecia razoável. Conseguir tempo para um telefonema durante uma viagem internacional pode ser complicado e eu compreendia que ele preferisse esperar até que retornasse. No entanto, logo descobri que ele não voltaria tão cedo, e não seria a mudança de fuso horário ou uma conexão de internet irregular que adiaria nossa conversa.

Não, seria difícil conversar com Scott porque ele estava planejando não falar inglês *por um ano inteiro*.

Foi assim que fiquei conhecendo Scott Young e seu comprometimento com o ultra-aprendizado. Pelos doze meses seguintes, trocávamos e-mails esporádicos enquanto ele viajava pela Espanha, Brasil, China e Coreia e se esforçava para se tornar fluente em cada uma das respectivas línguas ao longo do caminho. Ele manteve a palavra: foi só no verão seguinte, em 2014, que conseguimos tempo para conversar regularmente e começamos a nos falar de meses em meses.

Eu sempre ficava animado para os nossos telefonemas, por motivos egoístas no princípio. Um dos meus principais interesses como escritor é a ciência de como desenvolver bons hábitos e romper com os ruins. Alguém como Scott, que dominou tão claramente seus próprios hábitos, era exatamente o tipo de pessoa que poderia me ensinar uma ou duas coisinhas. E foi precisamente isso que aconteceu. É difícil me lembrar de alguma ocasião em que, ao desligar depois de algumas horas, eu não tenha aprendido algo com Scott.

Isso não significa que sua ideia inovadora tenha me pegado de surpresa. Scott já estava no meu radar quando nos encontramos naquela conferência em 2013. Em 2012, a internet o alçara à fama quando descobriu-se que ele havia aprendido todo o conteúdo da graduação em ciência da computação do Instituto de Tecnologia de Massachusetts, o MIT, e que havia passado em todas as provas finais em menos de um ano — o equivalente a quatro anos de aulas em apenas doze meses. Eu tinha assistido à palestra dele no TEDx Talk resumindo sua experiência e havia lido alguns artigos sobre aprendizagem e autoaperfeiçoamento antes de abordá-lo na conferência.

A ideia de assumir um projeto ambicioso — como estudar todo o currículo da graduação do MIT em um ano ou aprender um novo idioma a cada três meses — é inspiradora para muitas pessoas. Eu certamente achava a ousadia desses projetos fascinante. Mas havia algo em Scott que ecoava em mim em um nível mais profundo: ele era propenso à ação.

Isso é algo que sempre gostei na abordagem dele e creio que você, que está lendo este livro, também vá gostar. Scott não está focado em simplesmente se encher de conhecimento: ele está comprometido em colocar esse conhecimento em prática. Abordar a aprendizagem com intensidade e estar comprometido com a ação é uma das marcas do processo desenvolvido por Scott. Essa abordagem é palatável para mim, em parte, porque vejo padrões semelhantes em minha própria vida e carreira. Algumas das experiências mais significativas que já tive são fruto de aprendizado intenso e autocentrado.

Embora não conhecesse a palavra ultra-aprendizado na época, um dos meus primeiros projetos dessa categoria foi a fotografia. No fim de 2009, eu morei na Escócia por alguns meses. Era a primeira vez que eu vivia em outro país e, tendo em mente os belos cenários nas Terras Altas escocesas, imaginei que devia comprar uma boa câmera. O que eu não imaginava, no entanto, era que me apaixonaria pelo processo de fotografar. O que se seguiu foi um dos períodos mais criativos da minha vida.

Aprendi fotografia por meio de métodos variados. Estudei os portfólios de fotógrafos famosos. Pesquisei locações em busca de pontos de vista fascinantes. Mas, acima de tudo, aprendi graças a um método simples: tirei mais de cem mil fotos naquele primeiro ano. Nunca me matriculei em uma aula. Não li nada sobre como me tornar um fotógrafo melhor. Apenas me comprometi com um incansável processo de experimentação. Essa abordagem de "aprender fazendo" encarna um dos meus capítulos favoritos deste livro e o terceiro princípio do ultra-aprendizado: a prática direta.

Prática direta significa aprender alguma coisa ao fazer diretamente aquilo que se deseja aprender. Basicamente, é um aprimoramento por meio da prática ativa, e não por aprendizado passivo. As frases *aprender algo novo* e *praticar algo novo* soam parecidas, mas esses dois métodos podem produzir resultados profundamente diferentes. Aprendizado passivo gera conhecimento. Prática direta gera habilidade.

Scott refina e esclarece de modo mais elaborado esse argumento no Capítulo 6: a prática direta leva ao desenvolvimento de habilidades. Você pode pesquisar as melhores instruções para o exercício de supino, mas a única maneira de aumentar sua força é levantando o peso. Você pode ler todos os best-sellers sobre vendas, mas a única maneira de realmente atrair clientes é telefonar e tentar vender o produto. Aprender pode ser útil, é claro, mas absorver novas informações pode estar desconectado do processo de refinar uma nova habilidade. Você pode ter toda informação sobre determinado nicho de mercado e ainda assim carecer de experiência no mundo real simplesmente porque você não praticou o ofício.

Scott compreende a dificuldade de aprender verdadeiramente uma nova habilidade. Meu respeito por ele advém não apenas da qualidade de sua escrita, mas também pelo simples fato de que ele pratica as próprias ideias. Nunca vou conseguir enfatizar o suficiente o quão importante isso é: Scott dá o sangue quando embarca em um projeto. Muitas ideias parecem brilhantes no papel, mas fracassam no mundo real. Como diz o ditado: "Na teoria, não há diferença entre teoria e prática. Mas na prática há."*

Em minha empreitada fotográfica, não demorou para que meu comprometimento com a prática direta fosse recompensado. Alguns meses após comprar a câmera, viajei para a Noruega e me aventurei pelo Círculo Ártico para capturar uma imagem da aurora boreal. Pouco depois, fui finalista do prêmio Fotógrafo de Viagens do Ano graças àquela imagem da aurora polar. Foi um resultado surpreendente, mas também um testemunho de quanto progresso pode-se fazer em um período curto, mas intenso, de aprendizado.

Não segui a carreira de fotógrafo. Era apenas um projeto de ultra-aprendizado que levei a cabo por diversão, por satisfação pessoal. Alguns anos depois, no entanto, bem na época em que conheci Scott, comecei outro período de aprendizado intenso com um resultado mais utilitário em mente: queria empreender e imaginei que escrever seria um caminho para chegar lá.

---

* Esta frase foi atribuída a diversas pessoas ao longo dos anos, mas acredito que a fonte mais antiga seja um estudante chamado Benjamin Brewster, que a escreveu em 1882 na *Yale Literature Magazine*: "Não ouvi mais nada, pois estava perdido em remorso por ter sido vítima de um 'erro vulgar'. Mas depois uma dúvida assombrosa tomou conta de mim. O que representa sua lúcida explanação senão isto, que na teoria não há diferença entre teoria e prática, enquanto na prática há?"

Mais uma vez, escolhi um domínio em que tinha pouca experiência formal. Minha família não tem empreendedores, e frequentei apenas uma disciplina de inglês na faculdade. Mas, enquanto lia *Ultra-aprendizado*, fiquei fascinado ao descobrir que Scott explicava, quase passo a passo, o caminho que eu mesmo trilhei de empreendedor inexperiente a autor de um best-seller.

Princípio número 1: meta-aprendizagem. Comecei pesquisando por blogueiros e autores populares. Seus métodos me ajudaram a criar um mapa do que eu precisava fazer para me tornar um escritor de sucesso.

Princípio número 2: foco. Trabalhei em tempo integral como escritor quase desde o início. Exceto por alguns projetos que aceitei como freelancer para pagar as contas, quase todo o meu tempo foi gasto lendo e escrevendo.

Princípio número 3: prática direta. Aprendi a escrever *escrevendo*. Fiz um cronograma para compor um texto novo toda segunda e quinta. Ao final dos dois primeiros anos, tinha produzido mais de 150 artigos.

Princípio número 4: repetição. Analisei cada aspecto da composição de um artigo: o título, a frase introdutória, as transições, a narrativa e daí em diante. Então preenchi planilhas com exemplos de cada segmento. Depois comecei a testar e refinar minha habilidade em cada pequeno aspecto da tarefa maior.

Princípio número 5: *feedback*. Escrevi e-mails para quase todos os meus primeiros 10 mil assinantes para dizer "oi" e pedir uma avaliação daquilo que estavam lendo. Isso não teve sequência à medida que o número de assinantes aumentou, mas foi algo que me ensinou muito no início.

... e por aí vai.

O que quero dizer é que o método de Scott funciona. Seguindo as técnicas que ele traça neste livro, me tornei capaz de construir uma carreira como escritor, criar um negócio de sucesso e, por fim, escrever um livro que se tornou best-seller do *New York Times*. A publicação de *Hábitos atômicos* foi o ápice de anos de trabalho centrado no processo de ultra-aprendizado.

Eu sei que é fácil ouvir histórias sobre alguém que escreveu um livro de sucesso ou aprendeu quatro idiomas em um ano e pensar: "Isso não é para mim." Mas eu discordo. Aprender algo valioso, e fazer isso rápido, não precisa ser exclusivo de um pequeno grupo de prodígios. É um comportamento que todos podem adotar. A maioria das pessoas não o faz porque nunca teve um manual que os ensinasse. Até agora.

Há boas razões para ir atrás do ultra-aprendizado, seja para conduzir um projeto pessoal ou profissional.

Primeiro, aprendizagem aprofundada nos dá um sentido de propósito. Desenvolver habilidades é significativo. Ser bom em algo traz uma sensação boa. O ultra-aprendizado é um caminho para provar a si mesmo que você é capaz de ser melhor e de extrair o melhor da vida. Ela proporciona a confiança de que você pode alcançar objetivos ambiciosos.

Segundo ponto: por meio dessa técnica é possível atingir resultados imensamente satisfatórios. A verdade nua e crua é que a maioria das pessoas nunca se aprofunda em sua área de interesse. Fazer isso, mesmo que apenas por alguns meses, vai ajudar você a se destacar. E, feito isso, você vai conseguir um emprego melhor, ser capaz de negociar um salário mais alto ou ter mais tempo livre. Vai se relacionar com pessoas mais interessantes e aprimorar sua vida pessoal e profissional. O ultra-aprendizado ajuda a desenvolver alavancas que podem ser usadas em outros áreas da sua vida.

Por fim, a aprendizagem profunda é possível. Paul Graham, o famoso empreendedor e investidor, certa vez comentou: "Em muitos campos, um ano de trabalho focado, somado a muito cuidado, é o bastante."* De maneira análoga, acho que a maior parte das pessoas se surpreenderia com o quanto conseguiria realizar depois de um ano (ou alguns meses) de aprendizado focado. O processo de aprendizagem intensa e autocentrada pode modelar habilidades que você nunca imaginou ser capaz de desenvolver. É uma técnica que vai ajudá-lo a atingir seu potencial, e talvez esta seja a melhor de todas as razões para abraçá-la.

A verdade é que, apesar do sucesso do meu trabalho como escritor e fotógrafo, ambos os projetos foram feitos ao acaso. Mergulhei fundo neles, mas sem orientação e direcionamento. Cometi um monte de erros. Quem dera houvesse este livro quando comecei. Imagino quanto tempo e quanta energia eu teria poupado.

Ultra-aprendizado é uma leitura fascinante e inspiradora. Scott compilou uma mina de ouro de estratégias práticas para aprender qualquer coisa muito mais rápido. O esforço dele está em suas mãos agora. Espero que você goste deste livro tanto quanto eu e, mais importante, espero que use as ideias aqui contidas para alcançar algum objetivo ambicioso e empolgante. Com as histórias e estratégias que Scott compartilha aqui, você tem o conhecimento. Só falta agir.

James Clear

---

* Paul Graham, "How to Be an Expert in a Changing World", dezembro de 2014, http://www.paulgraham.com/ecw.html?viewfullsite=1.

CAPÍTULO 1

É possível obter educação de qualidade padrão MIT sem ter frequentado o MIT?

Faltavam só algumas horas. Eu me pegava olhando pela janela a luz da manhã refletindo nos prédios à minha frente. Era um dia claro de outono, surpreendentemente ensolarado para uma cidade notoriamente chuvosa. Homens bem-vestidos carregavam pastas e mulheres elegantes puxavam cachorrinhos minúsculos sob minha janela no décimo primeiro andar. Ônibus arrastavam passageiros relutantes para o centro pela última vez antes do final de semana. A cidade acordava do seu sono, mas eu estava desperto desde antes do nascer do sol.

Agora não é hora de sonhar acordado, eu me lembrei e voltei minha atenção para os problemas de matemática pela metade, rabiscados no caderno à minha frente. O problema começava assim: "Demonstre que $\iint_R \text{curl} F \cdot \check{n} \, dS = 0$ para qualquer parte finita da *n*-esfera…" A matéria era Cálculo Multivariável do Instituto de Tecnologia de Massachusetts. A prova final começaria logo e eu tinha pouco tempo para me preparar. *O que é curl mesmo...?* Fechei meus olhos e tentei criar uma imagem mental do problema. *Existe uma esfera. Eu sei isso.* Imaginei uma bola vermelha brilhante no olho da minha mente, flutuando no espaço. *E o que significa o ň? Representa normal*, lembrei, querendo dizer com isso uma seta que aponta para cima, diretamente para a superfície. Minha bola vermelha ficou peluda, cada pelo era um vetor. *Mas e quanto a curl?* Minha imaginação foi tomada por pequenas ondas de setas pulsando num mar imenso. Curl, que significa 'enrolar' em inglês, formava os redemoinhos que giravam em pequenos laços. Pensei de novo na bola vermelha e peluda carregada de estática. Minha esfera não tinha espirais, então não devia haver nenhum curl, raciocinei. *Mas como eu poderia provar isso?* Rabisquei algumas equações. *Melhor checar de novo.* Minhas figuras mentais eram claras, mas a manipulação dos símbolos estava bastante desleixada. Eu não tinha muito tempo disponível e cada segundo de preparação contava. Precisava trabalhar pesado no maior número possível de problemas antes que o tempo acabasse.

Não era algo incomum para um aluno do MIT. Equações complicadas, conceitos abstratos e testes difíceis são aspectos normais de uma das formações mais prestigiosas em matemática e ciência no mundo. Mas eu não era aluno do MIT. Na verdade, eu nunca estivera em Massachusetts. Tudo isso estava acontecendo dentro do meu quarto, a dois mil e quinhentos quilômetros de distância, em Vancouver, no Canadá. E, embora o estudante típico do MIT aprenda cálculo multivariável em um semestre, eu havia começado apenas cinco dias antes.

O DESAFIO DO MIT

Eu nunca frequentei o MIT. Minha época de faculdade foi gasta estudando administração na Universidade de Manitoba, uma instituição canadense de avaliação mediana a qual eu tinha condições de pagar. Depois de obter um bacharel em comércio, senti que havia escolhido o curso errado. Como eu queria ser empreendedor, estudei administração imaginando que seria o melhor caminho para me tornar meu próprio patrão. Quatro anos depois, descobri que a graduação em administração era majoritariamente uma escola preparatória para aspirantes ao mundo das grandes corporações, aquele de ternos cinza e operações padronizadas. Ciência da computação, por outro lado, era um curso em que realmente se aprendia a fazer coisas. Foram os programas, as páginas na internet, os algoritmos e a inteligência artificial que, lá no início, despertaram meu interesse em empreendedorismo, e eu estava lutando para decidir o que faria sobre isso.

Eu poderia voltar para a faculdade, pensei. Matricular-me novamente. Gastar mais quatro anos para obter outro diploma. Mas adquirir um financiamento estudantil, abandonar mais meia década da minha vida e repetir a burocracia e as regras de uma faculdade não me parecia muito atraente. Devia haver uma maneira melhor de aprender o que eu desejava.

Foi mais ou menos nessa época que deparei com uma disciplina do MIT que estava disponível online. Havia as aulas gravadas, as tarefas e os exercícios; estavam disponíveis até as provas aplicadas na turma regular, além das principais respostas. Decidi tentar. Para minha surpresa, achei a matéria muito melhor que a maior parte das aulas pelas quais paguei milhares de dólares na universidade. Eram apresentações bem trabalhadas, com um professor cativante e um material fascinante. Procurando melhor, descobri que aquela não era a única disciplina que o MIT oferecia de graça. Eles tinham disponibilizado materiais de centenas de disciplinas. Eu me perguntei se aquela era a solução do meu problema. Se era possível aprender o conteúdo de uma disciplina do MIT de graça, eu conseguiria aprender o conteúdo de todo um curso?

Foi assim que começaram quase seis meses de pesquisa intensa para um projeto que eu nomeei Desafio MIT. A primeira coisa que fiz foi procurar o currículo real da graduação em ciência da computação. Combinei e comparei a lista com os materiais que o MIT oferecia on-line. Infelizmente, é uma tarefa mais fácil de descrever do que de realizar. A OpenCourseWare, plataforma usada pelo MIT para enviar o material das disciplinas, não foi concebida como uma alternativa para a presença em sala de aula. Algumas matérias simplesmente não eram oferecidas e precisavam ser substituídas. Outras tinham tão pouco material disponível que eu me perguntava se seria possível completar o conteúdo. Estruturas de computação, um dos cursos necessários, que ensinava como construir um computador do zero usando circuitos e transistores, não tinha nem aulas gravadas nem livro didático indicado. Para aprender o conteúdo da matéria, eu precisaria decifrar símbolos abstratos escritos em uma apresentação de PowerPoint preparada para acompanhar as aulas. A ausência de ferramentas e os critérios de avaliação ambíguos significavam que cursar toda disciplina exatamente como um aluno do MIT não era possível. No entanto, uma abordagem mais simples poderia funcionar: tentar passar nas provas finais.

Mais tarde expandi esse foco, incluindo projetos de programação para as disciplinas nas quais eram exigidos. Esses dois critérios formavam o esqueleto de uma graduação naquela universidade, cobrindo a maior parte do conhecimento e das habilidades que eu desejava adquirir, sem o supérfluo. Nenhuma política de presença obrigatória. Nenhuma data final de entrega de trabalhos. Eu poderia prestar as provas finais quando me sentisse pronto e fazer uma prova alternativa se me desse mal em alguma delas. De repente, o que parecia uma desvantagem — não ter acesso físico ao MIT — se mostrou o contrário. Eu poderia me aproximar da formação de um aluno real por uma fração do custo, do tempo e das restrições.

Para explorar mais profundamente essas possibilidades, cheguei a fazer uma disciplina de teste usando a nova abordagem. Em vez de comparecer a aulas pré-agendadas, assisti a vídeos das aulas a uma velocidade duas vezes maior que a normal. Em vez de fazer os trabalhos meticulosamente e esperar os resultados por semanas, eu podia testar a mim mesmo uma questão de cada vez, aprendendo rapidamente com meus erros. Usando esses e outros métodos, descobri que era possível aprender o básico de uma disciplina em até uma semana. Fiz algumas contas rápidas, incluí alguma margem de erro e concluí que seria possível dar conta das 32 disciplinas restantes em menos de um ano.

Embora tudo isso tenha começado como uma busca pessoal, percebi que havia implicações maiores, que iam além do meu pequeno projeto. A tecnologia tornou o aprendizado mais simples do que nunca. Mesmo assim, as mensalidades são cada vez mais caras. Uma graduação de quatro anos costumava garantir um emprego decente, mas agora mal garante que você consiga um emprego na área. As melhores carreiras exigem habilidades sofisticadas que são improváveis de serem encontradas ao acaso. Não apenas programadores, mas gerentes, empreendedores, designers, médicos, praticamente todo profissional, precisa cada vez mais de um alto nível de conhecimento específico, e muita gente está lutando para acompanhar esse ritmo. No fundo, eu estava interessado não apenas em ciência da computação, mas em descobrir se havia uma nova maneira de dominar as habilidades necessárias no trabalho e na vida.

Voltei minha atenção para a cena que via pela janela, ainda pensando em como tudo aquilo havia começado. Refleti que eu não estaria ali, aventurando-me em meu pequeno e estranho experimento, se não fosse por um encontro fortuito com um irlandês intenso e abstêmio em outro continente quase três anos antes.

FLUENTE EM TRÊS MESES?

"Meu problema não são os franceses, só os parisienses", confessou-me Benny Lewis em um restaurante italiano no coração de Paris. Lewis era vegetariano, um hábito que não é sempre fácil de adaptar em um país famoso pelo *steak tartare* e pelo *foie gras*. Enquanto comia um prato de *penne all'arrabbiata*, que se tornara um de seus favoritos quando trabalhava em um hostel descolado na Itália, Lewis falava em um francês fluente, sem se importar muito se algum dos locais ouvia suas reclamações. Seu descontentamento era fruto de um ano particularmente chato trabalhando como *stagiaire* numa empresa de engenharia de Paris. Tinha sido difícil para ele se adaptar às notórias demandas de trabalho e à vida social da maior cidade da França. Ainda assim, refletiu, talvez não devesse ser tão crítico. Aquela experiência havia sido, afinal, o que o fez largar a vida de engenheiro e viajar pelo mundo aprendendo idiomas.

Eu fora apresentado a Lewis em um momento de frustração pessoal. Estava morando na França como parte de um programa de intercâmbio estudantil. Havia saído de casa com grandes esperanças de terminar o ano falando francês com facilidade, mas parecia que não seria esse o resultado. A maior parte dos meus amigos falava comigo em inglês, inclusive os franceses, e eu começava a sentir que um ano não seria suficiente.

Reclamei com um amigo de casa; ele me contou sobre um cara de quem ouvira falar, que viajava de país em país desafiando-se a aprender o idioma em três meses. "Besteira", respondi, com mais do que uma ponta de inveja. Lá estava eu, batalhando para conversar com pessoas após meses de imersão e havia um sujeito se desafiando a conseguir fazer isso em apenas três meses. Apesar do meu ceticismo, eu sabia que precisava encontrar Lewis para ver se ele sabia alguma coisa sobre o aprendizado de línguas que eu desconhecia. Um e-mail e uma viagem de trem mais tarde, estávamos cara a cara.

"Tenha sempre um desafio", disse-me Lewis, que continuou a expor seus conselhos sobre a vida enquanto me guiava para um *tour* pós-almoço pelo centro de Paris. O que Lewis costumava pensar sobre a cidade havia começado a abrandar e, enquanto caminhávamos da Notre-Dame ao Louvre, ele foi ficando nostálgico em relação a seus dias na cidade. Eu descobriria mais tarde que suas opiniões e suas paixões não apenas alimentavam seu desejo por desafios ambiciosos, como também podiam metê-lo em encrencas. Certa vez, fora detido pela Polícia Federal brasileira depois que uma oficial da imigração ouviu-o praguejar em português para amigos do lado de fora do prédio quando lhe negaram uma extensão do visto. A ironia: o visto tinha sido negado porque a oficial não acreditou que seu português podia ser tão bom depois de uma estadia tão curta e suspeitou que ele estivesse tentando emigrar ilegalmente, contrariando os termos do seu visto de turista.

Continuamos a caminhar então pelos gramados em frente à Torre Eiffel, enquanto Lewis explicava sua abordagem. Comece a falar logo no primeiro dia. Não tenha medo de se comunicar com estranhos. Comece com um livro de frases e deixe o estudo formal para depois. Use mnemônicos visuais para memorizar o vocabulário. O que me espantou não foram os métodos, mas o a audácia com que ele os aplicava. Enquanto eu tentava timidamente assimilar um pouco de francês, temendo dizer a coisa errada e me envergonhando de um vocabulário insuficiente, Lewis era destemido e partia para a conversação, propondo-se desafios aparentemente impossíveis.

Essa abordagem havia funcionado bem para ele. Já era fluente em espanhol, italiano, gaélico, francês, português, esperanto e inglês, e, depois três meses na República Checa, atingiu um nível conversacional. Mas o que mais me intrigou era o desafio que ele havia acabado de planejar: fluência em alemão em apenas três meses.

Tecnicamente falando, não era a primeira experiência de Lewis com esse idioma. Ele tivera aulas de alemão por cinco anos no ensino médio e visitara brevemente o país duas vezes. No entanto, como muitos alunos que passaram um tempo aprendendo algum idioma na escola, ainda não era capaz de falar. "Eu não conseguia sequer pedir café da manhã em alemão se quisesse", admitia, constrangido. Ainda assim, o conhecimento não empregado adquirido naquelas aulas uma década antes provavelmente faria seu desafio ser mais fácil do que se estivesse começando do zero. Para compensar a dificuldade reduzida, Lewis decidiu aumentar as apostas.

Ele costumava se desafiar a atingir em três meses o equivalente ao nível B2 numa língua. O nível B2 — o quarto dos seis níveis compostos por A1, A2, B1, e daí em diante — é descrito pelo Quadro Europeu Comum de Referência para Línguas (QECR) como intermediário avançado, permitindo ao falante "comunicar-se com certo grau de fluência e espontaneidade com falantes nativos, sem que haja tensão por ambas as partes". No entanto, em seu desafio alemão, Lewis decidiu tentar o nível mais alto do exame: C2, que significa completo domínio do idioma. Para alcançar o nível C2, o aprendiz deve "compreender, sem esforço, praticamente tudo o que ouve ou lê" e "se exprimir espontaneamente, de modo fluente e com exatidão, sendo capaz de distinguir finas variações de significado mesmo nas situações mais complexas". Para atingir esse ponto, o

Goethe-Institut, que aplica os testes, recomenda ao menos 750 horas de instrução, sem contar a ampla prática fora da classe.

Alguns meses depois, Lewis voltou a me falar do projeto. Ele fracassou no exame para obter o C2 por um fio de cabelo. Passou em quatro dos cincos critérios, mas não conseguiu a parte de compreensão oral. "Passei muito tempo ouvindo rádio", lamentou ele. "Devia ter praticado mais escuta ativa." Ter fluência em três meses de prática intensa o iludiu, embora ele tenha chegado surpreendentemente perto. Nos sete anos desde que conheci o poliglota irlandês, ele repetiu esse desafio dos três meses em meia dúzia de países, acrescentando a seu repertório linguístico um pouco de árabe, húngaro, mandarim, tailandês, língua de sinais americana e mesmo klingon, a língua fictícia de *Star Trek*.

O que eu não entendi na época, mas entendo agora, era que os feitos de Lewis não eram tão raros. Apenas no campo das proezas linguísticas, encontrei hiperpoliglotas que falavam mais de quarenta idiomas, antropólogos-aventureiros capazes de começar a falar idiomas que desconheciam após algumas horas de exposição, e muitos outros viajantes que, como Lewis, pulam de visto de turista em visto de turista dominando novas linguagens. Também vi que esse fenômeno de autoeducação agressiva com resultados incríveis não se restringia a esse campo de aprendizado.

COMO ROGER CRAIG VENCEU *JEOPARDY!*

"O que é *A ponte sobre o rio Kwai?*", Roger Craig rabiscou a questão em sua tela. Apesar da hesitação inicial quanto à legibilidade da última palavra do título do filme, Craig estava certo. Ele ganhou 77 mil dólares, o maior valor alcançado em um único dia na história do *Jeopardy!* até aquele momento. A vitória de Craig não foi um acaso.

Ele quebrou outros recordes, somando quase duzentos mil dólares, o maior valor de uma série de cinco vitórias. Esse feito seria por si só notável, mas o mais incrível era como ele o conseguira. Refletindo sobre aquele momento, ele costuma dizer: "Eu não pensava: 'Caramba, acabei de ganhar 77 mil dólares.' Pensava: 'Uau, meu site funcionou mesmo.'"

Como estudar para um teste em que qualquer questão pode aparecer? Esse era o problema essencial que Craig enfrentou quando se preparava para a competição. *Jeopardy!* é conhecido por desafiar o público de casa com questões de conhecimentos gerais sobre qualquer assunto, dos reis da Dinamarca a Dâmocles. Assim, os grandes vencedores do programa costumam ser sabichões que passaram a vida toda acumulando uma biblioteca de conhecimentos factuais necessários para falar sobre qualquer assunto. Preparar-se para o *Jeopardy!* pode parecer uma tarefa impossível, já que é preciso estudar quase todo tema imaginável. A solução de Craig, porém, foi repensar o próprio processo de adquirir conhecimento. Para isso, ele construiu um site.

"Todo mundo que quer ser bem-sucedido em um jogo vai praticá-lo", afirmou Craig. "Você pode praticar ao acaso, ou pode fazer isso de maneira eficiente." Para acumular os conhecimentos gerais abrangentes necessários para bater recordes, ele decidiu pensar de maneira impiedosamente analítica sobre como se adquire esse conhecimento. Cientista da computação por ofício, Craig decidiu começar baixando dezenas de milhares de perguntas e respostas de cada edição do *Jeopardy!* que já havia ido ao ar. Então, ele passou meses testando a si mesmo durante seu tempo livre até que, quando ficou claro que participaria do programa, começou a praticar agressivamente e em tempo integral. Usou um aplicativo de mineração de texto para categorizar as questões em diferentes assuntos, como história da arte, moda e ciência, e a visualização de dados para mapear seus pontos fortes e fracos. O aplicativo separou assuntos variados que ele visualizava como vários círculos. A posição de cada círculo no gráfico mostrava quando atingia uma boa taxa de conhecimento de determinado tópico — quanto mais alta a posição, mais ele sabia sobre o assunto. O tamanho do círculo indicava a frequência do assunto. Círculos maiores eram mais comuns e, portanto, seria uma escolha melhor estudá-los mais. Por trás da variedade e da aleatoriedade do programa, Craig começou a descobrir padrões ocultos. Algumas dicas são chamadas de "Dupla do Dia" e permitem que o competidor dobre o placar ou perca tudo. Extremamente valiosas, essas dicas podem parecer distribuídas aleatoriamente, mas, tendo todos os arquivos do *Jeopardy!* em mãos, Craig descobriu que a posição delas seguia alguns padrões. Era possível caçar as mais valiosas variando as categorias e se concentrando em dicas de alta pontuação, rompendo com a abordagem convencional do programa de insistir em uma única categoria até que ela fosse esgotada.

Craig também descobriu tendências quanto aos tipos de questões perguntadas. Embora teoricamente o *Jeopardy!* possa formular questões sobre qualquer assunto, o formato do jogo foi concebido para entreter a audiência doméstica, não para desafiar os competidores. Seguindo esse raciocínio, Craig percebeu que podia ter sucesso estudando apenas o que fosse mais conhecido em cada categoria, em vez de se aprofundar em alguma direção em particular. Se o tema fosse especializado, ele sabia que as respostas girariam em torno dos exemplos mais conhecidos. Analisando seus pontos fracos a partir do treinamento, podia ver quais assuntos precisava estudar mais para ser competitivo. Descobriu, por exemplo, que era fraco em moda e dedicou-se a estudar o tema mais profundamente.

Usar análises para descobrir o que estudar foi só o primeiro passo. A partir daí, Craig empregou um software de repetição espaçada para maximizar sua eficiência. Esse tipo de software é um algoritmo avançado de cartões de perguntas desenvolvido pelo pesquisador polonês Piotr Woźniak nos anos 1980. O algoritmo de Woźniak foi projetado para otimizar o tempo quando se precisa rever a matéria para lembrá-la. Quando a base de dados é grande, a maior parte das pessoas vai esquecer o que aprendeu no começo e, assim, precisa repassar as informações algumas vezes para fixá-las. O algoritmo resolve esse problema calculando o tempo para revisar cada fato a fim de que você não desperdice energia sobrecarregando-se com a mesma informação, mas também não esqueça o que já aprendeu. Essa ferramenta permitiu que Craig memorizasse de maneira eficiente os milhares de fatos necessários para sua vitória.

Embora o programa exiba um episódio por dia, cinco episódios de *Jeopardy!* são gravados de uma vez. Craig tinha voltado para o hotel depois de vencer cinco jogos seguidos e não conseguia dormir. "Você pode simular o jogo, mas não pode simular que ganhou 200 mil dólares em cinco horas e estabeleceu o recorde diário de um jogo do qual desejou participar desde que tinha 12 anos de idade", disse ele. Combinando táticas heterodoxas e análises agressivas, ele havia dominado aquele jogo e vencido.

Roger Craig não foi a única pessoa que me contou ter visto a própria sorte mudar como resultado de um autoaprendizado agressivo. Na época eu não sabia, mas, em 2011, no mesmo ano em que comecei meu Desafio MIT, Eric Barone dava partida a sua própria obsessão. Diferentemente do meu, no entanto, o esforço dele se estenderia por quase cinco anos e exigiria que dominasse inúmeras habilidades diferentes.

DO SALÁRIO MÍNIMO AO MILHÃO

Eric Barone havia acabado de se formar em ciência da computação na Universidade de Washington, em Tacoma, quando pensou: *Esta é a minha chance*. Ele havia decidido que queria criar seus próprios jogos de videogame e que aquele momento, antes que estivesse acomodado em um emprego assalariado como programador, era sua oportunidade de agir. Ele já tinha uma inspiração. Queria que seu jogo fosse uma homenagem a *Harvest Moon*, uma simpática série de jogos japonesa na qual o jogador deve desenvolver uma fazenda bem-sucedida: cultivar alimentos, criar animais, explorar o campo e relacionar-se com outros aldeãos. "Eu adorava aquele jogo", disse ele, lembrando sua experiência com a série quando era criança. "Mas ele podia ser muito melhor." Eric sabia que, se não colocasse sua própria ideia em prática, aquela versão melhorada nunca se tornaria realidade.

Desenvolver um jogo de videogame bem-sucedido comercialmente não é fácil. As empresas de jogos top de linha têm orçamentos de centenas de milhões de dólares e empregam milhares de pessoas na criação de seus títulos mais importantes. Os talentos utilizados são igualmente amplos. O desenvolvimento demanda programação, artes visuais, composição musical, roteiro, design de jogos e dezenas de outras habilidades, dependendo do gênero e do estilo do jogo. A amplitude das habilidades necessárias torna o desenvolvimento de jogos muito mais difícil para equipes pequenas do que outras searas criativas como música, literatura ou artes visuais. Mesmo desenvolvedores independentes altamente talentosos costumam ter que colaborar com outras pessoas para abranger todas as competências necessárias. No entanto, Eric Barone decidiu trabalhar em seu jogo completamente sozinho.

A decisão de fazer isso veio do comprometimento com uma ideia e da autoconfiança incansável de que seria capaz de finalizar o jogo. "Gosto de ter controle completo sobre minha própria ideia", explicou ele, acrescentando que seria "impossível encontrar pessoas com a mesma cabeça" a respeito do design. Entretanto, essa escolha significava que ele teria de se tornar proficiente em programação de jogos, composição musical, pixel art, design de som e roteiro. Mais do que um projeto de criação de um jogo específico, a odisseia de Barone englobaria dominar cada aspecto do design de jogos como um *todo*.

Pixel art era seu ponto mais fraco. Esse tipo de criação remonta a era inicial dos videogames, quando renderizar gráficos em computadores lentos era um processo difícil. Pixel art não é feita com linhas fluidas e texturas fotorrealistas. Em vez disso, uma imagem atraente precisa ser criada posicionando pixels — os pontos coloridos que formam os gráficos computacionais — um por vez. Um trabalho difícil e meticuloso. Um artista desse estilo deve transmitir movimento, emoção e vida a partir de uma grade de quadrados coloridos. Barone gostava de rascunhar e desenhar, mas aquilo não o havia preparado para a dificuldade que enfrentaria. Ele precisava aprender essa habilidade "totalmente do zero". Desenvolver sua capacidade artística a um nível comercial não foi fácil. "Eu devo ter refeito a maior parte dos desenhos de três a cinco vezes", disse ele. "Refiz cada personagem pelo menos dez vezes."

A estratégia de Barone foi simples, mas eficaz. Ele praticou trabalhando diretamente nos gráficos que queria usar no jogo. Criticava o próprio trabalho e o comparava com obras que admirava. "Tentei decompô-las cientificamente", explicou ele. "Perguntava a mim mesmo: 'Por que gosto disso? Por que não gosto daquilo?'" quando olhava o trabalho de outros artistas. Ele complementava a prática lendo a teoria de pixel art e assistindo a tutoriais que preenchessem as lacunas do conhecimento. Quando se deparava com uma dificuldade, ele a analisava: "Eu me perguntava: 'Que meta quero alcançar?', e então: 'Como posso chegar lá?'" Em certo ponto do trabalho, sentiu que as cores do jogo estavam entediantes e sem graça. "Queria que elas saltassem da tela." Então pesquisou teoria das cores e estudou ostensivamente outros artistas para descobrir como usavam as cores para tornar seus trabalhos visualmente interessantes.

A pixel art era apenas uma das áreas que Barone precisava dominar. Ele também compôs toda a música do jogo, refazendo-a do início mais de uma vez para ter certeza de que atingiria sua expectativa elevada. Seções inteiras da mecânica do jogo foram desenvolvidas e jogadas fora porque não atingiram seus padrões rigorosos. Esse processo de praticar diretamente e refazer o trabalho lhe permitiu tornar-se cada vez melhor em cada aspecto do design de jogos. Embora isso tenha aumentado o tempo que ele levou para completar a tarefa, também permitiu que o produto finalizado competisse com jogos criados por um batalhão de artistas, programadores e computadores especializados.

Ao longo dos cinco anos do processo de desenvolvimento, Barone evitou procurar emprego como programador. "Não queria me envolver em nada grande", disse ele. "Teria me tomado tempo e eu queria dar o meu melhor no desenvolvimento do jogo." Por isso, ele trabalhou como porteiro de um teatro por um salário mínimo, para não ter distrações. O pouco que ganhava no emprego, combinado com o apoio da namorada, permitiram que Barone sobrevivesse enquanto se concentrava em sua paixão.

A dedicação foi recompensada. Barone lançou *Stardew Valley* em fevereiro de 2016. O jogo se tornou rápida e surpreendentemente um sucesso, vendendo mais do que títulos de empresas grandes oferecidos na plataforma de jogos de computador Steam. Barone estima que, um ano depois do lançamento, *Stardew Valley* havia vendido mais de três milhões de cópias em múltiplas plataformas. Em questão de meses ele passou de designer desconhecido que ganhava salário mínimo a milionário na lista dos "30 abaixo de 30" da *Forbes*, uma das estrelas do desenvolvimento de jogos. Sua dedicação em dominar as habilidades necessárias foi responsável por uma parcela razoável do sucesso. O blog Destructoid, em sua resenha sobre jogo, descreveu a arte como "incrivelmente cativante e bonita". O comprometimento de Barone com sua ideia e sua autoaprendizagem agressiva valeram muito a pena.

O DESAFIO MIT E ALÉM

De volta ao meu pequeno apartamento, lá estava eu conferindo meu teste de cálculo. Foi difícil, mas parecia que eu tinha passado. Foi um alívio, mas não era hora de relaxar. Na segunda-feira seguinte, começaria tudo de novo, com uma nova disciplina, e ainda faltava um ano pela frente.

À medida que o calendário avançava eu ia mudando as estratégias. Em vez de tentar aprender uma matéria em alguns dias, comecei a gastar um mês em três ou quatro disciplinas simultâneas. Achava que, estendendo o aprendizado ao longo de um período maior, reduziria alguns dos efeitos negativos de estudar em um estirão. À medida que progredia, eu também diminuía o ritmo. Eu fizera as primeiras disciplinas com uma pressa agressiva a fim de manter o planejamento e cumprir o prazo final autoimposto. Quando pareceu que eu daria conta, pude parar de estudar sessenta horas por semana e passei para uma rotina de 35 a quarenta. Por fim, em setembro de 2012, menos de doze meses após ter começado o desafio, concluí a última matéria.

Completar o projeto abriu meus olhos. Por anos, pensei que a única maneira de aprender algo de fato era encarando uma rotina acadêmica formal até o fim. Terminar o desafio me ensinou não apenas que esse pressuposto era falso, mas que o caminho alternativo poderia ser divertido e empolgante. Na universidade, muitas vezes eu me sentia sufocado, tentando ficar acordado em palestras chatas, me arrastando em tarefas trabalhosas, me forçando a aprender coisas que não me interessavam apenas para conseguir o diploma. Como esse projeto partiu de uma ideia minha e tinha sido fruto de um planejamento meu, raramente foi doloroso, mesmo que por diversas vezes desafiador. Os assuntos pareciam empolgantes e cheios de vida, nada a ver com trabalhos antiquados. Com o planejamento e o esforço adequados, pela primeira vez, senti que poderia aprender algo de que gostasse. As possibilidades eram infinitas, e minha mente já procurava algo novo para aprender.

Foi quando recebi uma mensagem de um amigo: "Você está na página principal do Reddit, sabia?" A internet havia descoberto meu projeto, que estava causando bastante debate. Alguns gostavam da ideia, mas duvidavam que fosse útil: "Pena que os empregadores não vão considerar esse feito como um diploma de verdade, mesmo que ele tenha a mesma quantidade de (ou mais) conhecimento que um pós-graduado." Um usuário que afirmou ser chefe de pesquisa e desenvolvimento de uma empresa de softwares discursava: "É esse tipo de profissional que queremos. Eu realmente não ligo se ele tem ou não um diploma." O debate esquentou. Eu havia mesmo feito aquilo ou não? Eu conseguiria um emprego como programador? Por que tentar fazer isso em um ano? Eu era maluco?

A onda inicial de atenção levou a outros pedidos. Um funcionário da Microsoft me chamou para uma entrevista de emprego. Uma startup me convidou a entrar para a equipe. Uma editora chinesa me ofereceu um contrato para lançar um livro com algumas dicas de estudo para alunos com dificuldades. Entretanto, não tinham sido esses os motivos pelos quais embarquei em meu projeto. Eu já estava feliz trabalhando como escritor para publicações online; isso havia me sustentado ao longo do desafio e continuaria me sustentando. Meu objetivo nunca fora conseguir um emprego, mas testar possibilidades. Poucos meses depois de concluir esse primeiro grande desafio, ideias para novos já borbulhavam na minha cabeça.

Pensei em Benny Lewis, meu primeiro exemplo desse estranho mundo do autoaprendizado. Seguindo seu conselho, eu havia alcançado um nível intermediário de francês. Havia sido bem trabalhoso, e eu estava orgulhoso de ter conseguido contornar meu problema inicial — estar cercado por uma bolha de falantes de inglês — e ter aprendido o bastante para me virar na França. No entanto, depois de terminar minha experiência com o MIT, eu estava tomado por uma nova confiança que eu não tivera entre os parisienses. E se eu não cometesse o mesmo erro que havia cometido da última vez? E se, em vez de formar um grupo de amigos que falavam inglês e lutar para romper a bolha quando meu francês estivesse bom o suficiente, eu imitasse Benny Lewis e mergulhasse direto na imersão desde o primeiro dia? O quanto eu melhoraria se, assim como fiz com o MIT, eu não poupasse nada e otimizasse o que pudesse para aprender um novo idioma de maneira tão intensa e eficaz quanto possível?

Por sorte, naquela época meu colega de casa planejava fazer uma pós-graduação e queria tirar um tempo para viajar antes disso. Nós dois tínhamos algum dinheiro guardado e descobrimos que, se juntássemos nossos recursos e planejássemos um roteiro frugal, poderíamos fazer algo divertido. Eu falei para ele sobre minhas experiências na França, sobre o aprendizado de francês e como acreditava secretamente que era possível fazer melhor. Contei sobre a bolha social que havia formado quando cheguei sem falar a língua e como foi difícil rompê-la. E se, em vez de simplesmente torcer para praticar o suficiente, você bloquear qualquer rota de fuga? E se você se comprometer a falar apenas aquele idioma desde o primeiro momento que pisar fora do avião? Meu amigo estava cético. Ele me vira estudando as matérias do MIT por um ano em nosso apartamento. Ainda estava em dúvida quanto a minha sanidade, mas também não tinha tanta confiança em sua própria capacidade. Não tinha certeza se conseguiria, embora quisesse dar uma chance, desde que eu não tivesse expectativas de que ele tivesse sucesso.

Esse projeto, que meu amigo e eu chamamos de "O Ano Sem Inglês", era simples. Iríamos a quatro países e ficaríamos três meses em cada. O plano era direto: desde o primeiro dia, não falaríamos inglês, nem entre nós nem com qualquer pessoa que encontrássemos. A partir disso descobriríamos o quanto éramos capazes de aprender antes que os vistos de turista expirassem e partíssemos em outra direção.

Nossa primeira parada foi Valência, na Espanha. Havíamos acabado de pousar no aeroporto quando encontramos o primeiro obstáculo. Duas inglesas atraentes nos abordaram, pedindo informações. Nós nos entreolhamos e balbuciamos desajeitadamente o pouco de espanhol que sabíamos, fingindo que não falávamos inglês. Elas não entenderam e perguntaram de novo, agora num tom exasperado. Nós gaguejamos mais um pouco em espanhol e elas, acreditando que não falávamos inglês, foram embora frustradas. Não falar inglês já estava tendo consequências inesperadas. Apesar desse começo desanimador, nossa proficiência em espanhol melhorou ainda mais depressa do que eu havia previsto. Depois de dois meses na Espanha, interagíamos melhor em espanhol do que eu havia sido capaz em um ano inteiro de imersão parcial na França. Encontrávamos com o professor pela manhã, estudávamos um pouco em casa e passávamos o restante do dia com amigos, conversando em restaurantes e nos banhando com o sol espanhol. Apesar de sua hesitação inicial, meu amigo também havia se convertido a essa nova abordagem de aprendizado. Embora não estudasse gramática e vocabulário tão agressivamente quanto eu, no fim da nossa estadia ele também estava integrado perfeitamente à vida espanhola. Tinha funcionado bem melhor do que ele esperava, e agora éramos ambos fiéis ao método.

Continuamos a viagem indo para o Brasil, China e Coreia do Sul. Português, mandarim e coreano eram as etapas seguintes do projeto. A Ásia acabou sendo um desafio muito mais maior do que a Espanha ou o Brasil. Em nossa preparação, presumimos que aqueles idiomas seriam apenas um pouco mais difíceis do que os europeus, mas descobrimos que são muito mais complicados. O resultado foi que nossa regra de não usar inglês começou a falhar, embora ainda a aplicássemos sempre que possível. Nossa proficiência em mandarim e coreano não chegou ao mesmo nível depois de uma curta estadia em cada país, mas ainda assim foi suficiente para fazer amigos, viajar e conversar sobre diversos assuntos. Ao fim daquele ano, podíamos dizer com segurança que falávamos quatro novos idiomas.

Depois de atestar que a mesma abordagem funcionava se aplicada em um curso de ciência da computação e em uma aventura de aprendizado linguístico, aos poucos eu me convencia de que ela se sairia bem em muitas outras áreas. Quando criança, eu gostava de desenhar, mas, como acontece com a maioria das pessoas, todo rosto que eu tentava reproduzir saía esquisito e artificial. Sempre admirei quem consegue esboçar rapidamente um retrato, seja um caricaturista que trabalha nas ruas, seja um pintor profissional. Eu me perguntava se a técnica daria certo com arte.

Decidi passar um mês aprimorando minha habilidade de desenhar rostos, e percebi que minha principal dificuldade era posicionar adequadamente os traços faciais. Por exemplo, um erro comum quando se tenta desenhar um rosto é colocar os olhos muito em cima. A maioria de nós acha que os olhos ficam no terço superior da cabeça. Na verdade, eles ficam tipicamente no meio do caminho entre o topo da cabeça e o queixo. Para superar tendências como essa, eu fazia esboços baseados em retratos. Depois, tirava uma foto do meu desenho com o celular e sobrepunha a imagem original ao esboço. Deixava a foto semitransparente, o que me permitia ver imediatamente se a cabeça estava estreita ou larga demais, se os lábios estavam baixos ou altos demais, ou se havia posto os olhos no lugar certo. Fiz isso centenas de vezes, empregando as mesmas estratégias de avaliação rápida que funcionaram com o plano do MIT. Aplicando estratégias como essa, consegui, em um curto período, ficar muito melhor em desenhar retratos (veja a seguir).

DESCOBRINDO OS ULTRA-APRENDIZES

De modo superficial, projetos como as aventuras linguísticas de Benny Lewis, a proficiência em conhecimentos gerais de Roger Craig e a odisseia de Eric Barone no desenvolvimento de jogos são bem diferentes. Entretanto, todos são exemplos de um fenômeno mais geral que eu chamo de *ultra-aprendizado*.* Quanto mais procurava sobre isso, mais histórias encontrava. Embora fossem diferentes em especificidades, como o tópico ou a motivação, por exemplo, elas compartilhavam uma linha: a dedicação a projetos de aprendizagem extremos e autodirigidos e o emprego de táticas semelhantes para completá-los com sucesso.

Steve Pavlina é um ultra-aprendiz. Ele otimizou seu horário na universidade e pegou o triplo da carga de matérias para completar a graduação em ciência da computação em três semestres. O desafio de Pavlina é muito anterior a meu experimento com o MIT e foi uma das minhas primeiras inspirações ao demonstrar como era possível uma aprendizagem concentrada. Na época não existiam aulas online gratuitas e Pavlina frequentou a Universidade do Estado da Califórnia em Northridge, obtendo diplomas verdadeiros, em ciência da computação e matemática.

Diana Jaunzeikare embarcou num projeto de ultra-aprendizado a fim de replicar um doutorado em linguística computacional. Tomando como modelo o programa de doutorado da Universidade Carnegie Mellon, ela não queria apenas aprender as matérias, mas também conduzir uma pesquisa inédita. Jaunzeikare começou seu projeto porque voltar para a universidade para conseguir um doutorado real significaria ter que largar o emprego que amava no Google. Como muitos ultra-aprendizes antes dela, o projeto de Jaunzeikare era uma tentativa de preencher uma lacuna acadêmica quando as alternativas formais não se adequavam a seu modo de vida.

---

* Tecnicamente, o termo *ultra-aprendizado* foi usado pela primeira vez por Cal Newport, no título que deu para um artigo que eu escrevi para seu site sobre o Desafio MIT, que eu havia acabado de completar. O título era: "Aprendendo álgebra linear em dez dias: experimentos impressionantes de ultra-aprendizado."

Auxiliados por fóruns online, muitos ultra-aprendizes trabalham de maneira anônima e seus esforços só são observáveis nesse ambiente virtual. Um usuário do *Chinese-forums.com* que usa o apelido Tamu documentou extensivamente seu processo de aprender chinês do zero. Dedicando-se "de setenta a oitenta horas ou mais por semana" ao longo de quatro meses, ele se desafiou a passar no HSK 5, o segundo nível mais alto na prova de proficiência em mandarim da China.

Outros ultra-aprendizes abandonaram tanto as estruturas convencionais de avaliação quanto a obtenção de diplomas. No começo de 2016, Trent Fowler embarcou em um esforço de um ano para se tornar proficiente em engenharia e matemática. Ele chamou esse desafio de STEMpunk Project, uma brincadeira com STEM, sigla em inglês para os campos que ele queria aprender — ciência, tecnologia, engenharia e matemática —, e a estética retrofuturista do *steampunk*. Fowler repartiu o projeto em módulos. Cada módulo cobria um assunto específico, como computação, robótica, inteligência artificial e engenharia, mas sempre baseados em projetos práticos em vez de reproduzir aulas formais.

Cada ultra-aprendiz que encontrei é único. Alguns, como Tamu, prefeririam cronogramas punitivos de tempo integral, a fim de dar conta de rigorosos prazos finais autoimpostos. Outros, como Jaunzeikare, tocaram seus projetos enquanto mantinham empregos em tempo integral e suas obrigações. Alguns tinham como meta referências reconhecidas, como testes padronizados, currículos formais e a vitória em competições. Outros pensaram em projetos que desafiavam comparações. Alguns se especializaram, concentrando-se exclusivamente em idiomas ou programação. Outros queriam se tornar verdadeiros polímatas, escolhendo uma ampla gama de habilidades.

Idiossincrasias à parte, todos os ultra-aprendizes tinham muitas características em comum. Costumam trabalhar sozinhos, muitas vezes batalhando meses ou anos a fio sem muito mais do que um blog para anunciar seus esforços. Seus interesses tendem à obsessão. São agressivos na otimização de estratégias, debatendo ferozmente o mérito de conceitos esotéricos como prática intercalada, limite de cartões ou palavras-chave mnemônicas. Acima de tudo, são pessoas preocupadas com a aprendizagem. Sua motivação a aprender os leva a enfrentar projetos intensos, mesmo que sacrifiquem credenciais ou a conformidade a padrões.

Os ultra-aprendizes que conheci não costumavam saber de outros ultra-aprendizes. Ao escrever este livro, quis reunir os princípios comuns que observei em cada projeto e no meu próprio. Meu desejo era eliminar todas as diferenças superficiais e particularidades a fim de delinear quais conselhos de aprendizagem permanecem. Também quis, a partir desses exemplos extremos, extrair algo real que pudesse ser útil para um estudante ou profissional comum. Mesmo que você não esteja pronto para encarar algo tão extremo quanto os projetos que descrevi, ainda existem pontos dessa abordagem que você pode ajustar e aplicar com base na experiência dos ultra-aprendizes e nas pesquisas da ciência cognitiva.

Embora os ultra-aprendizes formem um grupo extremo, esta abordagem pode servir para profissionais e estudantes normais. E se você criar um plano para aprender rapidamente as habilidades necessárias para desempenhar um novo papel, um novo projeto ou mesmo uma nova profissão? E se você puder dominar uma habilidade importante em seu trabalho, como Eric Barone fez? E se puder ficar bem-informado em uma ampla gama de assuntos, como Roger Craig? E se conseguir aprender novo idioma, simular o programa de um curso universitário ou se tornar bom em algo que parece impossível agora?

Ultra-aprendizado não é fácil. Pelo contrário, é complexo, frustrante e exige a capacidade de ultrapassar os limites da sua zona de conforto. No entanto, as coisas que você pode realizar fazem o esforço valer a pena. Vamos parar um momento para entender o que exatamente é o ultra-aprendizado e como ele difere das abordagens mais comuns de ensino. Desse modo poderemos examinar os princípios subjacentes a todo aprendizado e ver como os ultra-aprendizes os exploram a fim de obter conhecimento mais depressa.

CAPÍTULO 2

Por que o ultra-aprendizado é importante?

O que é exatamente o ultra-aprendizado? Minha introdução ao grupo eclético de intensos autodidatas começou com uma busca por exemplos de realizações incomuns de aprendizado. Para ir adiante, no entanto, precisamos de algo mais conciso. Eis uma definição imperfeita:

> ULTRA-APRENDIZADO: estratégia de aquisição de habilidades e conhecimento que é tanto autodirigida quanto intensiva.

Primeiro de tudo, o ultra-aprendizado é uma estratégia. Mas se uma estratégia não é a única solução para um problema, ela pode ser uma boa opção. Estratégias também tendem a funcionar para certas situações e não para outras, então usá-las é uma escolha, não uma obrigatoriedade.

Segundo, o ultra-aprendizado é autodirigido. Tem a ver com a maneira como tomamos decisões sobre o que aprender e por quê.

É possível ser um aprendiz completamente autodirigido e ainda assim decidir que frequentar uma instituição X é a melhor maneira de aprender algo. Do mesmo modo você pode "ensinar a si mesmo" alguma coisa seguindo negligentemente os passos descritos por um manual. Autodirecionamento não tem a ver com o lugar onde o aprendizado ocorre, mas com quem está no comando do projeto.

Por fim, o ultra-aprendizado é intenso. Todos os ultra-aprendizes que conheci adotavam passos incomuns para maximizar sua eficiência no aprendizado. Tentar audaciosamente falar um idioma que acabou de começar a praticar, exercitar de maneira sistemática dezenas de milhares de questões de conhecimentos gerais e repetir um trabalho artístico diversas vezes até aperfeiçoá-lo é um trabalho intelectual complicado. Pode-se ter a impressão de que a mente está no limite. O oposto disso é o aprendizado otimizado pela diversão ou pela conveniência: escolher um aplicativo de ensino de idiomas porque é divertido, assistir passivamente a reprises de programas de perguntas e respostas na televisão para não se sentir burro, ou optar por um comportamento diletante, em vez de comprometido. Um método intensivo também pode produzir um estado agradável de fluxo, em que a experiência de se desafiar absorve sua concentração e você se esquece do tempo. Com o ultra-aprendizado, no entanto, aprender de maneira profunda e efetiva sempre será a prioridade.

Essa definição cobre os exemplos que descrevi até agora, mas em outros pontos é insatisfatoriamente ampla. Os ultra-aprendizes que conheci têm características muito mais comuns além das implicadas na definição mínima. É por isso que a segunda parte deste livro discutirá princípios mais profundos e frequentes no ultra-aprendizado e como eles possibilitam realizações impressionantes. Antes, porém, quero explicar por que eu acho que o ultra-aprendizado é importante: embora os exemplos pareçam excêntricos, os benefícios dessa abordagem são profundos e práticos.

EM DEFESA DO ULTRA-APRENDIZADO

É claro que nossa estratégia não é fácil. É preciso reservar um tempo na agenda sempre cheia para buscar algo que vai exigir muito mental e emocionalmente, talvez até fisicamente. A pessoa é forçada a enfrentar as frustrações de frente, sem possibilidade de recuar para opções mais confortáveis. Em virtude dessa dificuldade, acho importante explicar de maneira clara por que o ultra-aprendizado é algo que deve ser considerado com seriedade.

O primeiro motivo tem a ver com o trabalho. Você já gastou muita energia trabalhando para pagar contas, certo? Comparado a isso, o ultra-aprendizado exige um investimento pequeno, mesmo que você chegue ao ponto de se dedicar temporariamente a ele em período integral. Ainda assim, aprender habilidades difíceis com rapidez pode ter mais impacto do que anos de esforço medíocre no trabalho. Se você deseja mudar de carreira, enfrentar novos desafios ou acelerar seu progresso, temos aqui uma ferramenta poderosa.

O segundo motivo tem a ver com a sua vida pessoal. Quantos de nós sonham tocar um instrumento, falar um segundo idioma, tornar-se chef, escritor ou fotógrafo? Os momentos de alegria mais profunda não vêm quando fazemos coisas fáceis; eles acontecem quando atingimos nosso potencial e superamos as crenças limitantes que temos sobre nós mesmos. O ultra-aprendizado oferece um caminho para dominar habilidades que trarão a você satisfação e autoconfiança profundas.

Embora a motivação por trás disso seja atemporal, vamos começar entendendo por que dedicar-se a dominar a arte de aprender rapidamente coisas difíceis será ainda mais importante em relação ao seu futuro.

ECONOMIA: O MEDIANO JÁ ERA

Segundo o economista Tyler Cowen, "o mediano já era". Esse é o título de seu livro, *Average is Over*, em que argumenta que, em virtude do uso crescente de computadores, da automação, da terceirização e da regionalização, cada vez mais vivemos em um mundo em que as pessoas mais proficientes fazem tudo muito melhor do que o restante.

O efeito disso é chamado de "polarização de habilidades". É bem sabido que a desigualdade de renda tem aumentado nos Estados Unidos nas últimas décadas. No entanto, essa descrição ignora um quadro mais sutil. David Autor, economista do MIT, mostrou que, em vez um aumento da desigualdade em todos os campos, há na verdade dois efeitos diferentes: a desigualdade aumenta no topo e diminui na base. Isso combina com a tese de Cowen de que o mediano já era, com a faixa média do espectro de renda comprimindo-se na base e esticando-se no topo. O autor identifica o papel da tecnologia nesse efeito. O avanço nas áreas da informática e automação resultou na substituição de muitos trabalhos que exigiam habilidades medianas — balconistas, agentes de viagem, escriturários e operários — por novas tecnologias. No lugar, surgiram novos postos de trabalho, mas que, em geral, são de dois tipos: ou exigem profissionais altamente especializados, como engenheiros, programadores, gerentes e projetistas, ou empregos de baixa qualificação, como vendedores de loja, faxineiros e funcionários de atendimento ao cliente.

A globalização e a regionalização exacerbam as tendências causadas pelos computadores e pelos robôs. Enquanto o trabalho técnico de qualificação média é terceirizado para trabalhadores em nações em desenvolvimento, muitos desses postos estão desaparecendo nos Estados Unidos. Posições que exigem pouca qualificação, que, em geral, demandam contato pessoal e conhecimento social na forma de habilidades culturais e linguísticas, devem sobreviver. Os trabalhos mais qualificados também são mais resistentes a migrar para outros continentes em virtude dos benefícios da coordenação entre o gerenciamento e o mercado. Pense na frase estampada em todos os iPhones: "Projetado na Califórnia. Produzido na China." O projeto e o gerenciamento ficam; a fabricação vai embora. A regionalização é uma extensão desse efeito, quando certas empresas e cidades de alto desempenho produzem impactos desmesurados na economia. Cidades superproeminentes, como Hong Kong, Nova York e San Francisco interferem na economia e a dominam, uma vez que empresas e talentos se reúnem ali a fim de tirar proveito da proximidade física.

Esse quadro pode ser sombrio ou esperançoso, dependendo do modo com que você responde a ele. Sombrio porque muitas das premissas incorporadas por nossa cultura a respeito do que é necessário para uma vida bem-sucedida de classe média estão erodindo rapidamente. Com o desaparecimento dos trabalhos de qualificação média, não bastará ter uma educação básica e trabalhar arduamente para ter sucesso. Será necessário migrar para a categoria altamente especializada, que demanda aprendizado, ou a pessoa declinará para a categoria inferior, de baixa qualificação. Sob essa imagem perturbadora, porém, também existe esperança, uma vez que, se você dominar as ferramentas pessoais para aprender novas habilidades depressa e de maneira efetiva, será um competidor mais bem-sucedido nesse novo ambiente. Talvez ninguém seja capaz de controlar essa mudança no panorama econômico, mas podemos preparar nossa reação a ela, aprendendo agressivamente as habilidades mais difíceis necessárias para prosperar.

MENSALIDADES SÃO CARAS DEMAIS

A demanda crescente por especialização aumentou a demanda pela formação universitária. Mas, em vez de a educação de nível superior ter se expandido para todos, tornou-se um fardo esmagador com altas taxas cobradas pelas instituições, fazendo com que dívidas que perduram décadas sejam a norma para aqueles que buscam ensino de qualidade. Os custos aumentaram muito mais rápido do que a inflação e isso significa que, a não ser que você esteja certo de que o investimento no diploma resultará em um grande aumento salarial, a formação acadêmica pode não compensar o investimento financeiro.

Muitas das melhores escolas e instituições não conseguem ensinar algumas das habilidades vocacionais essenciais para se obter sucesso nos novos postos de alta qualificação. Embora o ensino superior tenha sido tradicionalmente um lugar capaz de moldar mentes e desenvolver personalidades, esses objetivos elevados soam cada vez mais desconectados da realidade financeira básica que recebe os novos formandos. Portanto, mesmo para aqueles que cursam uma faculdade, costuma haver lacunas entre as habilidades aprendidas academicamente e as necessárias para o sucesso. O ultra-aprendizado pode preencher algumas dessas lacunas quando voltar para a universidade não é uma opção viável.

Campos em rápida transformação também significam que os profissionais precisam aprender novas competências e habilidades o tempo todo se quiserem permanecer relevantes. Voltar ao ensino formal pode ser uma opção para alguns, mas está fora do alcance para muitos. Quem tem a chance de deixar a vida em suspenso por anos enquanto frequenta aulas que, no final, podem ou não ajudar em situações da vida real? Como é dirigida pelo próprio aprendiz, o ultra-aprendizado pode encaixar em uma variedade maior de agendas e situações, mirando exatamente naquilo que você precisa aprender, sem desperdício.

Por fim, pouco importa se o ultra-aprendizado é um substituto adequado ao ensino superior. Em muitas profissões, ter um diploma não é apenas bom, mas uma obrigação legal. Médicos, advogados e engenheiros precisam de credenciais formais para começar a trabalhar. No entanto, esses profissionais não param de aprender depois que terminam a faculdade; a capacidade de aprender sozinho novos conteúdos e novas habilidades continua essencial.

TECNOLOGIA: NOVAS FRONTEIRAS NA APRENDIZAGEM

A tecnologia amplia tanto os vícios quanto as virtudes da humanidade. Os primeiros ficam piores porque agora podem ser baixados da internet, levados por toda parte e transmitidos para a sociedade como um todo. As possibilidades de distração e ilusão nunca foram tão grandes e, como resultado, enfrentamos uma crise política e de privacidade. Embora esses perigos sejam reais, também surgem oportunidades em seu rastro. Para aqueles que sabem como usar a tecnologia com sabedoria, vivemos hoje a época em que é mais fácil aprender coisas novas sozinho do que jamais fora. Uma quantidade de informação mais vasta do que aquela contida na Biblioteca de Alexandria está acessível de graça para qualquer pessoa com um dispositivo eletrônico e uma conexão de internet. As melhores universidades, como Harvard, MIT e Yale, disponibilizam seus cursos mais importantes de graça, online. Fóruns e plataformas de debates permitem que você aprenda em grupo sem ter de sair de casa.

Além dessas vantagens, há softwares que aceleram o ato de aprender em si mesmo. Tomemos o aprendizado do mandarim, por exemplo. Há cinquenta anos, um estudante teria de consultar dicionários de papel; aprender a ler era um pesadelo. Hoje existem sistemas de repetição espaçada que ajudam a memorizar o vocabulário, leitores de arquivos que traduzem com um clique, enormes bibliotecas de *podcasts* que oferecem infinitas possibilidades de prática e aplicativos de tradução que suavizam a transição para a imersão. Essa mudança agressiva na tecnologia significa que muitas das melhores maneiras de aprender tópicos antigos ainda precisam ser inventadas ou desenvolvidas com mais rigor. As possibilidades de aprendizagem são imensas e estão aí apenas esperando que autodidatas ambiciosos inventem novas maneiras de explorá-las.

No entanto, o ultra-aprendizado não exige novas tecnologias. Como discutirei nos próximos capítulos, essa prática tem um histórico extenso e podemos considerar que muitas das mentes mais famosas aplicaram alguma versão dela. A tecnologia, porém, oferece uma incrível oportunidade de inovação. Ainda existem muitas maneiras de aprender que carecem de ser exploradas mais a fundo. Talvez certos passos do processo de aprendizagem possam ser simplificados ou se tornem obsoletos com a inovação tecnológica adequada. Ultra-aprendizes agressivos e focados em eficiência serão os primeiros a dominá-los.

ACELERE, TRANSICIONE E RESGATE SUA CARREIRA COM ULTRA-APRENDIZADO

Uma tendência à polarização de habilidades na economia, a custos acadêmicos altíssimos e a novas tecnologias é global. Mas como funciona realmente o ultra-aprendizado no aspecto individual? Creio que haja três casos principais em que essa estratégia pode ser utilizada: para acelerar sua carreira, para fazer a transição para uma nova carreira, ou para desenvolver uma vantagem oculta num mundo competitivo.

Para entender como o ultra-aprendizado pode acelerar a carreira que você já segue, vejamos o caso de Colby Durant. Depois da graduação, Durant começou a trabalhar como desenvolvedora web, mas queria progredir mais depressa, então começou um projeto de ultra-aprendizado para aprender escrita. Ela tomou a iniciativa e mostrou para o chefe o que era capaz fazer, anunciando que estava pronta para uma promoção. Ao escolher uma habilidade valiosa e focar em tornar-se proficiente depressa, é possível acelerar o progresso normal numa carreira.

Aprender costuma ser o principal obstáculo na transição para uma carreira que você deseja. Vishal Maini, por exemplo, estava confortável em seu cargo no marketing do mundo da tecnologia, mas ao mesmo tempo sonhava em se envolver mais profundamente com pesquisas no campo da inteligência artificial. Infelizmente, ele precisaria adquirir um conjunto de habilidades técnicas muito específico. Por meio de um projeto cuidadoso de ultra-aprendizado que lhe tomou seis meses, Maini conseguiu desenvolver competências fortes o suficiente para mudar de campo e arrumar um emprego na área que desejava.

Por fim, um projeto de ultra-aprendizado pode melhorar recursos e habilidades que você já desenvolveu no seu trabalho. A neozelandesa Diana Fehsenfeld trabalhou como bibliotecária por anos em seu país natal. Como o governo estava cortando custos e seu campo de trabalho se informatizava com muita rapidez, Fehsenfeld temia que sua experiência profissional não bastasse para acompanhar as mudanças. Diante disso, ela assumiu dois projetos de ultra-aprendizado: aprender estatística e linguagem de programação R, e estudar visualização de dados. Havia demanda por ambas as competências na área em que ela trabalhava, e acrescentá-las a seu escopo de habilidades como bibliotecária forneceu instrumentos para que ela abandonasse perspectivas sombrias e se tornasse indispensável.

PARA ALÉM DOS NEGÓCIOS: O CHAMADO DO ULTRA-APRENDIZADO

O ultra-aprendizado é uma competência poderosa para lidar com um mundo em transformação. A capacidade de aprender coisas difíceis com velocidade superior será cada vez mais valiosa e, portanto, vale a pena desenvolvê-la o máximo possível, mesmo que individualmente exija algum investimento.

O sucesso profissional, no entanto, raramente foi o motivo inicial dos ultra-aprendizes que conheci, mesmo aqueles que acabaram ganhando muito dinheiro com as novas habilidades. Na verdade, a motivação costuma ser uma visão irresistível do que desejam alcançar, uma curiosidade profunda, ou mesmo o desafio em si. Eric Barone não perseguiu sua paixão sozinho durante cinco anos a fim de se tornar milionário, mas porque almejava a satisfação de criar algo especial que corroborasse sua visão. Roger Craig não queria ir ao *Jeopardy!* para ganhar o prêmio em dinheiro, mas para provar que conseguia competir no programa que amava desde criança. Benny Lewis não aprendeu idiomas para virar um tradutor técnico ou um blogueiro popular, mas porque adorava viajar e interagir com as pessoas que encontrava pelo caminho. Os melhores ultra-aprendizes são aqueles que combinam motivos práticos para aprender alguma habilidade com uma inspiração que vem de algo que os empolgue.

Há um benefício extra do ultra-aprendizado que transcende até as habilidades adquiridas: realizar projetos difíceis, principalmente aqueles que envolvam o aprendizado de algo novo, modifica a autopercepção. Ao mesmo tempo, proporciona a confiança de que você é capaz de fazer coisas que antes não era. Depois do Desafio MIT, eu sentia não apenas um interesse mais profundo em matemática e ciência da computação, mas também que minhas possibilidades haviam se expandido: se eu era capaz de realizar aquilo, também poderia ser capaz de outras coisas que antes hesitava em tentar.

Aprender, no fundo, é ampliar os horizontes, ver coisas que até então eram invisíveis e reconhecer em si mesmo capacidades que você não sabia existirem. Não vejo justificativa maior para os esforços dos ultra-aprendizes que descrevi do que essa expansão do espectro de possibilidades. O que você pode aprender se adotar a abordagem correta para ser bem-sucedido? Quem você poderia se tornar?

E O TALENTO? O PROBLEMA DE TERENCE TAO

Terence Tao é inteligente. Aos 2 anos, aprendeu sozinho a ler. Aos 7, tinha aulas de matemática do ensino médio. Aos 17, havia terminado sua dissertação de mestrado, intitulada "Operadores de convolução gerados por núcleos harmônicos e monogênicos à direita". Depois, conseguiu um doutorado em Princeton, ganhou a cobiçada medalha Fields (que alguns consideram o "prêmio Nobel da matemática") e hoje é considerado uma das grandes mentes matemáticas vivas. Muitos matemáticos são altamente especializados — orquídeas raras adaptadas a florescer apenas em galhos específicos da árvore da matemática —, mas o trabalho de Tao é fenomenalmente diverso. Ele colabora regularmente com matemáticos e deu contribuições importantes para campos distantes. Esse virtuosismo fez um colega comparar sua habilidade com a de "um romancista anglófono de primeira que de repente produz a obra-prima do romance russo".

O mais incrível é que parece não haver uma explicação simples para seus feitos. Ele é precoce, é claro, mas seu sucesso na matemática não se deve a pais agressivos e autoritários que obrigaram Tao a estudar. Na infância, ele vivia brincando com seus dois irmãos mais novos, inventando novos jogos para as peças do jogo de palavras cruzadas da família ou com pedras de majongue, desenhando mapas imaginários de terras da fantasia. Coisas de uma criança normal.

Ele tampouco tem um método particularmente inovador de estudo. Segundo seu perfil no *New York Times*, Tao contava tanto com sua inteligência que, quando chegou ao doutorado, adotou sua "estratégia usual de preparação para provas": estudar tudo no último minuto. Embora essa abordagem não tenha bastado quando ele chegou ao topo de seu campo, o fato de ter se dedicado pouco às aulas por tanto tempo sugere uma mente poderosa, e não uma estratégia especial. As pessoas costumam usar a palavra *gênio* de modo muito ocasional, mas no caso de Tao o rótulo certamente cabe.

Terence Tao e outros aprendizes naturalmente dotados são um grande desafio para a universalidade do ultra-aprendizado. Se pessoas como Tao podem alcançar tantos feitos sem métodos agressivos e inventivos de estudo, por que deveríamos nos preocupar em investigar os hábitos e métodos de outros aprendizes que nos impressionaram? Mesmo que os feitos de Lewis, Barone e Craig não sejam do mesmo nível do brilhantismo de Tao, talvez se devam a alguma capacidade mental oculta ausente nas pessoas de um modo geral. Se for assim, o ultra-aprendizado pode ser algo que vale a pena examinar, mas não algo que se possa realmente replicar.

DEIXANDO O TALENTO DE LADO

Qual é o papel que o talento natural desempenha? Como podemos examinar as causas do sucesso quando a sombra da inteligência e dos talentos inatos paira sobre nós? O que histórias como a de Tao têm a ensinar a reles mortais que apenas querem melhorar sua capacidade de aprender?

O psicólogo K. Anders Ericsson argumenta que tipos específicos de prática podem modificar a maior parte dos atributos necessários para se chegar ao nível de especialista em qualquer área, com exceção das características inatas de peso e tamanho corporal. Outros pesquisadores são menos otimistas quanto à maleabilidade de nossas naturezas. Muitos argumentam que uma porção substancial da nossa inteligência, talvez a maior parte dela, é herdada geneticamente. Se a inteligência vier principalmente dos genes, por que não usá-los para explicar o ultra-aprendizado em vez dos métodos e estratégias mais eficazes? O sucesso de Tao em matemática não parece ser resultado de algo facilmente replicável por seres humanos normais, então por que presumir que algo diferente ocorre com algum de nossos ultra-aprendizes?

Eu fico no meio do caminho entre esses extremos. Acho que talentos naturais existem e que eles influenciam de maneira indiscutível os resultados, especialmente em níveis extremos, como no caso de Tao. Mas também creio que estratégia e método importam. Ao longo deste livro, discutirei pesquisas científicas que mostram que mudanças na metodologia impactam na eficácia do aprendizado. Cada um dos princípios descritos, se aplicados de maneira apropriada, tornará você um aprendiz melhor, não importa se você está começando do zero ou se já é brilhante.

Minha abordagem ao contar as histórias reunidas neste livro, portanto, não é tentar determinar uma causa única do sucesso intelectual. Além de impossível, isso não seria particularmente útil. Em vez disso, usarei esses exemplos para ilustrar e isolar o que você pode fazer de mais prático e útil para melhorar seu modo de aprender. Os ultra-aprendizes que menciono devem servir como modelos que ajudem a enxergar a aplicação prática desses princípios, e não como uma garantia de que você vai conseguir um resultado idêntico aplicando o mesmo esforço.

ENCONTRANDO TEMPO PARA O ULTRA-APRENDIZADO

Outra dúvida que pode ter surgido até agora é como você vai encontrar tempo para esses projetos. Talvez você esteja preocupado, pensando que esses conselhos não funcionarão para você, uma vez que tem compromissos de trabalho, estudo e família que impedem a imersão no estudo em tempo integral.

Na prática, porém, esse não costuma ser um problema. Existem três maneiras principais de utilizar as ideias do ultra-aprendizado mesmo que precise gerenciar outros compromissos e desafios: estabelecer novos projetos em tempo parcial, dispor de períodos sabáticos ou reestruturar esforços de aprendizado que já estejam em andamento.

A primeira forma é embarcando no ultra-aprendizado em parte do tempo. Os exemplos mais drásticos de sucesso em aprendizagem costumam ser aqueles em que o aprendiz dedica quantidades impressionantes de tempo ao projeto. Você certamente terá mais sucesso se dispuser cinquenta horas semanais ao projeto em vez de cinco, mesmo que a eficiência seja a mesma. Por isso, as histórias mais fascinantes tendem a envolver cronogramas hercúleos. Embora isso ajude a contar uma boa história, não é realmente necessário quando se trata do seu projeto de ultra-aprendizado. A essência da estratégia é a intensidade e a vontade de priorizar a eficácia. Se isso vai ser trabalhado em tempo integral ou em apenas algumas horas por semana depende completamente de você. Como discutirei no Capítulo 10, uma agenda espaçada pode ser ainda mais eficiente para a memória de longo prazo. Sempre que estiver lendo sobre uma agenda intensiva neste livro, sinta-se à vontade para adaptá-la à sua própria realidade, adotando um ritmo mais tranquilo desde que empregue as mesmas táticas implacáveis.

A segunda maneira é buscar o ultra-aprendizado em períodos sabáticos do trabalho e do estudo formal. Muitas das pessoas que entrevistei realizaram seus projetos durante momentos de desemprego, mudanças de carreira, semestres de férias ou períodos sabáticos. Embora não seja um plano tão seguro, um estirão de aprendizado pode funcionar perfeitamente para você caso saiba que vai dispor desse tipo de tempo livre. Essa foi uma das minhas motivações para o Desafio MIT: eu havia acabado de me formar, então estender minha vida de estudante por mais um ano era mais fácil do que mantê-la por outros quatro. Se tivesse que embarcar no mesmo projeto hoje, precisaria de um período mais longo, estudando à noite e nos fins de semana, uma vez que meu trabalho é menos flexível do que era durante a transição da vida de aluno para a de profissional.

A terceira maneira é integrar os princípios do ultra-aprendizado ao tempo e à energia que você já utiliza para aprender. Pense no último livro de negócios que você leu, ou no tempo gasto tentando aprender espanhol, cerâmica ou programação. E aquele novo software que você precisa dominar no trabalho? E as tais horas de atualização profissional que você precisa comprovar para manter seu certificado? O ultra-aprendizado não precisa ser uma atividade extra: ela pode aprimorar o tempo que você já despende aprendendo. Como é possível conciliar o aprendizado e os estudos que a sua carreira já demanda com os princípios da eficiência máxima?

Tendo em mente o que já falamos sobre talento, não se deixe dissuadir de aplicar os princípios em face de exemplos extremos. Tudo que vou compartilhar aqui pode ser adaptado ou integrado ao que já existe. O que importa é a intensidade, a iniciativa e o comprometimento com o aprendizado efetivo, não as particularidades da sua agenda.

O VALOR DO ULTRA-APRENDIZADO

A capacidade de adquirir competências difíceis de maneira efetiva e eficiente tem um valor enorme. Além disso, as tendências atuais na economia, na educação e na tecnologia tendem a exacerbar a diferença entre aqueles que têm e aqueles que não têm tal capacidade. Ao longo dessa discussão, no entanto, ignorei aquela que talvez seja a pergunta mais importante: o ultra-aprendizado pode ser valioso, mas ele pode ser aprendido? Ele abarca apenas indivíduos com personalidades incomuns ou representa algo que qualquer pessoa pode experienciar?

CAPÍTULO 3

Como se tornar um ultra-aprendiz

"Eu adoraria ser cobaia." Aquele era um e-mail de Tristan de Montebello. Conheci esse músico e empresário encantador, metade francês, metade americano, sete anos antes, mais ou menos no exato momento do meu encontro decisivo com Benny Lewis. Com cabelos loiros despenteados e barba bem aparada, ele se encaixaria perfeitamente bem em um trecho da costa da Califórnia carregando uma prancha de surfe. Montebello era o tipo de sujeito de quem se gosta imediatamente: confiante, mas pé no chão, com um inglês perfeito, pontuado apenas de vez em quando por um sotaque vagamente francês. Mantivemos contato ao longo dos anos, enquanto eu levava adiante minhas estranhas experiências de aprendizagem e ele pulava de um canto para o outro do mundo, ora trabalhando com uma startup parisiense que faz blusas de casimira sob medida, ora como guitarrista ou andarilho até enfim virar consultor web em Los Angeles, bem mais perto das praias que combinam tanto com ele. Ele ficara sabendo que eu estava escrevendo um livro sobre aprendizagem e isso despertara seu interesse.

Seu e-mail chegara quando comentávamos que, embora eu tivesse me encontrado com dezenas de pessoas e documentado seus feitos estranhos e intrigantes de aprendizagem, as conversas aconteceram, em grande parte, depois dos fatos. Eram pessoas que eu conhecera ou das quais ouvira falar depois de terem alcançado o sucesso, não antes; eu observava os resultados positivos, não os experimentos que os geravam. Desse modo, era difícil dizer exatamente o quão realista era a técnica. Se você peneirar uma boa quantidade de pedrinhas miúdas, sabe que vai encontrar algumas pepitas de ouro. Estaria eu fazendo a mesma coisa, minerando projetos incomuns de aprendizado? Examine um número suficiente de pessoas e você vai encontrar algumas histórias incríveis. Mas, se o ultra-aprendizado tivesse o potencial que eu imaginava, seria bom acompanhar alguém desde a fase pré-projeto e observar os resultados. Para realizar esse teste, reuni um pequeno grupo, com mais ou menos uma dezena de pessoas, a maioria leitores do meu blog interessados em experimentar a técnica. Entre eles estava Montebello.

TORNANDO-SE UM ULTRA-APRENDIZ

"Que tal piano?", sugeriu Montebello. Apesar do interesse pelo conceito de ultra-aprendizado, ele não tinha ideia de que habilidade queria desenvolver. Ele tocava guitarra e havia sido o vocalista de uma banda. Com seu conhecimento de música, aprender piano parecia uma escolha relativamente segura. Ele chegara até a dar aulas de guitarra pela internet, então aprender outro instrumento poderia ajudar a expandir seus negócios. Fui egoísta e o encorajei a tentar aprender algo bem longe de sua zona de conforto. Um músico escolhendo outro instrumento não parecia o estudo de caso ideal para verificar se o ultra-aprendizado teria ampla aplicação. Discutimos algumas ideias. Uma semana ou duas mais tarde, ele decidiu aprender oratória. Seu trabalho como músico lhe dera experiência de palco, mas exceto por isso ele tinha pouca experiência em falar em público. Oratória também é uma habilidade útil, argumentou ele, então valeria a pena tentar aprimorar essa competência mesmo que nada notável viesse do esforço.

Montebello tinha uma motivação pessoal para melhorar a oratória. Fizera poucos discursos na vida, a maioria na faculdade. Ele comentou comigo sobre uma ocasião em que tivera que falar para uma dezena de pessoas em uma empresa de web design em Paris: "Eu tremo toda vez que me lembro daquilo." Ele explicou: "Eu simplesmente sentia que não estava estabelecendo uma conexão. Em muitos momentos, eu os deixava entediados. Eu ria de certas piadas porque achava que eram engraçadas, mas ninguém me acompanhava." Como músico, ficou surpreso porque "tão pouco disso se traduzia" em oratória. Apesar desse episódio, Montebello via potencial em ficar bom naquilo. Para ele, a "oratória é uma meta-habilidade", o tipo de competência que ajuda outras competências como "confiança, capacidade narrativa, escrita, criatividade, habilidades de entrevista e de vendas. Tangencia muitas coisas diferentes". Com isso em mente, ele começou a trabalhar.

PASSOS INCIAIS DE UM ULTRA-APRENDIZ DE PRIMEIRA VIAGEM

Montebello escolheu seu assunto, mas não tinha certeza de como aprendê-lo. Decidiu ir a um encontro do Toastmasters International, uma organização para o ensino de oratória. Nesse momento, sua história contou com duas doses de sorte. A primeira era que, no primeiro encontro em que foi, Michael Gendler estava presente. Gendler era um associado antigo do Toastmaster e a combinação do charme e da obsessão intensa de Montebello em se tornar um bom orador convenceu-o a instruir o ultra-aprendiz em seu projeto.

A segunda dose foi algo de que Montebello não gostou muito a princípio: a primeira reunião foi apenas dez dias antes do prazo final para se candidatar ao Campeonato Mundial de Oratória.

O Campeonato Mundial de Oratória é uma competição organizada anualmente pelo Toastmasters composto de fases eliminatórias, começando em clubes locais e subindo para unidades maiores da organização. Alguns poucos chegam à final. Montebello tinha pouco mais de uma semana para se preparar. Apesar disso, a competição proporcionava uma potencial estrutura para seu projeto de ultra-aprendizado, então ele foi em frente, preparando seus discursos obrigatórios para qualificação na semana seguinte e terminando o último em cima da hora.

Montebello praticou de maneira obsessiva, às vezes ensaiando duas vezes por dia. Filmou cada um dos discursos e os analisou obstinadamente em busca de falhas. Sempre que fazia um discurso pedia feedbacks e obtinha vários. Gendler, seu instrutor, o empurrava para longe da zona de conforto. Certa vez, tendo que escolher entre lapidar um discurso já preparado e criar um novo, Montebello perguntou o que devia fazer. A resposta de Gendler foi que escolhesse aquilo que lhe desse mais medo.

A determinação implacável de Montebello levou-o a lugares incomuns. Teve aulas de improviso para melhorar sua espontaneidade. Nelas, aprendeu a confiar naquilo que estivesse em sua mente, seja lá o que fosse, e a dizê-lo sem hesitar. Isso o impedia de gaguejar e de travar no palco. Ele pediu que um amigo, diretor de Hollywood, avaliasse seu discurso. O cineasta o ensinou a fazer o mesmo discurso dezenas de vezes em estilos diferentes — com raiva, de maneira tediosa, gritando, até em forma de rap — e depois escutar e perceber como soava diferente de sua voz normal. De acordo com Montebello, aquilo o ajudou a escapar do "misterioso vale" que se abria quando seu modo normal de falar parecia um pouco antinatural.

Outro amigo, com experiência em teatro, deu dicas sobre presença de palco. Ele conduziu Montebello ao longo do discurso e mostrou como cada palavra e frase indicavam movimentos que, por sua vez, poderiam ser traduzidos em como ele se deslocaria no palco. Em vez de ficar restrito à área sob o holofote, Montebello podia agora se mover com elegância e usar o corpo, além das palavras, para comunicar sua mensagem. Ele chegou a fazer seu discurso numa escola, sabendo que alunos do sétimo ano fariam a avaliação mais cruel possível. Depois de falhar terrivelmente fora do ambiente conhecido do Toastmasters, ele aprendeu que devia falar com a audiência antes de subir no palco: entender a linguagem e as emoções das pessoas e conectar-se com elas. Então, pondo em prática tudo que havia aprendido até ali, ele poderia mudar seu discurso em cima da hora, para se assegurar de que se conectaria com o novo público. Mas, acima de tudo, Gendler o pressionou incansavelmente. "Faça com que eu me importe", disse depois de escutar um dos discursos de Montebello. "Entendo por que isso é importante para você, mas a plateia não liga para isso. Você tem que fazer com que *eu* me importe." Conselhos variados e prática incessante faziam com que esses ensinamentos fossem profundamente absorvidos, e Montebello rapidamente superou seu constrangimento inicial em cima de um palco.

Depois de um mês, ele venceu a competição regional, derrotando um competidor com duas décadas de experiência no Toastmasters. Venceu também as competições distritais e da divisão. Por fim, menos de sete meses após sua primeira investida em falar em público, ele competiria no Campeonato Mundial. "Umas trinta mil pessoas competem todo ano", observou ele, e acrescentou: "Tenho certeza de que sou o competidor a chegar tão longe mais rápido até hoje, uma vez que, se tivesse começado dez dias depois, não poderia ter participado." Ele ficou entre os dez melhores.

DAS SEMIFINAIS PARA UMA NOVA CARREIRA

"Quando comecei, sabia que esse projeto seria importante para mim", contou-me Montebello meses após ter ficado entre os dez melhores no Mundial. "Mas ele literalmente mudou a minha vida e isso era algo que eu não esperava." Chegar à etapa final do Mundial havia sido uma jornada e tanto, mas foi só depois disso que ele começou a entender o quanto havia aprendido. "Eu me dedicava a aprender tendo em vista apenas o pequeno mundo da oratória. Foi só depois que percebi a profundidade de todas as habilidades que tanto trabalhei: narrativa, confiança, comunicação."

Amigos cientes do sucesso de Montebello começaram a perguntar se ele poderia ajudá-los em seus próprios discursos. Ele e Gendler viram nisso uma oportunidade de ajudar outras pessoas a melhorar suas oratórias. A demanda era grande. Autores que cobravam valores na casa dos cinco dígitos começaram a abordá-los pedindo que ensinassem o aperfeiçoamento da técnica a partir do ultra-aprendizado. Logo eles tinham o primeiro cliente, que lhes pagaria vinte mil dólares. Gendler e Montebello não eram mercenários; queriam trabalhar apenas com oradores em cujas ideias acreditassem de verdade. Mas o fato de terem atraído clientes tão importantes ajudou a convencê-los a começar a trabalhar como instrutores em tempo integral. Gendler e Montebello batizaram sua consultoria de UltraSpeaking [Ultra-Oratória], como uma referência à estratégia que tornou aquilo possível.

A história de Montebello acabou se revelando muito mais emocionante do que esperávamos. Sua ideia inicial era praticar intensivamente por uns poucos meses, fazer um ótimo discurso em algum lugar e gravá-lo — uma boa lembrança e uma nova habilidade adquirida —, mas ele não esperava alcançar o status de competidor internacional e vivenciar uma mudança completa de carreira. Da dezena de pessoas que passei um tempo instruindo no ultra-aprendizado, nenhuma ofereceu um exemplo tão dramático. Alguns abandonaram o projeto. A vida entrou no meio do caminho, ou talvez essas pessoas não tenham se revelado tão comprometidas quanto pareciam inicialmente. Outros alcançaram sucessos respeitáveis, com melhorias significantes no aprendizado em áreas como medicina, estatística, ilustração de livros infantis, história militar e ioga, embora não tenham atingido o grau de Montebello.

O que diferenciava Montebello não era uma crença de que podia sair quase da total inexperiência para as finais do Campeonato Mundial em seis meses. O que o diferenciava era sua ética obsessiva de trabalho, cuja meta não era atingir algum ponto extremo predeterminado, mas ver até onde era possível chegar. Às vezes, a sorte o faz tomar um caminho que o levará longe. Mas mesmo o módulo "fracasso" do ultra-aprendizado costuma significar que você vai aprender muito bem aquela competência. No pequeno grupo que instruí que não teve resultados tão impressionantes, aqueles que se apegaram ao próprio projeto acabaram aprendendo a nova habilidade importante para a vida. Você pode não competir num torneio mundial ou mudar completamente de profissão, mas, desde que se dedique ao processo, pode estar certo de que vai aprender algo novo. O exemplo de Montebello sintetiza para mim que não apenas é possível se tornar um ultra-aprendiz, como também o sucesso está longe de ser uma consequência inevitável de um tipo específico de gênio ou talento. Se Montebello tivesse escolhido se dedicar ao piano, sua experiência com oratória provavelmente teria ficado naquele episódio desajeitado diante da plateia em Paris.

PRINCÍPIOS PARA SE TORNAR UM ULTRA-APRENDIZ

A história de Montebello ilustra que é possível decidir virar um ultra-aprendiz. Mas o ultra-aprendizado não é um método pré-fabricado. Cada projeto é único, assim como os métodos necessários para levá-lo a cabo. A singularidade dos projetos é um dos elementos que os une. Se o ultra-aprendizado pudesse ser embalado ou padronizado, seria apenas uma forma intensa de educação estruturada. O que o torna interessante é também o que faz ser difícil resumi-lo em fórmulas passo a passo.

É um grande desafio, mas vou tentar contorná-lo focando primeiro os princípios. Essas estruturas nos permitem resolver problemas, mesmo aqueles com os quais você se depara pela primeira vez, de um modo que uma receita ou um procedimento mecânico não conseguem. Se você compreende realmente os princípios da física, por exemplo, pode resolver um problema trabalhando de trás para frente. Os princípios dão sentido ao mundo, e, mesmo que nem sempre articulem exatamente como um desafio específico pode ser solucionado, auxiliam imensamente. Creio que o ultra-aprendizado funciona melhor quando você o compreende como um conjunto simples de princípios em vez de tentar copiar e colar passos e protocolos exatos.

Os princípios serão tratados na segunda parte deste livro. Em cada capítulo vou introduzir um novo princípio, além de evidências que o corroborem, tiradas tanto de exemplos de ultra-aprendizado quanto de pesquisas científicas. Por fim, mostrarei táticas específicas por meio das quais um princípio pode tomar corpo. Essas táticas são apenas pequenos exemplos, mas devem proporcionar um ponto de partida para você pensar de maneira criativa a respeito de seus próprios desafios de ultra-aprendizado.

Até o momento foram descritos nove princípios universais subjacentes aos projetos de ultra-aprendizado. Cada um encarna um aspecto específico de um aprendizado bem-sucedido, e descreverei como os ultra-aprendizes maximizam sua eficácia por meio das escolhas ao longo do processo. São eles:

1. **Meta-aprendizagem: desenhe um mapa primeiro.** Comece aprendendo como compreender o assunto ou a habilidade que você deseja dominar. Descubra como fazer uma boa pesquisa e como utilizar as competências que já domina para aprender novas habilidades com mais facilidade.
2. **Foco: amole sua faca.** Cultive a capacidade de se concentrar. Separe espaços de tempo em que possa se concentrar em aprender e será mais fácil fazer apenas isso.
3. **Prática direta: siga sempre em frente.** Aprenda aquilo em que você quer ser bom fazendo. Não troque isso por outras tarefas apenas por serem mais convenientes ou confortáveis.
4. **Repetição: ataque seu ponto fraco.** Seja impiedoso no aperfeiçoamento dos pontos mais fracos. Separe habilidades complexas em partes menores, domine-as e volte a uni-las.
5. **Recuperação: teste para aprender.** Testar não é apenas uma maneira de avaliar o conhecimento, mas de criá-lo. Teste a si mesmo antes de se sentir confortável no assunto e se force a rememorar ativamente informações em vez de revisá-las passivamente.
6. **Feedback: não se esquive dos golpes.** Receber um feedback é sempre difícil e desconfortável. Saiba como aproveitá-lo sem deixar que seu ego atrapalhe. Extraia o sinal em meio ao ruído e assim vai aprender no que prestar atenção e o que ignorar.
7. **Retenção: não encha um balde furado.** Entenda aquilo que você esquece e por quê. Aprenda a se lembrar das coisas não apenas naquele momento, mas para sempre.

8. **Intuição: cave fundo antes de construir.** Desenvolva sua intuição partindo para o jogo e explorando conceitos e habilidades. Analise como funciona o entendimento e não recorra a truques bobos de memorização que evitam o aprendizado profundo.
9. **Experimentação: saia da zona de conforto.** Todos esses princípios são apenas pontos de partida. O verdadeiro domínio não vem de simplesmente seguir os passos traçados por outras pessoas, mas de explorar as possibilidades que elas não imaginaram.

Organizei esses nove princípios a partir da observação de projetos de ultra-aprendizado e da minha própria experiência, referindo-me também, sempre que possível, à vasta literatura sobre ciência cognitiva.

Comecei com os ultra-aprendizes. Se algum deles fazia algo de determinada maneira, aquilo podia ser um exemplo interessante, mas também reflexo de uma idiossincrasia. Se muitos deles faziam, ou, melhor ainda, se todos os ultra-aprendizes tinham algum traço em comum, havia uma evidência muito forte de que eu havia encontrado um princípio geral. Então comparei esses princípios com a literatura científica. Havia mecanismos e descobertas da ciência cognitiva que respaldavam as táticas que presenciei? Melhor ainda, havia experimentos controlados comparando uma abordagem da aprendizagem com outra? Pesquisas científicas respaldam muitas das estratégias empregadas pelos ultra-aprendizes que acompanhei. Isso sugere que esses indivíduos, com seu foco inclemente em eficiência e efetividade, podem ter achado alguns princípios universais na arte do aprendizado.

Além dos princípios e das táticas há um etos mais amplo do ultra-aprendizado: assumir a responsabilidade por seu próprio aprendizado, decidir o que e como se quer aprender e desenvolver seu próprio plano. É você quem está no comando, e no fim, você é o responsável pelos resultados que alcança. Encarando o ultra-aprendizado com esse espírito, você tomará os princípios como orientações flexíveis em vez de regras rígidas. Possuir total conhecimento sobre algo não tem a ver com simplesmente seguir um conjunto de prescrições; é preciso pensar de maneira autônoma, refletir bastante acerca da natureza do desafio que você está encarando e testar soluções para superá-lo. Com isso em mente, vamos para o primeiro princípio do ultra-aprendizado: a meta-aprendizagem.

CAPÍTULO 4

PRINCÍPIO 1

Meta-aprendizagem

Faça um mapa primeiro

> Se vi mais longe, foi por estar sobre os ombros de gigantes.
> —Isaac Newton

Dan Everett está diante de um auditório lotado. Atarracado, com pouco mais de 60 anos, ele fala de maneira lenta e confiante, o sorriso emoldurado pela barba e pelos cabelos louros que começam a ralear. Perto dele, uma mesa está cheia de objetos: bastões, pedras, folhas, recipientes, frutas, um jarro d'água. Ele indica que a apresentação está para começar.

Uma mulher de meia-idade corpulenta, morena e de cabelos castanho-escuros entra por uma porta à direita e se aproxima do palco. Everett vai até ela e diz algo em uma língua que ela não entende. Ela olha em volta, evidentemente confusa, e então responde, hesitante: "Kuti paoka djalou." Ele tenta repetir o que ela acabou de dizer. Gagueja um pouco no início, mas depois de uma ou duas tentativas ela parece satisfeita com a maneira como Everett repete sua resposta. Ele vai até o quadro-negro e escreve: "Kuti paoka djalou ⇨ 'Saudação(?).'" Depois pega um pequeno bastão e aponta para ele. A mulher supõe corretamente que ele deseja saber qual o nome do objeto que tem em mãos e responde: "ŋkindo." Mais uma vez, Everett vai até o quadro-negro e escreve: "ŋkindo ⇨ bastão." Depois, pega dois bastões e recebe a mesma resposta: "ŋkindo." Ele então deixa os bastões caírem, e a mulher diz: "ŋkindo paula." A demonstração continua. Everett continua pegando objetos, gesticulando, escutando as respostas da mulher e registrando o resultado no quadro-negro. Logo, vai além de tarefas de classificação e começa a pedir frases mais complexas: "Ela bebe água", "Você come a banana" e "Ponha a pedra no recipiente." A cada novo estímulo ele vai experimentando, construindo novas frases e testando a reação da mulher para verificar se a sentença está correta. Em meia hora, mais de dois quadros-negros com substantivos, verbos, pronomes e anotações fonéticas já foram preenchidos.

Aprender dezenas de palavras e frases é um bom começo para os primeiros trinta minutos de convívio com qualquer idioma. O que torna esse feito particularmente impressionante é que Everett é impedido de falar qualquer idioma que tenha em comum com a outra pessoa. Ele só pode encorajá-la a dizer palavras e frases e repeti-las a fim de tentar descobrir a gramática, a pronúncia e o vocabulário daquela língua. Ele sequer sabe que língua está falando.*

Como Everett consegue, em meia hora, começar a falar uma língua do zero, sem professores ou tradutores, ou sequer saber que idioma está aprendendo, quando a maioria de nós luta para fazer isso

---

* Neste caso, a mulher falava um dialeto do hmong, usado em parte da China, do Vietnã e do Laos.

ao longo de anos de aulas de espanhol no ensino médio? O que torna possível que Everett adquira vocabulário, decodifique a gramática e a pronúncia tão mais depressa do que eu ou você, e ainda impondo-se todas essas restrições adicionais? Ele é um gênio linguístico ou existe algo mais acontecendo aí?

A resposta é nosso primeiro princípio do ultra-aprendizado: a meta-aprendizagem.

O QUE É META-APRENDIZAGEM?

O prefixo *meta* vem do termo grego μετά, que significa "depois". Costuma significar que algo "refere-se" a si mesmo ou lida com uma camada maior de abstração. Assim, meta-aprendizagem significa aprender sobre aprendizagem. Eis um exemplo. Se você está aprendendo os caracteres chineses, vai aprender que 火 significa "fogo". Isso é um aprendizado normal. Você também pode aprender que os caracteres chineses costumam ser organizados segundo algo chamado "radicais", que indicam que tipo de coisa aquele caractere descreve. Por exemplo, o caractere 灶, que significa "fogão", tem 火 na esquerda para indicar que tem relação com fogo. Aprender essa propriedade é uma meta-aprendizagem — não se trata de aprender algo do objeto da pesquisa em si, que neste caso são palavras e frases, mas de como o conhecimento desse objeto é estruturado e adquirido; em outras palavras, é aprender como aprender.

No caso de Everett, podemos vislumbrar a enorme riqueza da meta-aprendizagem logo abaixo da superfície. "Bem, o que percebemos até agora?", pergunta Everett para a plateia depois da breve demonstração. "Parece ser uma linguagem SVO, sujeito-verbo-objeto, o que não é muito surpreendente", continua ele. "Parece não haver marcas de plural nos substantivos, a não ser que seja na entonação e eu não tenha notado… É claro que existe um tom no discurso, mas essa entonação ainda precisa ser analisada." Percebemos, pelos jargões, que, quando Everett evoca uma palavra ou frase do interlocutor, não está apenas repetindo os sons, mas construindo um mapa com teorias e hipóteses sobre o funcionamento daquela língua baseado em anos de experiência de aprendizado de idiomas.

Além do conhecimento riquíssimo como linguista, Everett tem outro truque que lhe dá uma vantagem enorme. Aquela apresentação não era uma invenção dele. Chamado de demonstração do "trabalho de campo monolíngue", esse método foi desenvolvido por Kenneth Pike, professor de Everett, como um meio de aprender idiomas indígenas nativos. O método estabelece uma sequência de objetos e ações que o praticante pode usar para começar a unir as peças de uma linguagem. Esse método recebeu alguma atenção de Hollywood, quando Louise Banks, uma linguista fictícia, usou-o para decodificar um idioma alienígena no filme de ficção científica *A Chegada*, de 2016.

Essas duas armas do arsenal linguístico de Everett — um mapa ricamente detalhado de como os idiomas funcionam e um método que proporciona um caminho para a fluência — permitiram que ele fosse muito além do aprendizado de algumas frases simples. Nos últimos trinta anos, Everett tornou-se um dos muito poucos estrangeiros fluentes em Pirahã, uma das línguas mais incomuns e difíceis do planeta, falada apenas por uma tribo remota na floresta Amazônica.

O PODER DO SEU MAPA DE META-APRENDIZAGEM

O exemplo de Everett ilustra perfeitamente o poder da meta-aprendizagem para incorporar novas habilidades de maneira mais rápida e eficiente. Entender como uma área de conhecimento funciona, que tipos de habilidades e informações devem ser dominadas e quais métodos existem para fazer isso com mais eficácia são pontos que estão no cerne do sucesso de todos os projetos de ultra-aprendizado. A meta-aprendizagem, portanto, forma o mapa que mostra como chegar a seu destino sem se perder.

Podemos ver por que a meta-aprendizagem é tão importante ao considerarmos um estudo que trata dos aspectos benéficos de já dominar um segundo idioma quando se aprende um terceiro. O estudo foi conduzido no Texas, com falantes monolíngues de inglês e bilíngues de inglês e espanhol matriculados em um curso de francês. Testes subsequentes mostraram que os falantes bilíngues tiveram desempenho superior ao dos monolíngues no aprendizado do terceiro idioma. Isso não é, em si, muito surpreendente. O francês e o espanhol são línguas românicas, portanto compartilham características gramaticais e vocabulares ausentes no inglês, o que deve proporcionar alguma vantagem. O mais interessante, no entanto, foi que mesmo os falantes bilíngues de espanhol e inglês se saíram melhor ao aprender francês quando tiveram aulas de espanhol previamente. Ao que parece, o motivo é que ter aulas ajuda a formar o que os pesquisadores chamam de *consciência metalinguística* de uma maneira que não é possível quando se sabe falar um idioma informalmente. A diferença entre os dois tipos de falantes bilíngues pode ser basicamente resumida à meta-aprendizagem: um grupo tinha compreensão do conteúdo do idioma, mas o grupo que teve aulas também tinha conhecimento de como é estruturada a informação dentro do sistema.*

Essa ideia de meta-aprendizagem, porém, não se restringe a idiomas. Exemplos linguísticos costumam ser mais fáceis de estudar

---

* Para nossos propósitos, os termos *consciência metalinguística* e *meta-aprendizagem* são intercambiáveis. A literatura científica é repleta de meta-termos (metaconhecimento, metacognição, metamemória, meta-metacognição etc.) cujos usos são relacionados.

porque neles há uma separação clara entre meta-aprendizagem e aprendizagem comum. Isso ocorre porque os conteúdos de línguas sem parentesco, como vocabulário e gramática, tendem a ser bastante diferentes, mesmo que a estrutura da meta-aprendizagem seja a mesma. Aprender o vocabulário de francês não será de grande ajuda ao adquirir o de chinês, mas entender como funciona a aquisição de termos em francês possivelmente irá ajudá-lo no aprendizado no contexto do chinês. Quando eu e meu amigo chegamos ao último país em nosso ano aprendendo idiomas, o processo de imersão e aprendizado do zero havia se tornado praticamente rotina. As palavras e a gramática do coreano podiam ser completamente novas, mas o processo de aprender já havia sido percorrido. A meta-aprendizagem está presente em todos os assuntos, mas às vezes pode ser mais difícil examiná-la separadamente da aprendizagem comum.

COMO DESENHAR SEU MAPA

Agora que você tem alguma ideia do que é meta-aprendizagem e da sua importância para aprender mais depressa, como pode usá-la para aperfeiçoar seus esforços de aprendizado? Existem duas maneiras principais: no longo e no curto prazo.

No curto você pode pesquisar a fim de focar o aperfeiçoamento da meta-aprendizagem antes e depois de um projeto. Devido à sua intensidade e à sua natureza autodirigida, o ultra-aprendizado possibilita muito mais variações do que os esforços acadêmicos comuns. Um bom projeto de ultra-aprendizado, com materiais excelentes e consciência do que deve ser aprendido, tem o potencial de ser completado mais rápido do que um de instrução formal. Aprender idiomas por meio de imersão intensiva pode superar aulas extensas. Treinamentos em programação com agenda agressiva possibilitam aos participantes competir por um emprego muito mais rapidamente do que se buscassem uma graduação comum. Isso se dá porque é possível adaptar seu projeto às suas necessidades e habilidades específicas, evitando a abordagem padronizada das instituições de ensino. No entanto, existe também o risco de escolher equivocadamente e terminar muito pior. A pesquisa em meta-aprendizagem evita esse tipo de problema e ajuda você a descobrir pontos em que pode conseguir uma vantagem significativa sobre o *status quo*.

No longo prazo, quanto mais projetos de ultra-aprendizado fizer, maior vai ser seu conjunto de habilidades. Você descobrirá sua capacidade de aprendizagem, como programar melhor seu tempo e gerenciar sua motivação, além de ter estratégias bem testadas para lidar com problemas comuns. À medida que aprende mais coisas, você adquire mais confiança e isso permite que você leve adiante o processo de aprendizagem com menos frustrações.

A maior parte da próxima seção deste capítulo trata de estratégias de pesquisa de curto prazo, provavelmente as mais úteis para você. No entanto, essa ênfase não deve enfraquecer a importância dos efeitos de longo prazo da meta-aprendizagem. O ultra-aprendizado é uma habilidade como andar de bicicleta. Quanto mais se pratica, mais habilidades de conhecimento são adquiridas devido ao sucesso na tarefa. Essa vantagem de longa duração possivelmente supera os benefícios de curto prazo e pode ser facilmente confundida com inteligência e talento por quem vê de fora. Minha esperança é que, à medida que praticar mais o ultra-aprendizado, você comece automaticamente a aplicar muitas dessas habilidades a fim de aprender de maneira mais rápida e efetiva.

DETERMINANDO POR QUÊ, O QUÊ E COMO

Acredito ser útil dividir em três perguntas a pesquisa de meta-aprendizagem para um projeto específico: "Por quê?", "O quê?" e "Como?". "Por quê?" serve para entender sua motivação para aprender. Se você sabe exatamente por que deseja aprender uma habilidade ou um assunto, pode economizar bastante tempo focando seu projeto exatamente naquilo que importa mais para você. "O quê?" refere-se ao conhecimento e às habilidades necessárias para ser bem-sucedido. Separar as coisas em conceitos, fatos e procedimentos permite mapear os obstáculos e como superá-los mais facilmente. "Como?" refere-se aos recursos, ao ambiente e aos métodos que serão utilizados. Escolher esse ponto cuidadosamente pode fazer uma grande diferença na efetividade do projeto.

Vamos dar uma olhada em cada uma dessas perguntas e entender como desenhar seu mapa.

POR QUÊ?

A primeira questão que você deve tentar responder é por que quer aprender e qual a implicação disso na forma de abordagem do projeto. Falando de maneira prática, seus projetos terão uma dessas duas motivações mais amplas: instrumental e intrínseca.

Projetos de aprendizado instrumentais são aqueles em que você aprende como propósito de alcançar um resultado diverso, não relacionado ao aprendizado em si. Lembremos do caso já citado de Diana Fehsenfeld, que, depois de algumas décadas como bibliotecária, descobriu que seu trabalho estava se tornando obsoleto. Sistemas automatizados e cortes no orçamento implicaram na necessidade de aprender novas habilidades para continuar relevante naquele nicho de mercado. Ela fez uma pesquisa e concluiu que o melhor caminho era dominar estatística e visualização de dados. Fehsenfeld não desejava aprender em virtude de um amor profundo pela estatística e pela visualização de dados, mas por crer que dominar essas áreas ajudaria em sua carreira.

Projetos intrínsecos são aqueles que levamos a cabo por eles mesmos. Se você sempre quis falar francês, mesmo que ainda não tenha certeza de como vai usar esse conhecimento, esse é um projeto intrínseco. Mas não significa que seja um projeto inútil. Aprender francês pode trazer benefícios mais tarde, quando você decidir viajar ou precisar atender a um cliente em Paris. A diferença é a vontade de aprender determinado assunto por ele mesmo, não como um meio para se chegar a outro resultado.

Se as motivações do seu projeto forem primordialmente instrumentais, costuma ser uma boa ideia incluir mais um passo na pesquisa: determinar se aprender aquela habilidade ou aquele tema específico vai realmente ajudá-lo a atingir sua meta. Ouvi muitas histórias de pessoas que, infelizes com o progresso profissional, decidem fazer uma pós-graduação. Essas pessoas acham que, se tivessem mestrado ou um MBA, os empregadores as levariam mais a sério, e elas alcançariam o ponto desejado na carreira. Assim, retornam à universidade por dois anos, acumulam dívidas de dezenas de milhares de dólares e descobrem que seus diplomas recém-saídos do forno na verdade não melhoram tanto assim suas oportunidades profissionais. A solução é fazer uma pesquisa anterior. Antes de começar o projeto, determine se é provável que aprender certo assunto tenha o efeito desejado.

Tática: o Método de Entrevistar Especialistas
A principal maneira de fazer esse tipo de pesquisa é conversar com pessoas que já alcançaram aquilo que você deseja. Imagine que você quer se tornar um arquiteto bem-sucedido e acha que o melhor passo

a dar é dominar habilidades de projetista. Antes de começar, seria uma boa ideia conversar com alguns arquitetos bem-sucedidos e observar se eles acham que esse projeto vai realmente ajudar a atingir seu objetivo. Embora possa ser usado em diversas partes do processo de pesquisa, acho esse método particularmente valioso para vetar projetos instrumentais. Se alguém que já atingiu a meta que você deseja alcançar não acha que seu projeto de aprendizado vai ajudá-lo, ou o considera menos importante do que dominar outra habilidade, eis um sinal de que sua motivação não está alinhada com seu projeto.

Encontrar essas pessoas não é tão difícil quanto parece. Se seu objetivo tem a ver com sua carreira, procure quem tenha a que você deseja seguir e mande um e-mail. É possível encontrá-las no seu local de trabalho, em conferências, seminários, ou mesmo em redes sociais como Twitter e LinkedIn. Se seu objetivo tem a ver com outra coisa, busque em fóruns online dedicados ao tópico que deseja aprender. Se sua área é programação e sua meta é desenvolver seus próprios aplicativos, por exemplo, vá atrás desses fóruns. Então basta identificar os usuários mais ativos, aqueles que parecem possuir o conhecimento que você está buscando, e mandar uma mensagem.

Entrar em contato e marcar um encontro com um especialista também não é difícil, mas é um passo que muitos hesitam em dar. Muitas pessoas, principalmente os introvertidos, recuam diante da ideia de abordar um estranho em busca de conselho. Presumindo que tomariam o tempo da pessoa, temem ser rejeitados, ignorados, ou mesmo que gritem com eles. A verdade, no entanto, é que isso raramente acontece. A maioria dos especialistas está mais que disposta a oferecer conselhos e fica lisonjeada com a ideia de que alguém deseje aprender com sua experiência. O segredo é escrever um e-mail simples, direto ao ponto, explicando por que você entrou em contato e perguntando se a pessoa poderia separar quinze minutos para responder algumas perguntas simples. Escreva um e-mail conciso, amigável. Não peça mais de quinze minutos nem orientação contínua. Embora alguns especialistas estejam dispostos a fazer isso com prazer, não é uma boa ideia pedir muito no primeiro contato.

E se a pessoa com quem você quer conversar não morar na sua cidade? Nesse caso, telefonemas e ligações online são ótimas alternativas.* E-mails podem funcionar como um substituto, mas acho que o texto escrito muitas vezes não traduz o tom do discurso e perde-se a subjetividade que traduz a maneira como a pessoa se sente em relação ao seu projeto. Faz uma diferença gigantesca dizer uma "grande ideia" em tom morno ou entusiasmado, uma nuance que se perde na comunicação exclusivamente textual.

Mesmo se a motivação do seu projeto for intrínseca, perguntar "Por quê?" ainda é muito útil. A maior parte dos planos de aprendizado disponíveis por aí é baseada naquilo que os formuladores de currículo julgam ser importante aprender. Mas se essas ideias não estiverem perfeitamente alinhadas com os seus objetivos, você pode acabar gastando muito tempo aprendendo coisas que são irrelevantes dentro da sua realidade e dando pouca ênfase àquelas que realmente são importantes. Para os projetos intrínsecos é útil perguntar a si mesmo o que você está tentando aprender, porque a resposta vai ajudá-lo a avaliar, entre planos de estudos diferentes, quais combinam com as suas metas.

O QUÊ?

Depois de entender por que está aprendendo, comece a pesquisar como o conhecimento do seu tópico é estruturado. Uma boa maneira de fazer isso é criar três colunas em uma folha com o cabeçalho

---

* Telefonemas também podem prevenir efeitos colaterais não desejados de encontros pessoais. Mulheres que tentaram este método me contaram que ocasionalmente seu entrevistado interpretou mal o pedido de conselho como um encontro.

"Conceitos", "Fatos" e "Procedimentos". Então anote tudo que você precisa aprender. Não importa se, no primeiro momento, a lista não for muito completa ou precisa porque você poderá revisá-la a qualquer momento no futuro. Seu objetivo é fazer um esboço inicial. Quando começar a aprender de fato, a lista pode ser ajustada caso descubra que as categorias não estão exatamente corretas.

Conceitos

Na primeira coluna, escreva tudo o que precisa ser compreendido. Conceitos são ideias que você precisa entender com flexibilidade a fim de que se tornem úteis. Matemática e física, por exemplo, são assuntos com forte tendência a usar conceitos. Outros campos dividem-se entre o conceitual e o factual, como o direito, em que há princípios legais que devem ser compreendidos e detalhes que devem ser memorizados. Em geral, se uma coisa precisa ser entendida e não apenas memorizada, eu o anoto na primeira coluna, e não na segunda, dos fatos.

Fatos

Na segunda coluna, anote tudo que precise ser memorizado. Quando basta se lembrar de uma informação, trata-se de um fato. Não é necessário compreendê-lo muito profundamente, desde que você possa se lembrar dele em certas situações. Os idiomas, por exemplos, são cheios de fatos relacionados a vocabulário, pronúncia e, em menor escala, gramática. Mesmo assuntos altamente conceituais costumam apresentar alguns fatos. Se você está aprendendo cálculo, precisará compreender como funcionam as derivadas em sua totalidade, mas apenas memorizar algumas identidades trigonométricas pode ser suficiente.

Procedimentos

Na terceira coluna, anote tudo que precisa ser praticado. Procedimentos são ações que precisam ser desempenhadas e que costumam envolver pouco pensamento consciente. Aprender a andar de bicicleta, por exemplo, é algo basicamente procedimental e não envolve quase nenhum fato ou conceito. Muitas outras habilidades são primordialmente baseadas em procedimentos, enquanto outras têm apenas componentes desse tipo, mas demandam memorização de fatos e assimilação de conceitos. Adquirir vocabulário de um idioma exige fixação, mas para melhorar a pronúncia é preciso prática, o que pertence a esta coluna dos procedimentos.

COMO USAR ESSA ANÁLISE PARA DESENHAR SEU MAPA

Depois que tiver terminado a listagem, sublinhe os conceitos, os fatos e os procedimentos que devem ser mais desafiadores. Isso dará uma boa ideia de quais serão os principais empecilhos para a aprendizagem e de como começar a pesquisar métodos e recursos para superar as dificuldades. É preciso ter em mente que aprender medicina exige muita memorização, então talvez você possa investir num sistema, como softwares de repetição espaçada. Se estiver estudando matemática, tenha em mente que entender profundamente certos conceitos será o ponto complicado e por isso considere gastar um tempo explicando esses princípios a outras pessoas a fim de realmente assimilá-los. Identificar esses tópicos pode ajudá-lo a começar a pensar em maneiras de tornar seu tempo de estudo mais eficiente e a evitar ferramentas que provavelmente não serão tão úteis para atingir sua meta.

Muitas vezes, essa análise grosseira basta para seguir para a próxima fase da pesquisa. No entanto, à medida que tiver mais experiência, você pode aprofundá-la. Pode estudar algumas das características particulares dos conceitos, fatos e procedimentos que está tentando aprender em busca de métodos para dominá-los de maneira mais efetiva. Quando comecei meu desafio de desenhar retratos, por exemplo, sabia que o sucesso dependeria muito do quão acuradamente eu dimensionasse e localizasse os traços faciais. A maioria das pessoas não consegue desenhar rostos realistas porque, se alguns atributos estiverem mesmo que ligeiramente fora do lugar (como um rosto largo demais ou olhos posicionados muito no topo), vão imediatamente parecer errados segundo nossa sofisticada capacidade de reconhecimento facial. Assim, decidi fazer inúmeros esboços e colocá-los sobre fotos de referência para compará-los. Desse modo, podia rapidamente diagnosticar erros que cometia sem precisar supor. Se você ainda não tiver condições de fazer esse tipo de predição e descobrir estratégias, não se preocupe. Esse é um benefício duradouro da meta-aprendizagem que se desenvolve à medida que realizamos mais projetos.

COMO?

Agora que você já respondeu duas perguntas — por que está aprendendo e o que está aprendendo —, é hora de responder à pergunta final: como você vai aprender?

Sugiro dois métodos: análise comparativa e o Método da Ênfase e da Exclusão.

Análise comparativa

A maneira de começar qualquer projeto de aprendizado é encontrar estratégias que outras pessoas usaram para aprender tal assunto ou habilidade. Isso vai ajudá-lo a desenhar uma estratégia padrão como ponto de partida.

Se vou tentar aprender algo que é ensinado em uma faculdade, como ciência da computação, neurologia ou história, preciso olhar os currículos desses cursos. Pode ser a ementa de uma única disciplina ou, como no meu Desafio MIT, de todas as disciplinas da grade. Quando quis aprender mais sobre ciência cognitiva, encontrei uma lista de manuais que o programa de doutorado em ciência cognitiva da Universidade de San Diego recomendava para novos alunos sem formação prévia no tema. As universidades costumam ser fontes boas para essa abordagem (MIT, Harvard, Yale e Stanford são bons exemplos, mas estão longe de ser os únicos). Geralmente, a grade curricular e as ementas estão disponíveis na internet, nas páginas destinadas aos alunos presenciais.

Se vou tentar aprender sobre um tema não acadêmico ou uma habilidade profissional, provavelmente devo começar buscando na internet pessoas que já desenvolveram essa habilidade ou vou usar o Método de Entrevistar Especialistas para me concentrar nos recursos disponíveis para dominar tal tema. Uma hora de pesquisa a respeito de quase qualquer habilidade costuma fornecer uma lista de cursos, artigos e instruções de aprendizado. Investir algum tempo neste ponto pode trazer benefícios incríveis, porque a qualidade dos materiais usados é capaz de criar diferenças de grande magnitude na eficácia do aprendizado. Mesmo que você esteja ansioso para começar a aprender imediatamente, gastar algumas horas no começo pode economizar dezenas ou centenas mais tarde.

O Método da Ênfase e da Exclusão

Depois que tiver encontrado um currículo padrão, comece a pensar nas modificações. Creio que seja mais fácil fazer isso quando a habilidade em questão tem critérios óbvios de sucesso (como desenho, idiomas ou música) e quando é possível supor de maneira geral a importância relativa dos tópicos antes de estudá-los. Em áreas ou temas conceituais, pode haver termos nas ementas cujo significado você não vai sequer imaginar, então, provavelmente, é melhor se manter bem perto do seu modelo de referência até ter aprendido um pouco mais.

O Método da Ênfase e da Exclusão envolve encontrar primeiramente as áreas de estudo alinhadas com os objetivos que você identificou na primeira parte da pesquisa. Se deseja aprender francês com a ideia de ir a Paris por duas semanas e ser capaz de se comunicar em lojas e restaurantes, eu me concentraria muito mais na pronúncia do que na capacidade de escrever corretamente. Se você quer aprender programação para desenvolver seu próprio aplicativo, eu me concentraria no design interno e não nas teorias gerais da computação.

A segunda parte do Método da Ênfase e da Exclusão é omitir ou adiar elementos do seu currículo de referência que não se alinhem com os objetivos. Por exemplo, uma recomendação comum no ensino de mandarim, defendida por pessoas como o renomado linguista e sinólogo Victor Mair, é focar em aprender a falar antes de tentar ler os caracteres. Essa não é a única rota possível, mas, se sua meta é conseguir falar mandarim, então esse caminho pode ser mais efetivo para a fluência.

QUANTO VOCÊ DEVE PLANEJAR?

É importante refletir sobre o momento de parar a pesquisa e começar o projeto. A literatura sobre aprendizagem autodirigida, como costuma ser praticada, demonstra que a maior parte das pessoas falha em fazer uma investigação cuidadosa de objetivos, métodos e recursos possíveis. Em vez disso, escolhem qualquer método de aprendizado que surgir naturalmente em seu caminho. Isso, é claro, produz um desnível entre o que é praticado e a eficiência que se pode alcançar com o melhor método possível. No entanto, a pesquisa também pode ser uma maneira de procrastinar, principalmente se o método de aprendizagem for desconfortável. Pesquisar um pouco mais torna-se uma estratégia para evitar o trabalho de aprender. Sempre vai haver um pouco de incerteza quanto à abordagem, então é importante encontrar o ponto ideal entre pouca pesquisa e paralisia analítica. Você sabe quando está procrastinando, então pare com isso e comece.

A Regra dos 10%

Uma regra de ouro é investir em pesquisa aproximadamente 10% do tempo total de aprendizagem estipulado. Se você pretende gastar seis meses aprendendo, cerca de quatro horas por semana, o que somaria aproximadamente cem horas, isso sugere que você deve gastar umas dez horas, ou duas semanas, pesquisando. Esse percentual vai diminuir um pouco à medida que seu projeto for crescendo, então, se planeja gastar quinhentas ou mil horas aprendendo, creio que não será necessário separar cinquenta ou cem horas para pesquisar, mas talvez algo em torno de 5% do tempo. O objetivo não é esgotar cada possibilidade de aprendizado, mas apenas se assegurar de que você não se agarrou ao primeiro recurso ou método que viu pela frente sem avaliar as alternativas. Antes do Desafio MIT, gastei seis meses, em meio período, vasculhando todos os materiais do curso. Uma boa ideia antes de começar os métodos comuns de aprendizado é conhecer os recursos mais populares e as qualidades e os defeitos das ferramentas disponíveis. Projetos longos têm mais chances de sair dos trilhos e atrasar, então fazer uma boa pesquisa logo no começo pode economizar, de maneira fácil, um tempo muito maior mais tarde.

Retorno decrescente e cálculo de benefício marginal

A pesquisa da meta-aprendizagem não é uma atividade que se faz apenas uma vez antes de começar o projeto. É preciso dar sequência à medida que for aprendendo mais. É comum que os obstáculos e as oportunidades não estejam claros antes do pontapé inicial; reavaliar, portanto, é um passo necessário do processo de aprendizado. Mais ou menos na metade do desafio de desenhar retratos, por exemplo, descobri que estava tendo retornos decrescentes do método de comparar esboços e fotografias. Percebi que precisava de uma técnica melhor para desenhar com mais precisão. Isso me obrigou a fazer uma segunda rodada de pesquisa, que me levou a um curso ministrado pelo Vitruvian Studio. Lá, eles detalhavam um método mais sistematizado que aumentou muito a precisão do meu trabalho. Eu não havia me deparado com isso na pesquisa original simplesmente porque não estava ciente da deficiência da técnica que eu mesmo havia desenvolvido.

Uma resposta mais sofisticada à questão de quando e como fazer a pesquisa seria comparar os benefícios marginais da meta-aprendizagem com os de um aprendizado comum. Gaste algumas horas pesquisando mais — entrevistando outros especialistas, buscando na internet outros recursos, novas técnicas — e depois passe algum tempo mergulhado no caminho escolhido. Depois, faça uma rápida avaliação do valor relativo de cada. Se sentir que a pesquisa da meta-aprendizagem contribuiu mais do que as horas gastas no aprendizado em si, é possível que você esteja em um ponto em que pesquisar ainda mais será benéfico. Se sentir que a pesquisa extra não foi muito útil, provavelmente é melhor seguir o planejamento inicial. Esse tipo de análise depende de um aspecto conhecido como Lei do Retorno Decrescente. Essa lei postula que quanto mais tempo investimos em uma atividade (como pesquisa), mais fracos vão ficando os benefícios ao mesmo tempo em que você se aproxima da abordagem ideal. Se continuar pesquisando, isso findará sendo menos valioso do que estudar um pouco, o que significa que você chegou ao ponto em que pode se concentrar com segurança no aprendizado. Na prática, o retorno da pesquisa tende a ser irregular e variável. Você pode gastar algumas horas e não conseguir nada, então esbarrar no recurso perfeito para acelerar seu progresso. Quanto mais projetos conclui, mais fácil fica julgar esse ponto intuitivamente, mas a Lei do Retorno Decrescente e a Regra dos 10% podem proporcionar uma boa estimativa de quanta pesquisa fazer e quando.

PERSPECTIVAS DE LONGO PRAZO DA META-APRENDIZAGEM

Até agora, falamos apenas dos benefícios de curto prazo. Entretanto, as vantagens reais da meta-aprendizagem são de longo prazo. Eles não se restringem a um projeto em particular, mas influenciam suas qualidades enquanto aprendiz de um modo geral.

A cada projeto você melhora sua meta-aprendizagem. Todo projeto proporciona a oportunidade de ensinar novos métodos, novas formas de reunir recursos, aprimorar o controle do tempo e a capacidade de administrar sua motivação. O sucesso em um projeto trará confiança para executar o próximo, sem insegurança e procrastinação. Ao fim, esse efeito supera muito o de cada projeto em si. Infelizmente, isso não é algo que pode ser condensado em uma tática ou uma ferramenta. A meta-aprendizagem de longo prazo é algo que se adquire com a experiência.

Os benefícios, no entanto, não são sempre evidentes no primeiro projeto, já que ele se dá quando você está no nível mais baixo de sua capacidade de meta-aprendizagem. Cada projeto terminado proporcionará novas ferramentas para enfrentar o seguinte, começando um novo ciclo. Muitos dos ultra-aprendizes que entrevistei para este livro contaram uma história similar: estavam orgulhosos de suas conquistas em projetos individuais, mas sentiam que o verdadeiro benefício era terem se tornado capazes de entender o processo de aprender coisas difíceis. Isso deu a eles confiança para buscar objetivos mais ambiciosos, que não teriam nem cogitado perseguir anteriormente. Essa confiança e capacidade são os fins derradeiros do ultra-aprendizado, mesmo que em geral seja difícil identificá-los desde o princípio. Esses benefícios, no entanto, só podem ser alcançados com dedicação ao trabalho. A melhor pesquisa, os melhores recursos e as melhores estratégias são inúteis a não ser que venham acompanhados de um esforço concentrado no ato de adquirir conhecimento. O que nos leva ao próximo princípio do ultra-aprendizado: foco.

CAPÍTULO 5

PRINCÍPIO 2

Foco

Afie sua faca

> Agora vou me distrair menos.
> — *O matemático Leonhard Euler, ao perder a visão do olho direito*

Se imaginarmos uma candidata improvável à grandeza no campo científico, essa pessoa seria Mary Somerville. Ela nasceu no século XVIII, em uma família escocesa, pobre, que não via a educação superior como algo apropriado para uma dama. Sua mãe não a impediu de ler, mas a sociedade em volta não aprovava. Uma tia, ao observar esse comportamento, comentou com sua mãe: "Deixando Mary perder tempo assim com a leitura, me pergunto se algum dia vai saber costurar mais do que saberia se fosse homem." Quando teve oportunidade de frequentar brevemente uma escola, sua mãe se arrependeu do gasto. Somerville explicou: "Ela teria se contentado se eu tivesse aprendido apenas a escrever direito e a fazer contas, que era tudo o que se esperava que uma mulher soubesse." Sendo mulher, Somerville encontrou obstáculos ainda maiores, com tarefas e expectativas domésticas sempre à frente de todo tipo de esforço autodidata. "Um homem pode sempre gerenciar seu tempo em nome dos negócios, não se permite essa desculpa a uma mulher", lamentava ela. Seu primeiro marido, Samuel Greig, era fervorosamente contra a dedicação das mulheres ao estudo.

Apesar desses obstáculos, os feitos de Somerville foram vastos. Ela ganhou prêmios de matemática, aprendeu diversos idiomas, que passou a falar fluentemente, sabia pintar e tocar piano. Em 1835, junto à astrônoma alemã Caroline Herschel, foi a primeira mulher eleita para a Sociedade Real de Astronomia. O feito, que acabou tornando-a famosa, foi a tradução e ampliação dos dois primeiros volumes do *Tratado de mecânica celeste* de Pierre-Simon Laplace, um trabalho de peso, em cinco volumes, sobre teoria da gravitação e matemática avançada, aclamado como o maior feito intelectual desde que Isaac Newton escreveu *Principia Mathematica*. O próprio Laplace comentou que Somerville era a única mulher no mundo que entendia seu trabalho.

A explicação mais fácil para a enorme discrepância entre a situação de Somerville e suas realizações é a genialidade. É, sem dúvida, verdade que ela era dotada de uma mente incrivelmente afiada. Sua filha comentou certa vez que, quando ela estudava, a mãe se mostrava impaciente. "Lembro-me bem de sua mão fina e branca apontando com impaciência para o livro ou o quadro-negro: 'Você não está vendo? Não tem nenhuma dificuldade nisso, está bastante claro.'" No entanto, ao lermos sobre a maneira com que Somerville descrevia a vida, essa genialidade aparente era minada por diversas inseguranças. Ela declarava ter uma "memória ruim", relatava dificuldades em aprender coisas novas quando criança e, em certo ponto, chegou a "pensar [que era] muito velha para aprender um idioma além do próprio". Não podemos saber se isso era uma atitude de falsa modéstia ou um sentimento genuíno de inadequação, mas ao menos põe em dúvida a ideia de que ela abordou o aprendizado de um lugar de confiança e talento inabaláveis.

Observando com mais atenção, emerge outro retrato de Somerville. Seu intelecto era aguçado, é verdade, mas o que ela possuía em quantidade ainda maior era uma capacidade excepcional de concentração. Quando era adolescente e negavam-lhe uma vela para ler ao ir para a cama, ela analisava mentalmente os trabalhos matemáticos de Euclides. Quando ainda amamentava a filha, um conhecido a encorajou a estudar botânica, então ela dedicou "àquela ciência uma hora de estudo" toda manhã. Mesmo enquanto realizava seu trabalho principal com o *Tratado de mecânica celeste* de Laplace, Somerville precisava educar os filhos e cuidar das tarefas domésticas. "Esperava-se que eu sempre estivesse em casa", explicou ela, "e meus amigos e conhecidos vinham de longe, desviando de seus caminhos, a fim de me ver, seria indelicado e mesquinho não os receber. No entanto, às vezes me incomodava quando, no meio de um problema difícil, alguém entrava e dizia: 'Vim aqui passar algumas horas com você.' Apesar disso, aprendi, por hábito, a abandonar um tema e retomá-lo mais tarde, como quem coloca um marcador de página num livro que está lendo."

No mundo das grandes realizações intelectuais, a capacidade de se concentrar rápida e profundamente é quase onipresente. Albert Einstein concentrava-se tão intensamente quando estava formulando a teoria geral da relatividade que desenvolveu problemas estomacais. O matemático Paul Erdős era um usuário contumaz de anfetaminas para melhorar a concentração. Quando um amigo apostou que ele não conseguiria largá-las, mesmo que por pouco tempo, ele fez exatamente isso. Mais tarde, no entanto, reclamou que o único resultado foi ter a matemática como um todo atrasada durante um mês devido a esses períodos sem atenção. Nos anais da concentração extrema, costuma-se evocar uma imagem de gênios solitários trabalhando sem distrações, libertos das preocupações mundanas. Por mais memorável que isso seja, estou mais interessado no tipo que Somerville parecia ter. Como alguém, em um ambiente como o dela, com distrações constantes, pouco apoio social e obrigações contínuas, conseguia dar um jeito de se concentrar por tempo suficiente não apenas para aprender uma variedade impressionante de assuntos, mas de maneira tão profunda que o matemático francês Siméon Poisson certa vez comentou que "não havia vinte homens na França capazes de ler o livro [dela]"?

Como Somerville tornou-se tão boa em se concentrar? O que podemos tirar de suas estratégias para realizar um trabalho mental difícil em condições bem abaixo das ideais? A batalha que as pessoas travam com a concentração costuma se encaixar em três perspectivas mais amplas: começar, manter e otimizar a qualidade dessa atenção. Os ultra-aprendizes são incansáveis na busca de soluções para lidar com esses três problemas, que formam a base da capacidade de manter o foco de aprender profundamente.

PROBLEMA 1: FALHAR EM COMEÇAR A SE CONCENTRAR (PROCRASTINAÇÃO)

O primeiro problema que muitas pessoas enfrentam é começar a se concentrar. A manifestação mais óbvia disso é a procrastinação: em vez de fazer aquilo que deveria estar fazendo, você trabalha em outra coisa ou descansa. A procrastinação é um estado constante na vida de algumas pessoas, aquelas que fogem de uma tarefa para outra até que os prazos finais as obrigam a focar e correr para entregar o trabalho a tempo. Outras enfrentam formas mais agudas de procrastinação, que se manifestam em tipos específicos de tarefas. Eu era mais desse segundo tipo, daquele que gasta o dia inteiro procrastinando quando tem pela frente certos tipos de atividades. Embora eu não tivesse problemas para escrever para o blog, por exemplo, a pesquisa para este livro me fez dar voltas. Também não tive problemas para me sentar e assistir aos vídeos das aulas do MIT, mas sempre começava o primeiro conjunto de problemas com uma considerável apreensão. Se não tivesse uma agenda tão intensa, talvez tivesse encontrado desculpas para evitar os problemas por mais tempo. Na verdade, escrever este capítulo foi uma das tarefas que eu procrastinei bastante.

Mas por que fazemos isso? A resposta mais simples é que há, em algum nível, uma ânsia de fazer outra coisa, uma aversão à atividade proposta, ou as duas coisas. No meu caso, eu procrastinava a escrita deste capítulo porque tinha um monte de ideias e estava inseguro de por onde começar. Ficava angustiado com a possibilidade de registrar algo no papel e acabar desenvolvendo a ideia de maneira fraca. Bobagem, eu sei, mas, ao verbalizá-los, percebemos que a maior parte dos motivos para procrastinar são bobos, o que não impede que controlem nossa vida. E isso me leva ao primeiro passo para superar a procrastinação: reconhecer quando você está procrastinando.

Boa parte deste processo é inconsciente. Você está procrastinando, mas não entende que está. Em vez disso, você acha que está "tirando uma pausa necessária", ou "se divertindo, porque a vida não pode ser só trabalho". Essas crenças não são o obstáculo. O problema é quando as usamos para esconder a verdadeira origem desse comportamento: não queremos fazer aquilo em que precisamos nos concentrar. E isso se dá porque temos uma aversão direta a fazer aquilo ou porque há algo que queremos mais fazer. Reconhecer que estamos procrastinando é o primeiro passo para evitar essa atitude.

Construa um hábito mental: toda vez que adiar suas tarefas, tente reconhecer se não está sentindo um desejo de procrastinar ou um ainda mais forte de fazer outra. Você pode até tentar se perguntar qual é o mais poderoso naquele momento: o verdadeiro problema é o impulso de fazer outra atividade (comer, conferir o celular, tirar um cochilo), ou o de evitar a tarefa porque você a imagina desconfortável, dolorosa ou frustrante? Essa consciência é necessária se quisermos algum progresso. Portanto, se você acha que um de seus prontos fracos é a procrastinação, faça da construção dessa consciência sua prioridade antes de tentar consertar o problema.

Depois que reconhecer de maneira fácil e automática o surgimento dessa tendência, você poderá tomar medidas para resistir ao impulso. Uma delas é criar uma série de "muletas" ou ferramentas mentais para ajudá-lo a superar as piores etapas desse movimento de procrastinação. À medida que você melhora na tomada de ação no projeto que está desenvolvendo, essas muletas podem ser trocadas ou eliminadas.

Uma primeira muleta tem a ver com reconhecer que a maior parte do que é desagradável em uma tarefa (caso você tenha aversão a ela) ou do que é agradável em uma tarefa alternativa (caso você tenda à distração) é um impulso que na verdade não dura muito. Se você começa a trabalhar ou ignorar uma distração potencial, normalmente leva apenas alguns minutos para que ela comece a sumir, mesmo em tarefas bastante desagradáveis. Logo, uma boa primeira muleta é se convencer a encarar apenas alguns minutos de desconforto máximo antes de fazer uma pausa. Dizer a si mesmo que você tem que ficar apenas cinco minutos naquela atividade antes de parar e fazer outra coisa costuma bastar para começar. Quase todo mundo é capaz de permanecer cinco minutos fazendo alguma coisa, não importa quão entediante, frustrante ou difícil seja. Então, uma vez que tenha começado, é possível que acabe continuando por muito mais tempo antes de fazer uma pausa.

Com o progresso, essa primeira muleta pode começar a atrapalhar. Você pode se pegar usando-a quando a tarefa for desagradável e estiver difícil se concentrar, aproveitando-se da regra dos cinco minutos com uma frequência tão grande que a torna improdutiva. Se você não estiver mais com dificuldades de começar, mas estiver fazendo muitas pausas, tente algo um pouco mais difícil, como a Técnica Pomodoro: 25 minutos de concentração, seguidos de cinco minutos de descanso.* Lembre-se que é essencial não mudar para um objetivo mais difícil quando ainda estiver envolvido com um problema menor. Se você ainda não consegue começar a trabalhar, mesmo com a regra dos cinco minutos, passar para muletas mais complexas e exigentes pode ser um tiro saindo pela culatra.

Em alguns casos, o momento de frustração pode não vir no começo, mas ainda assim ser previsível. Quando eu estava aprendendo os caracteres chineses usando cartões de resposta, por exemplo, sentia sempre o impulso de desistir quando não conseguia me lembrar a resposta de um cartão. Mas, sabendo que essa sensação era temporária, criei uma regra para mim mesmo: só posso parar quando me lembrar corretamente do cartão mais recente. Na prática, como trabalhar com os cartões é rápido, costumava levar apenas mais vinte ou trinta segundos de persistência; no entanto, o resultado foi que minha paciência para trabalhar com cartões de resposta melhorou drasticamente.

---

* Esse método de gerenciamento de tempo foi desenvolvido por um consultor de gerenciamento italiano, Francesco Cirillo. Tem esse nome porque *pomodoro* é a palavra italiana para "tomate" e o cronômetro que ele usava tinha o formato de um tomate.

Por fim, se seu projeto não é minado por uma procrastinação extrema, talvez seja bom adquirir o hábito de ter uma agenda e assinalar antecipadamente as horas específicas do dia em que vai trabalhar no projeto. Essa abordagem permite que você use o tempo, que é um recurso limitado, da melhor maneira possível. Tenha em mente, no entanto, que isso só funciona se você realmente seguir os horários. Se perceber que está programando uma agenda com blocos de tempo para cada atividade, mas que frequentemente os ignora para fazer outra coisa, comece de novo e tente partir de baixo, usando a regra dos cinco minutos e depois a Técnica Pomodoro.

Em algum momento, você pode acabar atingindo o nível de foco de Mary Somerville, um que ela conseguia ativar de acordo com a disponibilidade de seu tempo livre. Apesar de sua capacidade formidável de concentração, parece que até Somerville deliberadamente isolava alguns blocos de tempo para estudar assuntos específicos. Era, portanto, um hábito consciente, não uma maneira meramente espontânea de estudar, que a permitia atingir tantos sucessos. Quanto a mim, acho algumas atividades de estudo tão intrinsecamente interessantes que posso me concentrar nelas por um longo período, sem pressão. Não costumava ter dificuldades em assistir às aulas durante o Desafio MIT, por exemplo. Outras tarefas, todavia, exigem que eu recorra à regra dos cinco minutos. Se eu tenho que escanear ou fazer upload de arquivos, costuma se formar uma pilha antes que eu finalmente encare a tarefa. Não se sinta mal se você deixar um estágio do trabalho acumular; você não pode controlar suas aversões ou sua tendência à distração, mas com a prática pode diminuir o impacto desses impulsos.

PROBLEMA 2: FALHAR EM MANTER A CONCENTRAÇÃO (DISTRAÇÃO)

O segundo problema comum é a dificuldade de manter a concentração. Isso pode acontecer quando você se senta para estudar ou praticar, mas o celular toca e você responde, um amigo bate à porta para dar um alô, ou você começa a divagar até perceber que está encarando o mesmo parágrafo há quinze minutos. Assim como o desafio de começar a se concentrar, manter-se compenetrado é importante se você quiser fazer progresso em aprender coisas difíceis. Antes de falar sobre como manter o foco, gostaria de discutir o tipo de atenção que é melhor a se manter.

O conceito de fluxo, desenvolvido pelo psicólogo Mihály Csíkszentmihályi, costuma ser usado como modelo para a concentração ideal. Esse estado mental costuma ser descrito como estar "em transe". Você não é mais distraído por ideias que surgem em sua mente, uma vez que ela está completamente absorvida pela tarefa em questão. O fluxo é um estado prazeroso exatamente entre o tédio e a frustração, quando uma atividade não é nem difícil nem fácil demais. Esse retrato cor-de-rosa, no entanto, tem seus detratores. O psicólogo K. Anders Ericsson, pesquisador da prática deliberada, argumenta que o fluxo tem características "inconsistentes com as exigências de prática deliberada para monitorar objetivos e retornos explícitos e oportunidades de corrigir erros. Assim, praticantes hábeis podem ter prazer e buscar experiências de fluxo como parte das atividades relacionadas ao que dominam, mas elas não ocorreriam durante a prática deliberada". O ultra-aprendizado, com seu foco similar na aprendizagem direcionada ao desempenho — do mesmo modo como Ericsson argumentou que não combina com a prática deliberada — também parece não combinar com o fluxo.

Eu não acho que esse estado seja impossível de ser atingido durante o ultra-aprendizado. Muitas atividades cognitivas associadas ao aprendizado estão na faixa de dificuldade que tornam o fluxo possível ou mesmo provável. Porém, concordo com Ericsson que o aprendizado costuma envolver níveis de dificuldade que podem torná-lo impossível. Além disso, a autoconsciência ausente no fluxo deve estar presente tanto no ultra-aprendizado quanto na prática deliberada, uma vez que você precisa ajustar conscientemente sua abordagem. Resolver um problema de programação que exige o máximo da sua capacidade, obrigar-se a escrever num estilo que não lhe é familiar ou tentar diminuir seu sotaque ao falar um idioma são tarefas que desafiam padrões automáticos que você pode ter acumulado. Essa resistência ao natural pode dificultar a obtenção do fluxo, embora seja, em última análise, benéfica para atingir seus objetivos de aprendizagem.

Meu conselho? Não se preocupe com isso. Em algumas atividades de aprendizado, você vai alcançar esse posto facilmente. Muitas vezes, eu sentia ter atingido esse estado enquanto resolvia problemas práticos do Desafio MIT, ou quando insistia em adquirir vocabulário no aprendizado dos idiomas ou quando desenhava. Por outro lado, não se sinta culpado se o fluxo não vier automaticamente. Seu objetivo é melhorar sua aprendizagem, e isso costuma implicar em sessões mais frustrantes do que o ideal. Lembre-se, o aprendizado pode ser intenso, mas o uso da habilidade mais à frente não será. Os investimentos necessários agora para enfrentar a aprendizagem tornarão a prática hábil uma atividade muito mais prazerosa no futuro.

Agora que vimos como você deve se concentrar, vamos pensar na duração. Quanto tempo você deve estudar? Embora esse problema presuma que você se distrai e desiste de se concentrar bem antes do que deveria, a literatura sobre foco não sugere que períodos cada vez mais longos de concentração sejam ideais do ponto de vista do aprendizado. As pesquisas em geral sugerem que as pessoas retêm mais aquilo que estudam quando a prática é dividida em diversos períodos de estudo do que quando eles são amontoados. De modo análogo, o fenômeno da intercalação sugere que, mesmo dentro de um período de concentração, talvez faça sentido alternar diferentes aspectos da habilidade ou do saber que se deseja memorizar. Logo, se você dispõe de muitas horas para estudar, possivelmente, a melhor opção é cobrir alguns poucos assuntos em vez de se focar exclusivamente um. Mas dividir o tempo tem seus problemas. Se seu tempo de estudo se torna fragmentado demais, pode ficar difícil aprender qualquer coisa.

É necessário buscar um equilíbrio. Cinquenta minutos a uma hora costumam ser tempo suficiente para muitas tarefas de aprendizado. Se sua agenda permitir apenas pedaços mais intensivos de tempo — digamos que algumas horas apenas uma vez por semana —, você pode preferir tirar alguns minutos de intervalo ao fim de cada hora e dividir o tempo para abarcar diferentes aspectos do tema. Essas são apenas algumas diretrizes de eficiência, é claro; no fim das contas, você mesmo deve descobrir o que funciona no seu caso, considerando não apenas o que é ideal para o propósito de retenção, mas também o que combina melhor com sua agenda, sua personalidade e seu fluxo de trabalho. Para algumas pessoas, vinte minutos apenas podem encaixar melhor, enquanto outras podem preferir gastar um dia inteiro aprendendo.

Supondo que você encontrou o período adequado, dentro das possibilidades, para otimizar seu aprendizado ideal, como manter o foco ao longo desse tempo? Descobri três causas diferentes que provocam distração e ruptura do período concentrado.

Primeira causa de distração: o ambiente
A primeira causa de distração é o ambiente em que você está. Você desligou o celular? Você acessa a internet, vê televisão ou joga algum jogo? Há sons e ruídos distraindo você? Você está preparado para começar, ou talvez precise separar canetas, um livro ou uma luminária antes? Esses aspectos dificultam a manutenção da concentração, mas as pessoas costumam ignorá-los pela mesma razão que as fazem ignorar que estão procrastinando. Muitos dizem a si mesmos que se têm maior atenção quando estão escutando música, digamos, mas na verdade pode ser que não queiram fazer certa tarefa, então a música proporciona uma distração leve e divertida. Dizendo isso, meu objetivo não é condenar quem não trabalha em um ambiente perfeito até porque eu mesmo certamente não trabalho. Quero apenas que você esteja ciente de qual tipo de ambiente em que você trabalha melhor e faça um teste. Você rende melhor mesmo com a televisão ligada ao fundo, ou simplesmente sente que isso torna o trabalho mais suportável? Se for este o caso, você provavelmente consegue se treinar para evitar fazer várias tarefas ao mesmo tempo e desfrutar de uma produtividade melhor. Fazer várias atividades simultaneamente pode parecer divertido, mas não é adequado para o ultra-aprendizado, que demanda total atenção. É melhor se livrar desse vício do que fortalecer hábitos ruins advindos de uma aprendizagem não efetiva.

Segunda causa de distração: a tarefa
A segunda causa é a tarefa que você está tentando aprender. Algumas atividades, por sua natureza, impõem mais dificuldades à concentração do que outras. Eu acho me concentrar na leitura mais difícil do que me concentrar em um vídeo, mesmo que o conteúdo seja o mesmo. Se você puder escolher entre diferentes ferramentas de aprendizagem, opte por aquela em que considera mais fácil se

concentrar. A escolha do material não deve suplantar outras considerações. Eu não escolheria uma ferramenta que seja muito menos direta (Princípio 3), ou que não permita avaliação (Princípio 6), apenas para conseguir me concentrar melhor. Felizmente, esses princípios costumam estar alinhados e, na verdade, os métodos que de algum modo são menos efetivos também são menos exigentes cognitivamente e, portanto, neles é mais complicado manter a concentração. Às vezes funciona modificar sutilmente o que está fazendo para permitir uma concentração melhor. Quando tenho uma leitura complexa pela frente, costumo fazer um esforço para escrever notas que reforcem conceitos que achei difíceis. Faço isso principalmente porque, ao escrever, é menos provável entrar no estado hipnótico de leitura em que imitamos o ato de ler enquanto a mente está de fato em outro lugar. Estratégias mais intensivas, sejam elas resolver problemas, fazer algo ou escrever e explicar ideias em voz alta são mais trabalhosos de executar usando apenas o subconsciente, portanto oferecem menos oportunidades para as distrações invadirem.

Terceira causa de distração: a mente
A terceira causa é a própria mente. Emoções negativas, inquietações e devaneios são alguns dos maiores obstáculos para a concentração. Esse problema tem dois lados. Primeiro, é óbvio que uma mente calma e limpa é melhor para focar quase qualquer problema de aprendizado. É mais difícil estudar com a cabeça cheia de raiva, angústia, frustração ou tristeza. Isso significa que, se você está com problemas pessoais, vai ter mais dificuldade para aprender bem e talvez seja melhor cuidar dessas questões antes. Uma relação tóxica, estar ansioso a respeito de outra tarefa que se está procrastinando ou simplesmente saber que se está tomando um caminho ruim na vida podem interferir na motivação; costuma ser mais sábio não ignorar

essas questões. No entanto, às vezes não há nada que se possa fazer quanto às suas emoções, já que elas emergem espontaneamente e não necessariamente demandam que se faça algo a respeito delas. Uma preocupação aleatória quanto a um evento futuro pode surgir, mas você sabe que não deve parar o que está fazendo imediatamente para lidar com a questão. A solução, nesse caso, é reconhecer o sentimento, estar consciente dele e ajustar delicadamente seu foco de volta para a tarefa até que a emoção cesse.

Deixar que os sentimentos negativos desapareçam, é claro, é mais difícil de fazer na prática. As emoções podem invadir a mente e tornar o processo de voltar a consciência para seu projeto uma tarefa de Sísifo. Se estou angustiado a respeito de alguma coisa, por exemplo, posso sentir como se estivesse voltando a atenção para a tarefa e, quinze segundos depois, perder o foco de novo, e o processo se repete por uma hora ou mais. Quando isso acontecer é importante reconhecer que, ao deixar de reagir à emoção a ponto de abandonar completamente o que estava fazendo, você diminui a intensidade do episódio no futuro. Isso também vai fortalecer seu compromisso em continuar a trabalhar caso essa situação se repita, o que se tornará cada vez mais fácil. A psiquiatra e pesquisadora em atenção plena [conceito conhecido como *mindfulness*] Susan Smalley e a professora de meditação Diana Winston, do Mindful Awareness Research Center da Universidade da Califórnia em Los Angeles, argumentam que, quando estamos engajados em um comportamento, nossa reação típica é tentar suprimir pensamentos que nos distraiam. Se, em vez disso, você "aprender a deixar que eles venham à tona, percebê-los e libertá-los ou deixá-los ir", é possível que o comportamento a evitar diminua. Se em algum momento você achar que não faz sentido continuar a trabalhar porque você está tão distraído por uma emoção negativa que não consegue continuar, lembre-se do quão útil é, a longo prazo, fortalecer sua capacidade de persistir. Tendo isso em mente, o tempo não está sendo desperdiçado, mesmo que você não obtenha grandes resultados nessa sessão específica.

PROBLEMA 3: FALHAR EM CRIAR O TIPO CERTO DE CONCENTRAÇÃO

Um terceiro problema, mais sutil do que os outros dois, tem a ver com a qualidade e o direcionamento da sua atenção. Supondo que você conseguiu resolver os problemas da procrastinação e da distração por tempo suficiente para se concentrar na tarefa, como focar? Qual é o grau ideal de atenção para maximizar o aprendizado?

Existem algumas pesquisas interessantes relacionando duas variáveis, excitação e complexidade da tarefa, à questão de como aplicar a atenção. Excitação (no sentido geral, não no sexual) é a sua sensação total de energia ou atenção. Quando você está sonolento, tem baixa excitação; quando está se exercitando, tem alta. Esse fenômeno corporal ocorre devido à ativação do sistema nervoso simpático e consiste em uma gama de efeitos físicos que costumam acontecer em conjunto, incluindo aceleração do batimento cardíaco, aumento da pressão arterial, dilatação da pupila e sudorese. Mentalmente, a excitação também influencia a atenção. Alta excitação produz um sentimento de atenção aguçada, geralmente caracterizado como uma faixa de foco bastante estreita, mas que também pode ser um pouco frágil. Isso pode ser muito bom para se concentrar em tarefas relativamente simples ou naquelas que exigem intensidade a fim de atingir um objetivo de menor escala. Atletas precisam desse tipo de concentração a fim de atirar um dardo em um alvo ou arremessar da maneira correta uma bola de basquete, tarefas bastante simples, mas que exigem concentração para serem executadas apropriadamente. O excesso de excitação, porém, faz com que a concentração comece a sofrer. Nesse estado é muito fácil se distrair, e você pode ter dificuldade em manter o foco em um ponto específico. Todo mundo que bebeu café demais sabe como isso pode impactar o trabalho.

Tarefas mais complexas, como resolver problemas matemáticos ou escrever ensaios, tendem a ser beneficiadas por tipos de concentração mais complexos. Nesse caso, o alcance do foco costumar ser maior e mais difuso. Vemos as vantagens disso quando, a fim de resolver o problema em questão, você precisa avaliar muitas informações e ideias. Tentar resolver um problema matemático complexo ou escrever um soneto provavelmente requer essa quietude mental. Quando se está fazendo uma tarefa particularmente criativa, pode ser bom não ter foco nenhum, caso tenha emperrado. Fazer uma pausa pode ampliar o alcance do foco o bastante para absorver possibilidades que até então não estavam conscientes, permitindo novas descobertas. Há uma explicação científica para que os momentos de "Eureca!" aconteçam durante o descanso ou quando se está prestes a dormir, e não enquanto se está trabalhando. Ainda assim, antes que você comece a achar que a preguiça é a chave da criatividade, é claro que essa abordagem só costuma funcionar quando a pessoa já se concentrou no problema por tempo suficiente para que resíduos de ideias permaneçam em sua mente. É improvável que não trabalhar nem um pouco leve à genialidade criativa, mas fazer uma pausa pode ajudar a abrir novas perspectivas diante de um problema difícil.

A relação entre complexidade da tarefa e excitação é interessante porque pode ser modificada. Em um experimento, sujeitos descansados e outros com privação de sono trabalharam em uma tarefa cognitiva. Não surpreende que as pessoas insones não tenham se saído bem. O mais interessante, porém, foi que os sujeitos insones se saíram melhor quando um barulho alto ficou soando no fundo, enquanto as pessoas descansadas se saíram pior. Os pesquisadores concluíram que o ruído aumentava os níveis de excitação, beneficiando os sujeitos insones por sua baixa excitação, mas aumentavam excessivamente a excitação dos descansados, o que causou a piora na performance. Diante disso, talvez você deva querer otimizar seus níveis de excitação para manter o nível ideal de concentração. Tarefas complexas podem se beneficiar de níveis mais baixos de excitação, então trabalhar em uma sala silenciosa em casa pode ser uma boa ideia para resolver problemas matemáticos. Tarefas simples podem se beneficiar de ambientes mais barulhentos, como trabalhar em uma cafeteria. Esse experimento demonstra a importância de testar e descobrir o que funciona melhor para desenvolver sua própria habilidade de concentração. Talvez fique claro que você trabalha melhor em tarefas complexas mesmo em uma cafeteria barulhenta, ou que precisa, mesmo em tarefas simples, de um cômodo silencioso, como uma biblioteca.

MELHORANDO SUA CAPACIDADE DE CONCENTRAÇÃO

Concentração não tem que ser exclusividade daqueles que dispõem de horas infinitas e grandes períodos de tempo livre. Como no caso de Somerville, a capacidade de concentrar é mais importante para aqueles cujas vidas os impossibilitam de comprometer períodos grandes. Com a prática, você pode aprimorar a sua. Em geral, sou cético quanto à possibilidade de treinar a atenção como uma habilidade. Dominar uma atividade não significa que você vai ser automaticamente disciplinado em todas as outras. No entanto, a concentração pode ser generalizada quando pensamos em algum procedimento que pode ser seguido para melhorar sua concentração. Meu conselho é: perceba onde você está e comece de baixo. Se você é o tipo de pessoa que não consegue ficar sentada por um minuto, tente ficar sentado por trinta segundos. Meio minuto logo se torna um minuto, depois em dois. Com o tempo, as frustrações que você sente ao estudar um tema específico podem se transformar em interesse genuíno. O impulso de se engajar em distrações vai diminuindo toda vez que resistimos a ele. Com paciência e persistência, seus poucos minutos vão se tornar grandes o bastante para você realizar grandes feitos, como Somerville fez há quase duzentos anos.

Agora que discutimos como começar a aprender coisas difíceis, vamos debater a maneira correta de aprendê-las. O próximo princípio, a prática direta, é o primeiro que explica o que você deve fazer enquanto aprende e, mais importante, o que deve evitar se quiser se tornar capaz de usar o que aprendeu.

CAPÍTULO 6

PRINCÍPIO 3

Prática direta

Siga sempre em frente

> Aquele que pode ir à fonte não vai à jarra de água.
> — *Leonardo da Vinci*

Vatsal Jaiswal cresceu na Índia e se mudou para o Canadá com o sonho de se tornar arquiteto. Quatro anos depois, empunhando um diploma novinho em folha e enfrentando o pior mercado de trabalho desde a Grande Depressão, esse sonho começou a parecer muito distante. Estabelecer-se como arquiteto é difícil, mesmo em um cenário econômico bom. Mas, alguns anos depois que o mercado quebrou em 2007, era quase impossível. As empresas estavam dispensando até arquitetos experientes. Se não estavam contratando ninguém, não iriam arriscar com um garoto que havia acabado de sair da faculdade. De seus colegas de turma, quase ninguém havia conseguido emprego na área e a maioria havia desistido, aceitando trabalhos em outros setores, voltando para a faculdade ou indo morar com os pais até que a tempestade econômica cessasse.

Rejeitado mais uma vez, Jaiswal deixou o escritório de outra empresa de arquitetura e voltou para seu pedaço do apartamento de um quarto que dividia com dois colegas. Depois de mandar centenas de currículos que ficaram sem resposta, ele passou a tentar uma tática mais agressiva, indo diretamente aos escritórios das empresas e suplicando para falar com algum responsável. Ainda assim, depois de semanas batendo em portas e fazendo dezenas de visitas não solicitadas, não havia qualquer oferta de emprego no horizonte. Não havia recebido uma ligação de retorno de nenhuma entrevista.

Apesar disso, Jaiswal suspeitava que sua dificuldade não era culpa apenas da recessão. Juntando fragmentos de avaliação que conseguiu arrancar dos lugares em que procurou emprego, percebeu que as empresas não o viam como um funcionário útil. Ele tinha feito faculdade de arquitetura, mas o programa havia focado principalmente em desenho e teoria. Ele era treinado para realizar projetos criativos, sem relação com a realidade da regulamentação de edificações, dos custos de construção e de softwares complicados. Como seu portfólio acadêmico não parecia em nada com os documentos técnicos detalhados com que os arquitetos trabalham, os contratantes achavam que seria necessário um longo período de treinamento para esse funcionário, algo que poucas empresas atualmente podem bancar.

Jaiswal precisava de um plano. Não iria funcionar continuar mandando currículos e batendo à porta de empresas. Precisava de um portfólio novo, que provasse que ele tinha exatamente as habilidades que as empresas buscavam. Ele tinha de mostrar que, em vez de ser um peso, ele poderia começar a trabalhar imediatamente e se tornar um membro valioso do time desde o primeiro dia.

Para fazer isso, Jaiswal precisava saber mais sobre como os arquitetos realmente planejam as construções — não apenas as teorias gerais e desenho de projeto, o que ele havia aprendido na faculdade, mas detalhes sobre a criação das plantas, sobre os códigos usados para representar diferentes materiais e o que os projetos mostram e omitem. Assim, ele arrumou um emprego em uma gráfica que imprimia as folhas de grande formato usadas para diagramas de projetos arquitetônicos. Era um trabalho mal pago, de baixa qualificação, distante do objetivo final de Jaiswal. No entanto, isso seria seu suporte financeiro enquanto preparava o novo portfólio. O melhor de tudo era que a gráfica o colocava em contato diário com os diagramas que as empresas estavam usando, permitindo que ele absorvesse inúmeros detalhes sobre a construção dos projetos.

Depois, Jaiswal precisava melhorar suas habilidades técnicas. Em suas visitas, descobriu que muitas empresas que havia contatado usavam um programa complexo de desenho chamado Revit. Pensou que, se dominasse seus pormenores, poderia se tornar imediatamente útil no cargo inicial que desejava, trabalhando com alta tecnologia. À noite, ele encarava tutoriais online e aprendia sozinho a usar o software.

Ele finalmente estava pronto para preparar um novo portfólio. Combinando seu conhecimento recém-adquirido em Revit com o de desenho arquitetônico que havia assimilado trabalhando na gráfica, Jaiswal começou a produzir. Em vez da variedade de projetos que fez na universidade, concentrou-se em um único prédio que ele mesmo projetou: uma estrutura residencial moderna, com três torres com pátios elevados. O projeto testava os limites de sua habilidade com o software, forçando-o a aprender novos métodos e ideias além do básico que havia assimilado dos tutoriais online e da exposição aos diagramas na gráfica. Depois de alguns meses de trabalho, ele estava pronto.

Com o novo portfólio em mãos, Jaiswal novamente se apresentou, desta vez apenas para duas empresas de arquitetura. Para sua surpresa, ambas lhe ofereceram imediatamente um emprego.

A IMPORTÂNCIA DE SER DIRETO

A história de Jaiswal ilustra perfeitamente o terceiro princípio do ultra-aprendizado: a prática direta. Ao pesquisar como a arquitetura era realmente praticada e aprender um conjunto de habilidades fortemente relacionadas ao cargo que queria ocupar, ele conseguiu se destacar dos recém-formados e seus portfólios inexpressivos.

A prática direta é aprender de maneira intimamente ligada à situação ou ao contexto em que você deseja usar a habilidade. No caso de Jaiswal, quando desejou dispor de habilidades em arquitetura que o fizessem ser contratado, ele optou por construir um portfólio com o programa de computador que as empresas mais usavam e projetou no estilo praticado por esses escritórios. Há muitos caminhos para o autodidatismo, mas a maioria não é muito direta. Ao contrário de Jaiswal, outro arquiteto com quem falei quis aprimorar sua empregabilidade aprofundando seu conhecimento em teorias da arquitetura. Embora possa ter sido interessante e divertido, isso não tinha ligação com as habilidades reais que usaria num cargo inicial. Assim como Jaiswal teve dificuldades para arrumar um emprego com seu portfólio universitário, muitos de nós preparamos um portfólio errado de habilidades para o tipo de carreira e para os objetivos pessoais que desejamos atingir. Queremos falar um idioma, mas tentamos aprender brincando em aplicativos divertidos em vez de conversar com pessoas reais. Queremos participar de projetos colaborativos e profissionais, mas quase sempre trabalhamos sozinhos. Queremos nos tornar grandes oradores, então compramos um livro sobre o tema em vez de praticar falando em público. Em todos esses casos, o problema é o mesmo: aprender diretamente aquilo que queremos parece frustrante, desconfortável ou entediante demais, então nos contentamos com um livro, uma palestra ou um aplicativo, torcendo para que isso nos torne mais experientes na coisa em si.

A prática direta é a marca registrada da maioria dos projetos de ultra-aprendizado.* Roger Craig preparou-se para *Jeopardy!* fazendo exercícios com as perguntas reais de edições anteriores do programa. Eric Barone projetou sozinho seu próprio jogo de videogame. Benny Lewis aprende novos idiomas muito rápido seguindo política de tentar interagir com falantes desde o primeiro dia. O que essas abordagens têm em comum é que suas atividades estão sempre ligadas a um contexto em que as habilidades aprendidas serão de fato empregadas.

O aprendizado mais tradicional, em sala de aula, privilegia a abordagem oposta: o estudo de fatos, conceitos e habilidades afastados de sua real aplicabilidade. Você domina as fórmulas antes de entender os problemas que elas devem resolver, memoriza vocabulário de um idioma porque as palavras estão listadas, resolve problemas altamente idealizados que nunca mais encontrará depois de receber o diploma.

Abordagens indiretas de aprendizagem, no entanto, não se limitam ao ensino formal. Muitos aprendizes autodirigidos caem na armadilha da aprendizagem indireta. Vejamos como exemplo o Duolingo, atualmente um dos aplicativos mais populares de aprendizado de idiomas. Superficialmente, ele tem diversas características que agradam. É colorido e divertido e proporciona uma sensação forte de progresso. Mas suspeito que muito da sensação de progresso

---

* Prática direta, como estou tratando aqui, tem uma relação bem próxima com o conceito de processamento apropriado para a transferência, da literatura psicológica.

seja ilusória, ao menos se seu objetivo é ser, ao fim, capaz de falar o idioma. Para entender por que, pense em como o Duolingo estimula a prática. Ele oferece palavras e frases no seu idioma e depois pede que você escolha, de um banco e palavras, aquelas que as traduzam.* O problema é que isso não se parece em nada com a realidade! Na vida real, você pode começar tentando traduzir uma frase no seu idioma para aquele que deseja aprender, mas as situações reais de interação não se apresentam como testes de múltipla escolha. Pelo contrário, você precisa desenterrar as palavras certas da memória ou encontrar palavras alternativas se não aprendeu ainda as que deseja usar. Cognitivamente, trata-se de uma tarefa bem diferente de escolher palavras correspondentes a partir de um banco muito limitado de opções, além de muito mais difícil. O método de Benny Lewis de falar desde o princípio pode ser difícil, mas permite uma transferência perfeita para o objetivo desejado: conversar.

Ao longo do Desafio MIT, percebi que o recurso mais importante para conseguir passar nos testes não eram as aulas gravadas, mas os conjuntos de problemas. Ainda assim, nos anos que se passaram desde então, quando os estudantes me chamam para ajudar, costumam lamentar a ausência de vídeos em algumas aulas, mas raramente reclamam de conjuntos incompletos ou insuficientes de problemas. Isso me faz pensar que a maior parte dos alunos acha que sentar e escutar as aulas é a principal maneira de aprender uma matéria, e que resolver problemas substancialmente similares àqueles da prova final são checagens superficiais de seus conhecimentos. Embora ter contato com a matéria previamente seja essencial, o princípio da prática direta sustenta que, na verdade, é ao realizar aquilo que você deseja dominar que muito do aprendizado ocorre. As exceções

---

* Para fazer justiça ao Duolingo, há maneiras de usar o aplicativo a fim de conseguir formas mais diretas de prática, mas elas só costumam acontecer depois que se repete a mesma aula na versão para celular do aplicativo.

a essa regra são mais raras do que parecem à primeira vista, e por isso a prática direta tem sido a pedra no sapato da educação por mais de um século.

A maneira mais fácil de aprender diretamente é simplesmente passar muito tempo fazendo aquilo que você quer dominar. Se você quer aprender um idioma, fale nesse idioma, como Benny Lewis. Se você quer desenvolver bons jogos, então faça jogos, como Eric Barone. Se quer passar em uma prova, pratique resolvendo os tipos de problemas que provavelmente vão estar nela, como eu fiz no Desafio MIT. Esse estilo de aprendizagem pela prática não vai funcionar em todos os projetos. A situação "real" pode ser muito rara, difícil ou mesmo impossível de produzir, e, portanto, aprender em um ambiente diferente do real é inevitável. Roger Craig não podia praticar *Jeopardy!* participando do programa centenas de vezes. Ele sabia que tinha que aprender em um ambiente diferente e se preparou para transferir aquele conhecimento quando chegasse a hora. Nessas situações, a prática direta não é uma característica oito ou oitenta, mas algo que você pode aumentar gradualmente para aprimorar seu desempenho. A abordagem de Craig para começar a aprender a partir de questões reais de *Jeopardy!* foi muito mais eficiente do que se ele tivesse apenas começado a estudar conhecimentos gerais sobre assuntos aleatórios. Jaiswal tinha limitações parecidas quando aprendia arquitetura, uma vez que as empresas em que queria trabalhar não o contratavam. Porém, ele contornou esse problema treinando no mesmo software que as firmas usavam e projetando um portfólio baseado nos mesmos tipos de desenhos e representações usados na prática real. O desafio duplo da prática direta é que, às vezes, a situação exata em que você deseja usar a habilidade não está disponível tão facilmente. Mesmo que você queira começar logo com o aprendizado pela prática, essa abordagem costuma ser mais intensa e incômoda do que assistir passivamente a videoaulas ou brincar em um aplicativo divertido.

Se não estiver atento à prática direta, portanto, é muito fácil cair em péssimas estratégias de aprendizado.

Uma das grandes lições da história de Jaiswal talvez não seja o triunfo de seu projeto autodirigido de aprendizagem, mas o fracasso de sua educação formal. Afinal, suas dificuldades começaram depois que ele já havia passado quatro anos estudando arquitetura intensamente na universidade. Por que, então, um projeto tão pequeno, depois da universidade, fez tanta diferença em sua empregabilidade? Para responder a isso, gostaria de passar para um dos problemas mais insistentes e incômodos da psicologia educacional: a transferência.

TRANSFERÊNCIA: O SEGREDINHO DA EDUCAÇÃO

A transferência foi chamada de "Santo Graal da educação". Ela ocorre quando você aprende algo em certo contexto, como em uma sala de aula, e consegue usá-lo em outro, por exemplo, na vida real. Por mais que isso soe técnico, a transferência encarna algo que esperamos que ocorra em quase todos os nossos esforços de aprendizagem: ser capazes de usar algo que estudamos em uma situação e de empregar esse saber em outra situação. Dificilmente pode-se descrever aprendizado como algo diferente disso.

Infelizmente, apesar de mais de um século de trabalho e pesquisa intensos, a educação formal tem majoritariamente falhado em proporcionar a transferência. O psicólogo Robert Haskell afirmou, em sua ótima revisão da vasta literatura sobre o tema: "Apesar da importância da transferência do aprendizado, as descobertas feitas pelas pesquisas das últimas nove décadas mostram que, enquanto indivíduos e instituições educacionais, falhamos em promover essa troca em de forma relevante." Ao que acrescentou: "Não é um exagero dizer que esse é um escândalo educacional."

A situação é ainda mais perturbadora do que parece. "Esperamos, por exemplo, que haja transferência de aprendizado das aulas introdutórias de psicologia no ensino médio para um curso universitário introdutório de psicologia", explica Haskell. "Sabe-se há anos, porém, que alunos que entram na faculdade tendo frequentado aulas de psicologia no ensino médio não têm resultados melhores do que aqueles que não tiveram. Alguns dos que estudaram essa ciência na escola chegam a ter resultados piores na universidade." Em outro estudo, foram feitas perguntas sobre economia a pessoas com ensino superior e não houve diferença de desempenho entre aqueles que tiveram aulas sobre a área do conhecimento e aqueles que não tiveram.

Fornecer vários exemplos parece ajudar um pouco na transferência, mas a pesquisadora em ciência cognitiva Michelene Chi observou que, "em quase todos os trabalhos empíricos até hoje sobre o papel da solução de exemplos, um aluno que estudou exemplos não é capaz de resolver problemas que desviam levemente da solução". Em seu livro *The Unschooled Mind: How Children Think and How Schools Should Teach* [A mente não escolarizada: como as crianças pensam e o que as escolas deveriam ensinar], o psicólogo do desenvolvimento Howard Gardner levanta evidências para demonstrar que mesmo "estudantes graduados com honras em cursos universitários de física costumam ser incapazes de resolver problemas e responder a perguntas básicas caso os encontrem em uma forma um pouco diferente daquela por meio da qual foram formalmente educados e testados". O fracasso na transferência tampouco se limita às escolas. Ele ocorre também nos treinamentos corporativos, como escreveu o ex-presidente do Times Mirror Training Group John H. Zenger: "Pesquisadores que avaliaram com rigor o treinamento disseram ser difícil encontrar mudanças demonstráveis após o treinamento."

O reconhecimento do fracasso na transferência geral tem uma história tão longa quando a do estudo do problema em si. O primeiro enfrentamento do problema foi feito pelos psicólogos Edward Thorndike e Robert Woodworth em 1901, no artigo seminal "The Influence of Improvement in One Mental Function upon the Efficiency of Other Functions" [A influência do aprimoramento em uma função mental sobre a eficiência de outras funções]. No artigo, eles atacavam a teoria educacional dominante na época, chamada *teoria da disciplina formal*, que sugeria que o cérebro funcionava de maneira análoga a um músculo, contendo capacidades bastante gerais de memória, atenção e raciocínio, e que treinar esses músculos, qualquer que fosse o conteúdo, resultaria em um aprimoramento geral. Essa era a tese predominante por trás do ensino universal de latim e geometria, com base na ideia de que isso ajudaria os alunos a pensar melhor. Thorndike conseguiu refutar essa ideia ao mostrar que a capacidade de transferir era muito menor do que a maior parte das pessoas supunha.

Embora estudar latim tenha caído em desuso, muitos especialistas em educação estão dando sobrevida a novas encarnações da teoria da disciplina formal, sugerindo que todo mundo aprenda programação ou pensamento crítico a fim de aprimorar sua inteligência geral. Muitos jogos populares de "treinamento mental" também partem dessa perspectiva a respeito da mente, presumindo que o treinamento profundo em um grupo de tarefas cognitivas se estenderá ao raciocínio diário. Faz mais de cem anos que se chegou a um veredito sobre essa ideia, mas a fascinação por um procedimento geral de transferência ainda lança muitos em busca do Santo Graal.

Apesar disso, há esperanças. Mesmo que o trabalho empírico e as instituições educacionais tenham falhado frequentemente em apresentar transferências significativas, isso não significa que a transferência não existe. Wilbert McKeachie, em sua revisão da história sobre o tema, percebeu que a "transferência é paradoxal. Quando a desejamos, não a conseguimos. Ainda assim, ela ocorre o tempo todo". Sempre que usamos analogia, dizendo que algo é como outra coisa, estamos transferindo conhecimento. Se você sabe patinar no gelo e depois aprende a andar em patins de rodinhas, você transferiu habilidades. Como observa Haskell, se fosse realmente impossível, não seríamos capazes de funcionar.

O que, então, explica essa desconexão? Por que as instituições de ensino têm dificuldades em proporcionar uma transferência relevante, se ela é algo de que todos precisamos para atuar neste mundo? Haskell sugere que uma das principais razões é que, quanto mais limitado for nosso conhecimento, mais difícil a transferência tende a ser. À medida que desenvolvemos mais conhecimentos e habilidades em determinada área, eles tornam-se mais flexíveis e fáceis de usar fora dos contextos estreitos em que foram aprendidos. No entanto, gostaria de acrescentar minha própria hipótese para explicar o problema da transferência: a maior parte do aprendizado formal lamentavelmente é indireta.

SUPERANDO O PROBLEMA DA TRANSFERÊNCIA POR MEIO DA PRÁTICA DIRETA

A prática direta resolve o problema da transferência de duas formas. A primeira e mais óbvia é que, se o que você aprende tem uma ligação direta com a área em que depois quer empregar a habilidade, a distância da transferência necessária é significativamente reduzida. Depois de um século de pesquisas mostrando as dificuldades e de soluções que falharam em proporcionar resultados duradouros, todo estudante deve ter em mente que transferir o que foi aprendido para contextos e situações muito diferentes é complicado. Se o aprendizado, como sugere Haskell, estiver "colado a um lugar ou a uma matéria", é bem melhor que essas situações sejam próximas àquelas em que você quer realmente usar a habilidade.

Em segundo lugar, creio que, além de seu papel mais óbvio de evitar a necessidade de transferências longas, a prática direta pode ajudar a transferir para novas situações. Muitas situações da vida real compartilham detalhes sutis entre si, mas que não compartilham do ambiente abstrato da sala de aula ou dos livros. Aprender algo novo raramente depende apenas da massa de conhecimento facilmente articulado ou codificado, mas de uma miríade de pequenos detalhes sobre como o conhecimento interage com a realidade. Ao aprender em um contexto real, a pessoa também aprende esses detalhes e habilidades ocultas que, muito provavelmente, serão transferidas em maior volume para uma situação da vida real do que se viessem de um ambiente artificial ou da sala de aula. Para usar um exemplo pessoal, uma das habilidades que achei mais importantes no projeto de não falar inglês foi conseguir usar rapidamente um dicionário ou um aplicativo de tradução no telefone, de modo a preencher as lacunas em meu conhecimento linguístico no meio das conversas. No entanto, é exatamente esse tipo de habilidade prática que raramente entra num currículo de idiomas. Esse exemplo é trivial, mas as situações da vida real apresentam muitas nuances de conhecimento como essa, necessárias para que possamos aplicar assuntos aprendidos formalmente.

Por fim, cabe aos pesquisadores decidir se algum dia será encontrado o Santo Graal da educação. Nesse meio-tempo, nós, enquanto aprendizes, temos de aceitar que muitas vezes nossos primeiros esforços de aprendizagem ficarão teimosamente conectados às situações em que aprendemos. O programador que aprende sobre um algoritmo em aula pode ter problemas em reconhecer quando usá-lo ao escrever um código. O líder que aprende uma nova filosofia de gerenciamento em um livro de negócios pode continuar usando a mesma abordagem de sempre com sua equipe. Meu exemplo favorito, porém, ocorreu quando um grupo de amigos me convidou para ir com eles a um cassino. Perguntei a eles se o que haviam estudado não os impediria de gostar de apostas, e eles apenas me olharam sem entender. Achei aquilo engraçado porque eles estudavam ciências atuariais. Todos aqueles anos estudando estatística em sala de aula deveriam tê-los convencido de que não se deve esperar bater a banca, mas eles não pareciam ter feito essa conexão. Quando aprendemos coisas novas, portanto, devemos sempre nos esforçar para conectá-las diretamente aos contextos em que queremos usá-las. Criar conhecimentos externos a partir do núcleo de uma situação real é muito melhor do que a estratégia tradicional, baseada em aprender algo e esperar que sejamos capazes de transportá-la para um contexto real em um tempo futuro indeterminado.

COMO OS ULTRA-APRENDIZES EVITAM O PROBLEMA DA TRANSFERÊNCIA E APRENDEM DIRETAMENTE

Levando em conta o problema da transferência e a importância de aprender diretamente, vamos observar algumas maneiras em que isso se dá em diferentes projetos de ultra-aprendizado. A maneira mais simples de ser direto é aprender pela prática. Sempre que possível, gaste uma boa parte de seu tempo apenas fazendo aquilo em que você quer se aprimorar e o problema da prática direta provavelmente vai desaparecer. Se não for possível, talvez seja preciso criar um projeto ou ambiente artificial para testar seus conhecimentos. O mais importante aqui é que as características cognitivas da habilidade que você quer dominar e a forma como você a pratica sejam substancialmente similares. Lembremos a simulação de *Jeopardy!* elaborada por Craig por meio da prática de questões de programas anteriores. O fato de que ele estava usando perguntas anteriores reais é mais importante do que se o programa que ele usava tinha o mesmo fundo azul característico do painel de *Jeopardy!* A cor do fundo não oferece nenhuma informação que alteraria suas respostas às questões, não mudava muito o que ele estava praticando. Por outro lado, se ele tivesse usado perguntas de conhecimentos gerais de outro jogo, haveria diferenças nos critérios de elaboração das perguntas, nos assuntos que abordam e no nível de dificuldade. Pior ainda, se ele tivesse passado todo o seu tempo lendo páginas aleatórias da Wikipédia para adquirir conhecimentos gerais, não estaria praticando o preceito fundamental de relembrar respostas a partir das típicas dicas enigmáticas do *Jeopardy!*.

Em outros casos, o que você está tentando alcançar pode não ser uma habilidade prática. Muitos dos ultra-aprendizes que encontrei desejavam, como meta final, entender um assunto especialmente bem, como Vishal Maini com o aprendizado de mecânica e inteligência artificial. Mesmo meu Desafio MIT teve a ver com alcançar uma compreensão profunda da ciência da computação, não tinha um objetivo mais prático como desenvolver um aplicativo ou um videogame, por exemplo. Embora possamos considerar esse um caso em que a prática não importa, essa não é a verdade. Significa apenas que o lugar em que se deseja aplicar essas ideias é menos óbvio e concreto. No caso de Maini, ele queria pensar e falar com inteligência sobre mecânica, o bastante para poder assumir um papel não técnico em uma empresa que empregasse esses métodos. Isso significava ser capaz de comunicar suas ideias de maneira articulada, compreendendo os conceitos com clareza, e era importante conseguir discutir sobre esses assuntos tanto com profissionais experientes quanto com leigos.

Por isso que seu objetivo de frequentar um curso rápido sobre os princípios do aprendizado de mecânica funcionou tão bem. O que ele aprenderia estava diretamente ligado ao lugar onde ele queria empregar aquela habilidade: comunicando-a com as outras pessoas.

Embora pesquisas sobre transferência tenham chegado a descobertas bastante sombrias, há um fio de esperança: alcançar um conhecimento mais profundo o torna mais flexível para uma futura transferência. As estruturas de nosso conhecimento começam frágeis, aferradas aos ambientes e aos contextos em que o aprendemos, mas com trabalho e tempo elas podem se tornar flexíveis a fim de ser aplicadas de maneira mais ampla. É essa a conclusão de Robert Haskell, e, embora ela não ofereça uma solução de curto prazo para o problema de novos aprendizes, sugere um caminho para aqueles que desejam continuar trabalhando em um assunto até dominá-lo. Muitos ultra-aprendizes que se especializaram em um subconjunto menor de campos são mestres em transferência; sem dúvida, isso se deve, em grande medida, à profundidade de seus conhecimentos. Dan Everett, de quem falamos na abertura do capítulo sobre o primeiro princípio, é um excelente exemplo disso. Seu vasto saber linguístico permite que ele aprenda novos idiomas de maneira relativamente fácil, em comparação com alguém que aprendeu apenas um segundo idioma ou teve aulas em sala de aula.

COMO APRENDER DIRETAMENTE

Dada a bem-documentada dificuldade das formas indiretas de aprendizado, por que elas continuam sendo o padrão tanto em escolas quanto em muitas tentativas autodidatas que fracassam? A resposta é que aprender diretamente é difícil. Costuma ser mais frustrante, desafiador e intenso do que quando se lê um livro ou se assiste a uma aula. Mas é justamente essa dificuldade que cria uma fonte potente de vantagens competitivas para quem deseja se tornar um ultra-aprendiz. Ao empregar táticas para explorar a prática direta apesar das dificuldades, você aprenderá de maneira muito mais efetiva.

Vamos examinar algumas das táticas dos ultra-aprendizes para maximizar esse princípio e tirar proveito das inadequações de um ensino mais comum.

Tática 1: aprendizagem baseada em projetos

Muitos ultra-aprendizes escolhem projetos, em vez de aulas, para adquirir as habilidades de que precisam. A lógica é simples: se você estruturar seu aprendizado tendo em vista produzir alguma coisa, você ao menos garante que vai aprender como produzir aquilo. Se assiste a aulas, você pode gastar muito tempo anotando e lendo e nunca atingir seu objetivo.

Aprender a programar criando seu próprio jogo de computador é um exemplo perfeito de aprendizagem baseada em projeto. Engenharia, design, arte, composição musical, carpintaria, roteiro e muitas outras habilidades naturalmente se prestam a projetos que produzem algo no final. No entanto, um tema intelectual também pode ser a base de um projeto. Um dos ultra-aprendizes que entrevistei, cujo projeto ainda está em andamento, queria aprender história militar. Seu projeto, no caso, era produzir uma dissertação. Uma vez que seu objetivo final era conseguir dominar por completo o assunto, um projeto que propunha produzir uma dissertação original levava a um aprendizado mais direto do que simplesmente tentar ler um monte de livros sem criar nada.

Tática 2: aprendizagem imersiva

Imersão é o processo de se cercar do ambiente-alvo em que a habilidade é colocada em prática. Esse processo tem a vantagem de demandar muito mais prática do que o habitual e de expor você a um conjunto mais completo de situações nas quais se aplica aquela habilidade.

Aprender idiomas é o exemplo canônico de uma área em que a imersão funciona. Ao imergir em um ambiente no qual se fala certo idioma, você não apenas garante que vai acabar praticando muito mais do que em qualquer outro contexto (já que não há outra escolha), mas também enfrenta uma diversidade maior de situações que requerem que você aprenda novas palavras e frases. Mas esse não é o único caso em que você pode usar a imersão para aprender mais. Ingressar em comunidades cujos participantes estão ativamente engajados no aprendizado pode ter um impacto similar, já que estimula uma exposição constante a novas ideias e desafios. Programadores novatos, por exemplo, podem ingressar em projetos de código aberto a fim de se expor a novos desafios.

Tática 3: o método do simulador de voo
Imersão e criação de projetos são ótimas táticas, mas em muitos casos não há maneira de praticar de forma realmente direta a habilidade. Pilotar um avião ou fazer uma cirurgia, por exemplo, sequer são práticas legais na vida real até que você já tenha investido tempo considerável em treinamento. Como contornar esse problema?

É importante perceber que o importante para a transferência não é um ambiente de aprendizado com todas as características possíveis do real, como o quarto em que você está ou as roupas que está vestindo ao aprender. Na verdade, as características cognitivas — situações em que você precisa tomar as mesmas decisões e desencavar conhecimentos que armazenou na sua cabeça — é que são importantes. Isso sugere que, quando a prática direta é impossível, uma simulação do ambiente funcionará bem à medida que permanecer fiel aos elementos cognitivos da tarefa em questão. No caso dos pilotos de avião, isso significa que praticar num simulador de voo pode ser tão bom quanto pilotar um avião de verdade se a simulação demandar em quantidade suficiente as avaliações e as decisões necessárias no ambiente real. Gráficos e sons melhores não são importantes, a não ser que alterem a natureza das decisões ou as indicações que os pilotos recebem para usar certa habilidade ou conhecimento.

Quando for escolher entre diferentes métodos de aprendizagem, pense que aqueles que simulam de maneira significante a abordagem direta transferem conhecimento com maior sucesso que os outros. Portanto, se você está tentando avaliar qual a melhor maneira de aprender francês antes de uma viagem à França, saiba que você conseguirá mais transferência (embora não perfeita) tendo aulas pelo Skype do que folheando cartões de resposta.

Tática 4: a abordagem exagerada

O último método para melhorar a prática direta é aumentar o desafio, de modo que o nível de habilidade necessário esteja inteiramente contido no objetivo definido. Tristan de Montebello, quando se preparava para competir no Campeonato Mundial de Oratória, começou a falar em escolas de ensino médio, apresentando versões preliminares de seu discurso. Fez isso porque sentia que a avaliação dos colegas dos clubes Toastmasters talvez fosse leve ou elogiosa demais, não era objetiva sobre o que funcionava e sobre o que não funcionava em sua fala. Os estudantes, por sua vez, seriam impiedosos. Se uma piada não fosse engraçada ou sua atuação fosse chata ou extravagante, ele poderia perceber imediatamente, pelas expressões da plateia, o que precisava ser retrabalhado. A abordagem exagerada significa se enfiar em um ambiente em que as demandas sejam tão altas que é improvável que você perca qualquer lição ou avaliação importante.

Entrar em um ambiente como esse pode ser uma experiência intensa. Talvez você sinta que "não está pronto" para começar a falar um idioma que mal aprendeu. Pode ficar com medo de subir num palco e apresentar um discurso que não decorou perfeitamente. Pode não querer mergulhar logo na programação de seu próprio aplicativo e preferir continuar vendo vídeos de outra pessoa programando. Mas esses medos costumam ser temporários. Se você tiver motivação suficiente para empregar esse método, em geral será bem mais fácil continuar com ele no longo prazo. A primeira semana em cada país durante o projeto de imersão em idiomas era sempre um choque, mas logo se tornava completamente normal viver inserido em uma nova cultura.

Uma maneira de exagerar em um projeto é mirar em uma prova, performance ou desafio específico que esteja além do nível de habilidade do qual você estritamente precisa. Benny Lewis gosta de fazer certificações de proficiência porque trata-se de um desafio concreto. Em seu projeto de alemão, ele queria ter sucesso na prova do nível mais alto, porque sua consciência daquele objetivo o estimularia a estudar mais do que ele estudaria caso se satisfizesse apenas com uma conversação habitual. Outra amiga decidiu exibir suas fotos como uma maneira de impulsionar suas habilidades e seu talento. Decidir de antemão que vai expor o resultado do trabalho em vez de apenas registrar os fatos aprendidos modifica sua abordagem e o orienta em direção a um bom desempenho.

APRENDER DIRETO DA FONTE

Aprender direto é uma das marcas registradas de muitos dos projetos de ultra-aprendizado bem-sucedidos que encontrei, principalmente porque podem ser muito diferentes do estilo de ensino a que maioria de nós está acostumado. É um bom hábito, sempre que você aprende algo novo, perguntar a si mesmo onde e como esse conhecimento vai se manifestar. Se for capaz de responder a essas perguntas, pergunte também se está fazendo alguma coisa para ligar o aprendizado ao contexto. Caso a resposta seja negativa, seja cuidadoso, porque o problema da transferência pode aparecer com toda a força.

O ato de aprender diretamente, no entanto, é apenas metade da resposta à questão de o que fazer para aprender bem. Praticar muito e diretamente no ambiente em que deseja usar suas habilidades é um começo importante. Mas, para dominar habilidades rapidamente, muita prática não é o suficiente. Isso nos leva ao próximo princípio do ultra-aprendizado: repetição.

CAPÍTULO 7

PRINCÍPIO 4

Repetição

Ataque seu ponto fraco

> Cuide dos compassos que a música cuida de si mesma.
> — *Philip Johnston, compositor*

Entre todos os papéis que Benjamin Franklin assumiu ao longo da vida — empreendedor, inventor, cientista, diplomata e pai fundador dos Estados Unidos —, ele era antes de tudo, e principalmente, escritor. Foi escrevendo que ele obteve sucesso. Depois de fugir de Boston para escapar dos últimos anos de seu contrato de trabalho como aprendiz na tipografia do irmão, Franklin foi para a Filadélfia.*
Sem um tostão e sem conhecidos, começou a trabalhar para outra

---

* Havia nos Estados Unidos da época "contratos de aprendizagem" que obrigavam o trabalhador a servir durante determinado tempo ao empregador. O contrato de Benjamin Franklin com o irmão, James, o obrigava a trabalhar por nove anos, até completar 21 anos. [N.T.]

gráfica antes de se estabelecer como competidor no ramo. Seu *Poor Richard's Almanack* tornou-se um best-seller internacional e permitiu que se aposentasse aos 42 anos. Entretanto, foi mais tarde, na segunda metade da vida, que sua escrita mudaria o mundo.

Como cientista, Franklin era ruim em matemática, mais interessado nas consequências práticas do que nas grandes teorias do universo. Sua prosa, no entanto, era "igualmente bem escrita para filósofos e não iniciados", observou o químico inglês Sir Humphrey Davy, acrescentando que "ele tornou seus detalhes tão divertidos quanto compreensíveis". A força de sua escrita e as consequências práticas dela fizeram dele um sucesso internacional.

Também na política foi o talento de Franklin para a escrita que o ajudou a conquistar aliados e persuadir possíveis antagonistas. Antes da Revolução Americana, ele redigiu um ensaio, supostamente escrito pelo rei Frederico II da Prússia, intitulado "Um édito do rei da Prússia". No texto, ele satirizava as relações entre Estados Unidos e Grã-Bretanha, propondo que, uma vez que os primeiros colonos das Ilhas Britânicas tinham origem germânica, o rei prussiano deveria "receber receita das ditas colônias na Grã-Bretanha".

Mais tarde, sua capacidade com a pena seria usada na Declaração de Independência, quando ele editou as palavras de Thomas Jefferson a fim de formarem a famosa frase "Consideramos estas verdades autoevidentes".

Vale a pena perguntar: como Franklin desenvolveu essa habilidade extraordinária de escrita e persuasão? Felizmente, ao contrário de muitos outros grandes escritores, cujos esforços para aperfeiçoar suas habilidades permanecem mistérios, temos o relato do próprio Franklin. Em sua *Autobiografia*, ele detalha suas tentativas sofisticadas, quando garoto, de separar seções de sua habilidade de escrita a fim de praticar. Ainda criança, debateu com um amigo sobre os méritos da educação feminina (Franklin a favor, o amigo contra), seu pai percebeu momentos de sua escrita em que faltava capacidade persuasiva. Então Franklin, "determinado a se esforçar para melhorar", fez uma série de exercícios para praticá-la.

Um dos documentados consistia em pegar uma de suas revistas favoritas, a *The Spectator*, e fazer anotações dos artigos publicados. Depois ele abandonava as notas por alguns dias e voltava a elas, tentando reconstruir o argumento original de memória. Quando terminava, "comparava a minha Spectator com a original, descobria alguns dos meus erros e os corrigia". Quando percebeu que seu vocabulário era limitado, desenvolveu outra estratégia. Reescrevia a prosa em versos, de modo que pudesse substituir palavras por sinônimos que encaixassem na métrica ou na rima. Para aprimorar sua percepção do fluxo retórico de um ensaio, tentou sua abordagem imitativa de novo, mas dessa vez embaralhando as notas, de modo que precisasse, ao escrever, determinar a ordem correta da sequência de ideias.

Depois que desenvolveu um pouco a mecânica da escrita, partiu para uma tarefa mais difícil: escrever em estilo persuasivo. Lendo uma gramática da língua inglesa, ficou sabendo do método socrático, que consiste em questionar a ideia de alguém por meio de perguntas investigativas e não por contradição direta. Ele então começou a trabalhar, evitando cuidadosamente "a contradição abrupta e a argumentação afirmativa", concentrando-se em se tornar um "inquiridor humilde e cético".

Esses primeiros esforços funcionaram. Aos 16 anos, ele queria publicar seu trabalho. Com medo de que seu irmão mais velho rejeitasse a ideia, ele escondeu sua autoria e submeteu o artigo sob o pseudônimo de Silence Dogood, fingindo ser uma viúva que vivia no campo. Seu irmão, ignorando o verdadeiro autor, aprovou e publicou o artigo. Franklin então escreveu outros. Embora tenha começado como um ardil para que seu texto fosse avaliado com justiça, a prática de assumir outros personagens se provaria inestimável mais tarde. O *Poor Richard's Almanack*, por exemplo, foi escrito da perspectiva de um casal simples, Richard e Bridget Saunders, e seus ensaios políticos, como "Um édito do rei da Prússia", faziam uso similar dessa flexibilidade em adotar pontos de vista imaginários.

É difícil conceber que Franklin tivesse se tornado quem se tornou sem ter antes desenvolvido o domínio da escrita. Fosse nos negócios, na ciência ou nas questões de Estado, o cerne imutável que o tornou persuasivo e grandioso era sua capacidade de escrever bem. Mas o que distinguia Franklin não era apenas a quantidade de escritos, ou puramente seu talento, e sim o quanto ele praticava. Ao segmentar as habilidades de escrita e praticar esses componentes isoladamente, ele foi capaz de dominar essa técnica ainda bem jovem, usando-a para os outros propósitos que o tornariam famoso mais tarde. A análise cuidadosa e a prática deliberada formam a base do quarto princípio do ultra-aprendizado: repetição.

A QUÍMICA DA APRENDIZAGEM

Há um conceito útil da química chamado etapa determinante da velocidade. Ele é usado quando uma reação ocorre em múltiplas etapas e os produtos de uma reação tornam-se os reagentes de outra. A etapa que determina a velocidade é a mais lenta de uma cadeia de reações, formando um empecilho que, no fim, define a quantidade de tempo necessária para que a reação completa ocorra. O processo de adquirir conhecimento, acredito, frequentemente funciona de maneira similar, com certos obstáculos dificultando e controlando a velocidade com que você se torna proficiente.

Pense no aprendizado de matemática. Essa habilidade complexa tem muitas seções diferentes: é preciso compreender os conceitos fundamentais, lembrar os algoritmos para resolver certo tipo de problema e saber em que contexto aplicá-los. Subjacente a essas habilidades, porém, está a capacidade de resolver contas aritméticas e expressões algébricas para solucionar os problemas propostos. Se você é fraco em aritmética ou descuidado em álgebra, vai obter as respostas erradas, mesmo que tenha dominado outros conceitos.

Outro exemplo de etapa determinante da velocidade é a expansão de vocabulário quando se está aprendendo uma língua estrangeira. O número de frases que você consegue enunciar com sucesso depende de quantas palavras você sabe. Se forem muito poucas, você não vai ser capaz de falar sobre muita coisa. Se conseguisse introduzir de repente centenas de novas palavras em sua base de dados mental, expandiria drasticamente sua fluência, mesmo que sua pronúncia, gramática e outros conhecimentos linguísticos permaneçam inalterados.

É essa estratégia que está por trás da repetição. Ao identificar a etapa que determina a velocidade de sua relação de aprendizagem, é possível isolá-la e trabalhá-la especificamente. Uma vez que ela comanda sua competência geral naquela habilidade, ao aprimorá-la você vai melhorar mais rápido do que se tentasse praticar cada aspecto da habilidade de uma só vez. Foi a intuição de Franklin que permitiu que ele aprimorasse sua escrita com rapidez: ao identificar os componentes gerais da escrita, descobrir quais eram importantes em seu caso e enfim desenvolver maneiras inteligentes de enfatizá-los na prática, ele foi capaz de se aperfeiçoar mais depressa do que se tivesse apenas passado muito tempo escrevendo.

REPETIÇÃO E CARGA COGNITIVA

As etapas que determinam a velocidade da aprendizagem — quando um componente de uma habilidade complexa determina seu nível geral de desempenho — são um motivo poderoso para usar a repetição. No entanto, não são o único. Mesmo que não seja possível isolar um aspecto da habilidade que esteja lhe prejudicando, pode ser uma boa ideia usar repetições.

O motivo é que, quando você está praticando uma habilidade complexa, seus recursos cognitivos (atenção, memória, esforço etc.) podem se dividir entre muitos aspectos diferentes da tarefa. Quando Franklin estava escrevendo, ele precisava pensar não apenas no conteúdo lógico do seu argumento, mas na escolha das palavras e no estilo retórico. Isso pode criar uma armadilha de aprendizado. Para aprimorar seu desempenho em determinado aspecto pode ser necessário dedicar tanta atenção a ele que as demais partes começam a piorar. Se a melhora pode ser avaliada apenas observando a tarefa como um todo, essa dificuldade pode resultar em uma diminuição do progresso.

A repetição resolve esse problema simplificando uma habilidade o bastante para que você possa concentrar seus recursos cognitivos em um determinado aspecto. Quando Franklin focava em reconstruir a ordem de um artigo que havia lido, ele podia dedicar atenção total a pensar qual sequência de ideias formava um bom ensaio, em vez de precisar também se preocupar com a escolha de palavras, a gramática e o conteúdo dos argumentos.

Leitores perspicazes provavelmente perceberão uma tensão entre este princípio e o anterior. A prática direta requer trabalhar a habilidade de modo mais próximo possível da situação em que será usada, enquanto a repetição caminha na direção oposta. A repetição pega a prática direta e a divide em partes para que você possa praticar apenas um componente isolado. Como podemos solucionar essa contradição?

A ABORDAGEM "DIRECIONE E DEPOIS REPITA"

A tensão entre aprender diretamente e fazer repetições pode ser resolvida caso você veja os dois princípios como estágios alternados de um ciclo mais amplo do aprendizado. O erro de muitas estratégias acadêmicas de aprendizagem é ignorar ou abstrair o contexto direto, na esperança de que, caso se desenvolvam componentes suficientes da habilidade, eles acabem sendo transferidos. Os ultra-aprendizes, pelo contrário, frequentemente empregam o que eu chamo de Abordagem "Direcione e depois Repita".

O primeiro passo é tentar praticar a habilidade diretamente. Isso significa descobrir onde e como ela vai ser usada e então tentar reproduzir essa situação tão fielmente quanto possível ao praticar. Pratique um idioma conversando. Aprenda programação escrevendo um software. Aprimore suas habilidades na escrita redigindo artigos. Essa conexão inicial e o ciclo de retorno subsequente garante que o problema da transferência não aconteça.

O passo seguinte é analisar a habilidade direta e tentar isolar esses dois aspectos: os componentes que determinam a velocidade de seu progresso e as sub-habilidades que você acha difíceis de aprimorar por falta de concentração. A partir disso, você pode desenvolver repetições e praticar aqueles elementos separadamente até dominá-los melhor.

O passo final é voltar a praticar diretamente e integrar aquilo que aprendeu. Isso tem dois propósitos. O primeiro é que, mesmo em repetições bem planejadas, haverá momentos em que a transferência trava porque o que antes era uma habilidade isolada precisa ser transportado para um contexto novo e mais complexo. Pense nisso como se estivesse construindo o tecido conjuntivo que irá conectar os músculos fortalecidos separadamente. A segunda função desse passo é avaliar se sua repetição era apropriada e foi bem projetada. Muitas tentativas de isolar alguma coisa para fins de repetição podem acabar fracassando por não atingirem realmente o cerne do que é difícil na prática real. E tudo bem errar; essa avaliação é importante porque reduz ao mínimo o tempo perdido aprendendo coisas que não são tão relevantes para seus objetivos.

Quando mais cedo você estiver no processo de aprendizagem, mais rápido deve ser o ciclo. Alternar entre prática direta e repetições, até em uma mesma sessão de aprendizado, é uma boa ideia quando se está começando. Mais tarde, quando estiver mais equipado e houver a demanda de um esforço maior para um aprimoramento perceptível do seu desempenho global, será mais aceitável fazer incursões mais longas pelas repetições. Quando estiver se aproximando do domínio do tema, seu tempo acabará praticamente todo concentrado em repetições. A essa altura, você entenderá perfeitamente bem como uma habilidade complexa se divide em componentes individuais e aprimorar cada um deles será uma tarefa cada vez mais dispendiosa.

TÁTICAS PARA PROJETAR REPETIÇÕES

Quando se aplica esse princípio, podem ocorrer três problemas principais. O primeiro é descobrir quando e o que repetir. Concentre-se nos aspectos que podem determinar a velocidade do seu desempenho. Qual aspecto da habilidade, se aprimorado, causaria o maior progresso em sua capacidade como um todo empregando a menor quantidade de esforço? Suas habilidades contábeis podem ser limitadas por seu pouco conhecimento de Excel, impedindo que você aplique em situações práticas tudo aquilo que sabe. Sua capacidade linguística pode ser atrapalhada por uma pronúncia ruim, mesmo que você saiba as palavras corretas. Também é preciso observar os aspectos da habilidade que precisam ser manejados simultaneamente. Eles podem ser mais difíceis de aprimorar se você não dispõe de recursos cognitivos suficientes para trabalhá-los. Quando está escrevendo um novo artigo, você precisa gerenciar pesquisa, narrativa, vocabulário e muitos outros aspectos ao mesmo tempo e isso torna difícil melhorar agressivamente em um único aspecto. Determinar o que repetir pode parecer complicado, mas não precisa ser. O segredo é experimentar. Faça uma hipótese sobre o que está atrapalhando, acesse esse aspecto com algumas repetições usando a Abordagem "Direcione e depois Repita", e rapidamente você descobrirá se está correto.

A segunda dificuldade desse princípio é projetar a repetição para produzir o aprimoramento. Isso costuma ser difícil porque, mesmo que você perceba em qual aspecto do desempenho você é fraco, projetar uma repetição que exercite esse componente sem remover artificialmente aquilo que atrapalha sua aplicabilidade é complicado. As repetições de Franklin eram incomuns, creio, porque a maioria das pessoas, mesmo quando percebem déficits específicos em sua habilidade de escrita, não buscam maneiras de exercitar repetidamente sub-habilidades como ordenar argumentos de modo persuasivo ou imitar um estilo de escrita bem-sucedido.

Por fim, fazer repetições é difícil e com frequência desconfortável. Isolar o que há de pior em seu desempenho e praticar esse aspecto exige estômago. É muito mais prazeroso ocupar o tempo se concentrando naquilo em que se é realmente bom. Levando em conta essa tendência natural, vamos analisar algumas boas maneiras de fazer repetições para que você possa começar a praticá-las.

Exercício de repetição 1: divisão do tempo
A maneira mais fácil de criar um exercício de repetição é isolar um pedaço de tempo de uma sequência mais longa de ações. Os músicos costumam fazer esse tipo de treinamento quando identificam a parte mais difícil de uma música, praticando até executá-la perfeitamente antes de integrá-la de novo ao contexto geral da canção. De maneira similar, os atletas realizam esse processo quando exercitam repetidamente habilidades que ocupam normalmente uma fração do tempo total de um jogo, como arremessos e cobranças de pênalti. Nas fases iniciais do aprendizado de um idioma, costumo repetir obsessivamente algumas frases-chave para que sejam incorporadas rapidamente a minha memória de longo prazo. Procure partes da habilidade que possam ser decompostas em momentos específicos de tempo e que tenham alta dificuldade ou importância.

Exercício de repetição 2: componentes cognitivos
Algumas vezes o que você quer praticar não é um recorte de tempo de uma habilidade mais ampla, mas um componente cognitivo específico. Quando você fala um idioma, gramática, pronúncia e vocabulário são usados em todos os momentos, mas formam aspectos cognitivos diferentes que devem ser controlados ao mesmo tempo. A tática aqui é encontrar uma maneira de exercitar repetidamente apenas um deles, enquanto, na prática, os outros também estariam envolvidos. Quando aprendia mandarim, eu fazia repetições de entonação que envolviam pronunciar pares de palavras com diferentes entonações e gravava. Isso me permitia praticar rapidamente diferentes entonações sem a distração de ter de lembrar o que as palavras significavam ou como formar frases gramaticalmente corretas.

Exercício de repetição 3: imitação
Uma dificuldade de exercitar repetição em muitas habilidades criativas é que muitas vezes é impossível praticar um aspecto sem trabalhar os demais ao mesmo tempo. Quando Franklin estava tentando aprimorar sua capacidade de ordenar logicamente os argumentos, por exemplo, era impossível que fizesse isso sem escrever um artigo inteiro. Para resolver esse problema de aprendizado, siga o exemplo de Franklin: ao replicar (de outra pessoa ou de um trabalho anterior seu) por completo aquilo que deseja aprimorar, concentre-se exclusivamente no componente desejado. Isso não apenas vai poupar o seu tempo, já que você vai precisar repetir apenas a parte que está exercitando, como também reduzirá sua carga cognitiva, isto é, permitirá direcionar o foco para o aprimoramento daquele aspecto. Quando pratiquei desenho, comecei desenhando não apenas a partir de fotos, mas de desenhos que outros haviam feito. Isso me ajudou a me concentrar na habilidade de representar com precisão a figura, simplificando a decisão de como enquadrar a cena e quais detalhes incluir. Em trabalhos criativos flexíveis, editar trabalhos passados pode ter o mesmo efeito, permitindo que você aprimore seletivamente um aspecto X sem ter de se preocupar com as outras demandas envolvidas em uma criação do zero.

Exercício de repetição 4: o Método da Lupa
Suponha que você precise criar algo novo e não pode editar ou isolar a parte que deseja praticar. Como produzir uma repetição? Pelo Método da Lupa, você gasta mais tempo em um componente da habilidade do que gastaria de outra maneira. Isso pode reduzir seu desempenho global, ou aumentar o tempo empregado, mas permite que você gaste uma proporção muito maior do tempo e dos recursos cognitivos na sub-habilidade desejada. Empreguei esse método quando tentava melhorar minha pesquisa pré-composição

de artigos, gastando cerca de dez vezes mais tempo nisso do que anteriormente. Embora ainda tivesse que fazer todas as outras partes do processo de escrever, gastar um tempo extra com pesquisa me permitiu desenvolver novos hábitos e habilidades.

Exercício de repetição 5: cadeia de pré-requisitos

Uma estratégia em comum observada em vários ultra-aprendizes era começar por uma habilidade que exigia pré-requisitos que eles não dominavam totalmente. Assim, como acabam tendo um desempenho ruim, eles davam um passo atrás, aprendiam um dos tópicos de base e repetiam o exercício. Começar pelo mais difícil e aprender os pré-requisitos à medida que se mostram necessários pode ser frustrante, mas economiza muito tempo que seria usado para aprender sub-habilidades que não importam tanto para o desempenho. Eric Barone, por exemplo, começou seus experimentos com pixel art simplesmente fazendo pixel art. À medida que tinha dificuldade com certos aspectos, como as cores, ele dava um passo atrás, aprendia teoria das cores e repetia seu trabalho. Benny Lewis tinha um hábito parecido; começava falando a partir de um livro de frases e só depois aprendia a gramática por trás delas.

REPETIÇÃO PARA ATENÇÃO PLENA

Para muitos, a ideia de repetição pode parecer um impulso na direção errada. Todos nós já perdemos tempo fazendo exercícios de casa elaborados para assimilar por repetição fatos e procedimentos que se mostraram totalmente inúteis. Isso acontece, muitas vezes, porque não sabemos as razões por trás daquilo que estamos praticando ou como aquilo se encaixa em um contexto mais amplo. Repetir problemas de forma descontextualizada provoca um torpor mental. No entanto, uma vez tendo identificado que isso é um empecilho, repetição ganha um novo propósito. No ultra-aprendizado, que é direcionado pelo estudante, e não por uma fonte externa, as repetições são vistas sob outra ótica. Em vez de ser forçado a fazer repetições sem saber a finalidade disso, agora cabe a você encontrar uma maneira de aprimorar o processo de aprendizagem acelerando a absorção de tópicos específicos que você considera mais difíceis. As repetições têm uma qualidade muito diferente no ultra-aprendizado e no aprendizado tradicional. Quando cuidadosamente planejadas, elas estão longe de ser um trabalho árduo e sem sentido e passam a ser um modo de estimular a criatividade e a imaginação enquanto você se esforça para resolver um desafio mais complexo de aprendizagem, dividindo-o em partes específicas.

Mas sei que não é fácil e por isso muitos de nós preferem evitá-las. Quando nos dedicamos às repetições, é comum escolhermos assuntos em que nos sentimos competentes e confortáveis. Repetições exigem que o aprendiz não apenas pense profundamente sobre o que está sendo aprendido, mas também descubra o que é mais difícil e ataque aquela fraqueza diretamente, em vez de se concentrar no que é mais divertido ou naquilo que já domina. Isso demanda uma motivação intensa e sentir-se confortável com um método agressivo de aprendizado. Em sua *Autobiografia*, Franklin comenta quão longe foi para poder se dedicar a seus exercícios de repetição em escrita: "Meu tempo para aqueles exercícios e para a leitura era a noite, depois do trabalho ou antes de começá-lo pela manhã." Apesar do papel importante que a escrita teria em sua vida, Franklin ainda tinha que trabalhar longas horas sob as ordens de seu irmão na tipografia, aprimorando diligentemente seu ofício no pouco tempo livre de que dispunha. Eric Barone também repetia sua pixel art dezenas de vezes, dando vários passos para trás a fim de dominar conceitos e teorias necessárias.

A dificuldade e a utilidade das repetições reproduzem um padrão que vai ocorrer ao longo dos princípios do ultra-aprendizado: uma coisa mentalmente extenuante proporciona um benefício maior para a aprendizagem do que uma coisa fácil. Em nenhum lugar esse padrão fica mais claro do que no próximo princípio, recuperação, em que a dificuldade em si pode ser a chave para um aprendizado mais efetivo.

CAPÍTULO 8

PRINCÍPIO 5

Recuperação

Teste para aprender

> Vale mais a pena esperar e recolher de um esforço vindo de dentro do que procurar de novo no livro.
> — *William James, psicólogo*

Na primavera de 1913, o matemático G. H. Hardy recebeu uma carta que mudaria para sempre o curso de sua vida. Enviada por um assistente de contabilidade que trabalhava no Escritório Portuário de Madras, na Índia, a carta continha um bilhete humilde de apresentação junto a algumas asserções surpreendentes. O autor alegava ter descoberto teoremas para problemas que as melhores mentes da época não haviam encontrado solução. Como se isso não bastasse, afirmava que não tinha "instrução universitária" e que havia solucionado a partir de suas próprias investigações solitárias.

Receber cartas de malucos amadores que afirmavam ter resolvido problemas famosos era frequente para alguém com a importância de Hardy no campo matemático, então seu primeiro impulso foi ignorar a carta como mais uma entre muitas. Mas ele havia folheado as várias páginas de anotações anexadas a ela e as equações não saíam da sua cabeça. Quando percebeu, horas depois, que ainda estava pensando nelas, Hardy levou a carta para seu colega, John Littlewood. Por diversão, os dois começaram a tentar provar aquelas asserções e descobriram que, com muito esforço, isso era possível em algumas. Outras, no entanto, permaneciam, nas palavras de Hardy, "quase impossíveis de acreditar". Talvez aquela não fosse a carta de um maluco, mas algo bem diferente, pensou Hardy.

As fórmulas escritas eram tão estranhas que o matemático observou: "Elas devem ser verdadeiras porque, se não fossem, ninguém teria imaginação para inventá-las." Naquele momento, ele entendeu apenas vagamente que havia acabado se der apresentado a um dos matemáticos mais brilhantes e bizarros de todos os tempos, Srinivasa Ramanujan.

A GENIALIDADE DE RAMANUJAN

Antes de escrever a carta, que mudou o curso da história da matemática, Ramanujan era um garoto pobre do sul da Índia especialmente apaixonado por equações. Ele amava matemática acima de tudo. Na verdade, o amor pela matemática muitas vezes o pôs em dificuldades. Sua falta de vontade de estudar outras matérias o fez fracassar na universidade. Ele só se interessava por equações. Em seu tempo livre e durante períodos de desemprego, costumava passar horas sentado no banco em frente à casa de sua família com uma lousa nas mãos, brincando com fórmulas. Às vezes ficava acordado até tão tarde que sua mãe precisava colocar a comida em suas mãos para que ele se alimentasse.

Como ele estava a milhares de quilômetros da capital da matemática da época, o acesso a livros didáticos de boa qualidade era um grande desafio para Ramanujan. Uma das fontes que encontrou e explorou extensivamente era o livro de George Shoobridge Carr chamado *A Synopsis of Elementary Results in Pure and Applied Mathematics* [Sinopse dos resultados elementares em matemática pura e aplicada]. Carr estava longe de ser um personagem importante ou um gênio matemático. O livro, escrito como um guia para estudantes, incluía uma lista extensa de teoremas dos mais diversos campos da matemática, a maioria sem explicação ou provas. Mesmo com essas defasagens, o livro de Carr tornou-se um recurso poderoso nas mãos de alguém inteligente e obcecado como Ramanujan. Isso porque, em vez de apenas copiar e decorar como certos teoremas eram derivados, ele tinha que descobrir o caminho sozinho.

Embora muitos comentaristas da época, inclusive Hardy, tenham argumentado que a pobreza de Ramanujan na infância e o acesso tardio à matemática de ponta provavelmente tenham feito um estrago irreparável a sua genialidade, experimentos psicológicos modernos oferecem uma alternativa. Uma vez que trabalhava apenas com a longa lista de teoremas de Carr empregando sua peculiar obsessão por fórmulas matemáticas, Ramanujan estava involuntariamente praticando um dos métodos mais poderosos que se conhece para atingir a compreensão profunda.

O EFEITO DO TESTE

Imagine que você é um estudante se preparando para uma prova. Você pode escolher alocar de três maneiras seu tempo de estudo. Pode, primeiro, revisar a matéria, examinando suas anotações e livros, e estudar até ter certeza de que vai se lembrar de tudo. A segunda maneira é testar a si mesmo. Pode deixar o livro fechado e tentar se lembrar o que está dentro dele. Por fim, pode criar um mapa conceitual. Pode escrever os principais conceitos em um diagrama, que mostra como eles se organizam e como se relacionam com outros itens que você precisa estudar. Se tivesse que escolher apenas um, qual seria a sua opção para se sair bem na prova final?

É essencialmente essa a pergunta proposta pelos psicólogos Jeffrey Karpicke e Janell Blunt num estudo que examina a escolha de estratégias de aprendizagem pelos alunos. Os estudantes foram divididos em quatro grupos. A mesma quantidade de tempo foi concedida para cada um, mas os grupos deveriam usar estratégias diferentes de estudo: revisar o texto uma única vez; revisar repetidamente; rememoração livre e mapeamento conceitual. Depois, os alunos deveriam prever sua nota no teste. Aqueles que revisaram repetidamente o texto previram que tirariam as melhores notas, seguidos pelos que estudaram uma vez o texto e pelo grupo que fez os mapas conceituais. Aqueles que praticaram rememoração livre (tentar lembrar o máximo que podiam sem consultar o livro) previram o pior desempenho final.

Os resultados reais, no entanto, não chegaram nem perto disso. Ficou claro que testar a si mesmo — tentar recuperar informações sem voltar ao texto — superava todas as outras condições. Nas perguntas baseadas diretamente no conteúdo, aqueles que praticaram rememoração livre lembraram-se 50% mais do que os outros grupos. Como era possível que estudantes, com anos de experiência pessoal para saber o que importa no aprendizado, podiam estar tão enganados sobre o que realmente dá resultado?

É tentador argumentar que essa vantagem do autoteste é um artifício relacionado à medição do sucesso. O princípio da prática direta afirma que a transferência é difícil. Como o autoteste e a prova real são basicamente parecidas, talvez seja essa similaridade o que permite que esse método funcione melhor. Se o método de avaliação fosse diferente, seria razoável suspeitar que revisão ou mapeamento cognitivo viriam primeiro. O interessante é que, em outro experimento, Karpicke e Blunt mostraram que essa também não é a explicação. Dessa vez, a prova final era produzir um mapa conceitual. Apesar da enorme similaridade com o exercício da prova, a rememoração livre ainda teve resultados melhores do que o mapeamento conceitual.

Outra explicação possível para testar a si mesmo dar certo é o feedback. Quando você revisa uma matéria sem qualquer objetivo definido, não tem qualquer retorno sobre o que você aprendeu ou não. Uma vez que os testes usualmente incluem retorno, talvez isso explique por que os estudantes que testaram a si mesmos tiveram melhores resultados do que os que fizeram mapas conceituais ou revisaram passivamente. Embora seja verdade que o retorno é importante, mais uma vez, a recuperação não se resume a apenas conseguir um retorno maior. Nos experimentos mencionados, pedia-se aos estudantes que fizessem rememoração livre, mas não havia nenhum retorno sobre os itens que esqueceram ou erraram. O ato de tentar evocar o conhecimento através da memória é uma ferramenta poderosa de aprendizagem por si só, não apenas por sua conexão com a prática direta ou com o retorno.

Essa nova perspectiva sobre a aprendizagem mostra como o livro de Carr, com suas listas de provas sem soluções, pôde se tornar, nas mãos de alguém suficientemente motivado para dominá-las, uma ferramenta incrível para produzir um matemático brilhante. Sem acesso às respostas, Ramanujan foi forçado a inventar suas próprias soluções, recuperando informações de sua mente em vez de revisá-las a partir de um livro.

O PARADOXO DO ESTUDO

Se a recuperação — tentar lembrar fatos e conceitos de memória — é tão melhor para o aprendizado, por que os estudantes não a praticam? Por que muitos preferem insistir no mapeamento conceitual ou mesmo na revisão passiva, ainda menos eficaz, quando simplesmente fechar o livro e tentar lembrar o máximo possível dele ajudaria muito mais?

A pesquisa de Karpicke sugere uma possível explicação: os seres humanos não têm a capacidade de saber com certeza se realmente aprenderam alguma coisa. Na verdade, precisamos confiar nos indícios oferecidos pela nossa experiência de estudo se quisermos ter uma ideia se estamos indo bem. Os chamados julgamentos de aprendizagem (JOL na sigla em inglês) baseiam-se, em parte, em quão fluentemente você é capaz de processar algo. Se a tarefa parece fácil e tranquila, é mais provável que acreditemos ter aprendido. Se a tarefa parece desafiadora, sentimos que não aprendemos ainda. Imediatamente depois de gastar um tempo estudando, esses JOLs podem até ser precisos. Minutos depois de estudar algo usando a estratégia da revisão passiva, os alunos têm desempenho melhor do que se tivessem praticado a recuperação. A sensação de que você está aprendendo mais quando lê em vez de tentar lembrar com o livro fechado não é imprecisa. O problema vem depois. Se o teste for refeito alguns dias depois, a prática da rememoração ganha da revisão passiva por quilômetros de vantagem. O que foi benéfico imediatamente depois do estudo deixa de ser benéfico para a formação da memória de longo prazo necessária para ocorrer a aprendizagem de fato.

Outra explicação para o fato de os estudantes escolherem a revisão, de baixa eficiência, em vez da recuperação, é que eles não sentem que sabem a matéria bem o suficiente para testarem a si mesmos. Em outro experimento, Karpicke pediu que os estudantes escolhessem uma estratégia de aprendizagem. Os que tinham desempenhos piores escolheram inevitavelmente primeiro revisar a matéria, aguardando que estivessem "prontos" para começar a testar a si mesmos. Porém, se fossem forçados experimentalmente a praticar a recuperação antes, aprendiam mais. A recuperação funciona melhor, esteja você preparado ou não. Especialmente se combinada com a habilidade de procurar respostas, essa prática é uma forma muito melhor de estudar do que a usada pela maioria das pessoas.

DIFICULDADE É DESEJÁVEL?

O que faz da recuperação uma prática tão melhor que a revisão? Encontramos uma resposta no conceito de dificuldade desejável, do psicólogo R. A. Bjork. Recuperações mais difíceis levam a um melhor aprendizado, desde que o ato da recuperação em si seja bem-sucedido. Testes de rememoração livre, nos quais os alunos devem lembrar tanto quanto possível sem receberem sugestões, tendem a resultar em melhor retenção do que de rememoração com dicas, nos quais são fornecidas pistas sobre o que é preciso lembrar. Mas testes de rememoração com dicas são melhores do que testes de reconhecimento, como questões de múltipla escolha, em que a resposta correta deve ser encontrada, mas não produzida. Aplicar um teste imediatamente depois de a pessoa ter aprendido algo torna a retenção mais difícil do que se houver um pequeno atraso, de tamanho suficiente para que as respostas não estejam na mente quando forem necessárias. A dificuldade, longe de ser um obstáculo para a recuperação funcionar, pode ser parte do motivo para que funcione.

A ideia de dificuldades desejáveis para a recuperação é um grande argumento a favor da estratégia do ultra-aprendizado. Uma de baixa intensidade típica envolve ou uma taxa de recuperação menor, ou uma mais fácil. Aumentar a dificuldade e escolher testar a si mesmo logo antes de sentir-se "pronto" é mais eficiente. Lembremos a estratégia de Benny Lewis. Embora a abordagem de falar o novo idioma desde o primeiro dia seja difícil, pesquisas sugerem o motivo pelo qual ela parece ser mais útil do que formas mais fáceis de estudo em sala de aula. Ao se colocar em um contexto mais difícil, toda vez que Lewis precisa rememorar uma palavra ou frase, ela vinha à mente de maneira mais forte do que se ele estivesse fazendo o mesmo em uma sala de aula ou simplesmente examinando uma lista de palavras e frases.

Mas é claro que a dificuldade pode se tornar indesejável se ficar tão alta a ponto de impossibilitar a recuperação. Adiar o primeiro teste de um fato que você acabou de aprender tem algumas vantagens quando comparado ao feito imediatamente. No entanto, se o adiamento for longo demais, a informação pode ser completamente esquecida. A ideia, portanto, é tentar encontrar o meio-termo ideal: longo o suficiente para que aquilo que for recuperado seja profundamente lembrado, mas não tanto a ponto de esquecermos tudo. Embora esperar demais antes de se testar possa ter suas desvantagens, aumentar a dificuldade diminuindo a quantidade de dicas possivelmente será útil, desde que você tenha feedback desse desempenho.

DEVEMOS FAZER A PROVA FINAL ANTES MESMO DE A AULA COMEÇAR?

A maneira mais comum de encarar os testes é como uma avaliação daquilo que se aprendeu em outro lugar — lendo ou assistindo a aulas. O conceito de recuperação vira essa ideia de cabeça para baixo, sugerindo que um teste não apenas é uma fonte de aprendizado, como também resulta em um aprendizado melhor do que se o mesmo tempo fosse gasto revisando o material. No entanto, isso ainda mantém a ideia convencional de que o conhecimento é primeiro adquirido e só depois fortalecido ou testado.

Uma ideia interessante advinda das pesquisas sobre recuperação, conhecida como efeito futuro do teste, sugere que a recuperação não apenas ajuda a aprimorar o que você aprendeu, mas também pode preparar você para aprender melhor. Testar regularmente informações estudadas pode facilitar o aprendizado de novas informações. Isso significa que a recuperação funciona para aprimorar o processo no futuro, mesmo quando ainda não há nada a recuperar!

Diversos mecanismos foram propostos para explicar por que esse efeito futuro do teste ocorre. Alguns pesquisadores argumentam que buscar um conhecimento que ainda não foi aprendido — tentando, por exemplo, resolver um problema que você ainda não saiba como resolver — ajuda a reforçar as estratégias de busca que serão aplicadas mais tarde, quando o conhecimento estiver ali. Para usar uma analogia, tentar recuperar uma resposta que ainda não está em sua mente é como percorrer uma estrada que leva a um edifício que ainda não foi construído. O destino não existe, mas o caminho para chegar até lá quando o prédio estiver pronto é construído independentemente. Outros pesquisadores argumentam que pode ser um mecanismo de atenção. Ao lidar com uma questão ainda sem solução, sua mente ajusta automaticamente seus recursos de atenção para localizar informações que pareçam uma solução quando você a aprender mais tarde. Qualquer que seja o mecanismo exato, a realidade do efeito futuro do teste implica que a recuperação pode se beneficiar não apenas do teste feito antes que você esteja "pronto", mas antes mesmo que você tenha a possibilidade de responder corretamente.

O QUE DEVE SER RECUPERADO?

As pesquisas são claras: se você precisa relembrar algo mais tarde, o melhor é praticar recuperá-lo. Essa conclusão, porém, ignora uma questão importante: no que você deveria investir tempo para lembrar primeiro? A recuperação pode demandar menos tempo do que a revisão para atingir o mesmo impacto no aprendizado, mas não aprender nada de um assunto é ainda mais rápido. Essa é uma questão prática importante. Ninguém tem tempo de dominar todos os assuntos. O Desafio MIT cobria muitas ideias diferentes. Algumas eram diretamente relevantes para o tipo de programação que eu queria fazer quando tivesse terminado, então era prioridade garantir que essas fossem retidas. Outras eram interessantes, mas, uma vez que não planejava usá-las imediatamente, eu me esforçava mais em praticar a recuperação dos conceitos subjacentes do que em fazer cálculos técnicos. Uma das aulas a que assisti, por exemplo, era Lógica Modal. Como não planejo me tornar especialista em lógica, posso dizer, honestamente, oito anos depois, que não conseguiria resolver um teorema dessa matéria hoje. No entanto, consigo dizer para que serve a lógica modal e quando é usada. Então, se surgir uma situação em que as técnicas que aprendi na aula devam ser aplicadas, sei que teria muito mais facilidade em identificá-la.* Sempre existirão coisas que você escolhe dominar e outras que basta saber que poderá buscar se necessário.

Uma maneira de responder a essa questão é praticar diretamente. Com a prática direta, somos forçados a recuperar as coisas que surgem frequentemente enquanto usamos tal habilidade. Se você está aprendendo um idioma e precisa se lembrar de uma palavra, você pratica. Se nunca precisa desse termo, não vai memorizá-lo. A vantagem dessa estratégia é que ela te leva automaticamente a aprender o que é mais frequente. Aquilo que raramente é usado ou que é mais fácil de consultar do que de memorizar não será recuperado e, em geral, isso se dá com coisas que não são tão importantes.

O problema em apostar exclusivamente na prática direta é que o conhecimento que não está na sua cabeça não pode ser usado para ajudá-lo a resolver problemas. Por exemplo, uma programadora pode perceber que precisa usar certa função para solucionar algo, mas não se lembra de como escrevê-la. Consultar a sintaxe pode atrasá-la, mas ainda assim ela será capaz de resolver a questão. No entanto, se você não tem conhecimento armazenado suficiente para reconhecer o momento em que deve usar determinada função para resolver certo problema, nenhuma consulta vai ajudá-lo. Levemos em conta a quantidade gigantesca de conhecimento que se tornou acessível nos últimos vinte anos por meio de uma rápida busca online. Praticamente qualquer fato ou conceito hoje está disponível a qualquer pessoa que tiver um smartphone. Ainda assim, apesar desse avanço incrível, isso não significa que uma pessoa mediana seja milhares de vezes mais inteligente do que as pessoas eram uma geração atrás. Ser capaz de procurar as informações é

---

* Lógica modal é um ramo da lógica proposicional, que permite que você expresse ideias como "deveria", "usualmente" e "possivelmente".

certamente uma vantagem, mas sem algum volume de conhecimento, não vai ajudar muito.

Sozinha, a prática direta pode falhar em encorajar uma dose de recuperação suficiente, omitindo conhecimentos que podem ajudá-lo na solução de um problema, mas não são estritamente necessários para tal. Imaginamos que nossa programadora tenha duas maneiras diferentes de resolver o problema, A e B. A opção A é muito mais efetiva, mas se escolher B ela também terminará o trabalho. Vamos supor que ela conheça apenas a opção B. Ela vai continuar a usá-la para resolver o problema, mesmo que seja menos efetiva. Nossa personagem poderia então ler sobre a opção A em algum blog. Mas, como simplesmente ler é muito menos efetivo do que a prática de recuperação repetida, é possível que ela se esqueça disso quando chegar o momento de usar a técnica. Talvez soe muito abstrato, mas creio que isso ocorra frequentemente com programadores, e muitas vezes o que separa os medíocres dos grandes não é a gama de problemas que podem resolver, mas o fato de que os bons costumam conhecer dezenas de maneiras de fazê-lo e podem escolher as melhores para cada situação. Esse tipo de amplitude requer certa quantidade de exposição passiva, que por sua vez tira proveito da prática da recuperação.

COMO PRATICAR A RECUPERAÇÃO

A recuperação funciona, mas não é sempre fácil. Além do obstáculo que há no esforço em si, às vezes não está claro exatamente como ela deve ser feita. A revisão passiva pode não ser muito eficiente, mas ao menos é objetiva: você abre o livro e relê a matéria até tê-la retido. A maior parte dos livros e dos recursos não tem uma lista de questões ao final para ajudá-lo a testar se de fato memorizou o conteúdo. Para ajudá-lo, seguem alguns métodos úteis a fim de aplicar a recuperação em praticamente todo tipo de assunto.

Tática 1: cartões
Cartões de respostas são uma maneira incrivelmente simples, e mesmo assim eficiente, de aprender associações casadas de perguntas e respostas. O velho método de escrever em cartões de papel a fim de repetir é poderoso, mas foi amplamente suplantado por sistemas de repetição espaçada, como discutiremos no Princípio 7. Os algoritmos desses softwares podem armazenar dezenas de milhares de "cartões" e também organizar um cronograma de revisão para que você possa dar conta de tudo.

A principal desvantagem dos cartões de respostas é que eles funcionam verdadeiramente bem para tipos específicos de recuperação, quando há pareamento entre uma dica específica e uma resposta. Para algumas formas de conhecimento, como memorização de vocabulário de uma língua estrangeira, eles funcionam perfeitamente. De maneira parecida, mapas, diagramas anatômicos, definições e equações podem muitas vezes ser memorizados por meio de cartões de resposta. Quando a situação em que você precisa lembrar a informação varia muito, porém, esse tipo de prática pode ter desvantagens. Os programadores podem memorizar a sintaxe por meio de cartões de resposta, mas conceitos que precisam ser aplicados em programas reais costumam não se encaixar na estrutura dica-resposta exigida pelos cartões.

Tática 2: rememoração livre
Uma tática simples para recuperação é, depois de ler uma seção de um livro ou assistir a uma aula, tentar escrever tudo que você se lembrar em um papel em branco. Praticar assim costuma ser bem difícil, e você vai deixar passar várias coisas, mesmo se tiver acabado

de terminar a leitura do texto. No entanto, essa dificuldade também é uma boa razão para a prática ser útil. Ao se forçar a lembrar os pontos e argumentos principais, você vai conseguir se lembrar melhor deles depois. Enquanto pesquisava para este livro, por exemplo, muitas vezes eu imprimia matérias de jornais e as encadernava com algumas folhas em branco depois de cada texto. Quando terminava de ler, fazia um rápido exercício de rememoração livre para me certificar de que reteria os detalhes importantes quando chegasse a hora de escrever.

Tática 3: o método do livro de perguntas
A maioria dos estudantes faz anotações copiando os pontos principais à medida que os encontra. Outra estratégia para fazer anotações é reelaborar o que você registrou na forma de perguntas para serem respondidas depois. Em vez e escrever que a Carta Magna foi assinada em 1215, você pode escrever a pergunta: "Quando foi assinada a Carta Magna?", seguida dê uma referência de onde a resposta pode ser encontrada, caso você se esqueça. Ao anotar perguntas, em vez de respostas, você produz material para praticar a recuperação mais tarde.

Um erro que cometi ao aplicar essa técnica foi me concentrar nos tipos errados de assuntos. Tentei empregar esse método para estudar um livro de neurociência computacional e acabei me perguntando todos os tipos de questões detalhadas, como qual era a taxa de disparo de certos circuitos neurais ou quem propôs uma teoria específica. Não foi intencional, mas sim um subproduto da reformulação preguiçosa em perguntas do conteúdo factual do livro. É mais difícil e mais útil reformular como pergunta a ideia principal de um capítulo ou seção. Já que ela muitas vezes está implícita, isso exige uma reflexão mais profunda e não apenas o acréscimo de um ponto de interrogação a algumas anotações copiadas literalmente.

Uma regra que considero útil é me restringir a uma questão por seção do texto, forçando-me, assim, a buscar e reformular o argumento principal, em vez de esquadrinhar detalhes que vão ser na maioria irrelevantes mais tarde.

Tática 4: desafios autogerados
As táticas acima funcionam melhor para a recuperação de informações simples, como fatos ou resumos de ideias amplas que encontramos em um livro ou uma palestra. No entanto, se você está tentando praticar uma habilidade, e não apenas lembrar informações, essas táticas podem não bastar. Para um programador, não é suficiente saber o que significa um algoritmo, ele também precisa ser capaz de escrevê-lo em código. Nesse caso, à medida que você avança passivamente na matéria, pode ir criando desafios para si mesmo que deve resolver mais tarde. Quando encontra uma nova técnica, pode fazer uma anotação lembrando-o de demonstrá-la em um exemplo real. Criar uma lista de desafios pode servir de guia para dominar aquela informação na prática e pode expandir a biblioteca de ferramentas que você é capaz de empregar.

Tática 5: aprender com o livro fechado
Praticamente toda atividade de aprendizado pode se tornar uma oportunidade de recuperação se você reduzir a possibilidade de buscar dicas. Mapeamento conceitual, a estratégia que não funcionou especialmente bem para os estudantes nos experimentos de Karpicke e Blunt, pode ser reforçada consideravelmente se você se impedir de buscar a resposta no livro quando for gerar seu mapa conceitual. Suspeito que, se isso tivesse sido feito no experimento original, os estudantes que fizeram mapeamentos com os livros fechados provavelmente teriam se saído melhor no teste final de criação de um mapa conceitual. Em toda prática, seja direta ou uma repetição, a

possibilidade de busca na fonte pode ser reduzida. Ao evitar procurar na origem, a informação torna-se conhecimento armazenado dentro da mente em vez de dentro de um livro de referência.

REVISITANDO RAMANUJAN

Não há como negar que Ramanujan era inteligente. Sua genialidade, no entanto, tinha o auxílio imensurável de duas marcas da caixa de ferramentas dos ultra-aprendizes: intensidade obsessiva e prática de recuperação. Tentar resolver a lista de teoremas de Carr, escassamente desenvolvidos, trabalhando na lousa de manhã até de noite, era incrivelmente difícil. Mas também produziu as dificuldades que permitiram que ele construísse uma grande biblioteca mental de ferramentas e artifícios que o ajudariam em seus esforços matemáticos posteriores.

A recuperação teve um papel importante na educação matemática de Ramanujan, mas ele está longe de ser o único a ser beneficiado pela tática. Em quase toda biografia de grandes gênios e dos ultra-aprendizes contemporâneos que encontrei, alguma forma de prática de recuperação é mencionada. Benjamin Franklin praticava a escrita reconstruindo artigos de memória. Mary Somerville resolvia os problemas mentalmente quando não tinha velas para ler à noite. Roger Craig praticava questões de conhecimentos gerais sem olhar as respostas. A recuperação não é suficiente para criar um gênio, mas pode ser necessária para tanto.

Mas tentar produzir uma resposta em vez de revisá-la é apenas uma parte de um ciclo maior. A fim de fazer uma recuperação realmente efetiva, ajuda saber se a resposta que você desencavou da cabeça está correta. Assim como muitas vezes evitamos nos testar até que estejamos prontos simplesmente porque testes são descon-

fortáveis, também costumamos evitar nos informar sobre nosso nível até acharmos que o resultado vai ser favorável. Ser capaz de processar a informação efetivamente, absorvendo com clareza a mensagem que ela contém, nem sempre é fácil. Mas justamente por isso é tão importante. Isso nos leva ao próximo princípio do ultra-
-aprendizado: retorno.

CAPÍTULO 9

PRINCÍPIO 6

Retorno

Não se esquive dos golpes

> Todo mundo tem um plano até levar um soco na boca.
> — *Mike Tyson*

Chris Rock sobe por uma escada estreita nos fundos e entra no palco no momento em que seu nome é anunciado. Com seus espetáculos lotados e especiais na HBO, Rock não é um novato no *stand-up comedy*. Suas performances parecem shows. Com uma enunciação enérgica e pontuada, ele é conhecido por repetir a frase principal de uma piada como o refrão de uma música, o ritmo tão preciso que dá a impressão de que ele seria capaz de fazer qualquer coisa ficar engraçada. E esse é exatamente o problema. Quando tudo que você faz é engraçado, como saber o que compõe uma piada realmente boa?

Longe dos teatros lotados e das multidões exultantes, Rock caminha até o microfone em frente à parede de tijolos do palco modesto do Comedy Cellar, em Greenwich Village, Nova York. Segura cartões com pedaços de frases rabiscados, um truque para desenvolver novas ideias que aprendeu com o avô, um taxista que pregava na igreja aos finais de semana. Em vez de seu estilo agressivo característico, ele recosta na parede dos fundos. Esse é seu laboratório, e sua apresentação vai ser feita com a precisão de uma experiência científica.

"Não vai ser tão bom", avisa Rock para a plateia, que está boquiaberta com seu aparecimento não anunciado no pequeno palco. "Não por causa do preço que pagaram", acrescentou ele, brincando: "Por esse preço, eu podia ir embora agora!" Ele prevê as críticas: "Chris veio e foi embora. Foi bom! Ele não contou nenhuma piada, mas foi bom!" Segurando as anotações, Rock avisa à plateia, meio de brincadeira, que aquela não vai ser uma apresentação típica. Na verdade, ele quer testar novas ideias sob condições controladas. "Eles dão a você uns seis minutos porque você é famoso", explica, "depois você volta para a primeira casa". Ele quer saber o que é engraçado quando não está tentando ser engraçado.

Rock não é o único que adota esse método. O Comedy Cellar é famoso por visitas de grandes nomes. Dave Chappelle, Jon Stewart e Amy Schumer são alguns comediantes que testaram ideias em frente a pequenas plateias ali antes de se apresentar em especiais no horário nobre e em turnês em grandes teatros. Por que apresentar em um clube pequeno quando você pode atrair com facilidade multidões e milhares de dólares em uma apresentação grande? Por que aparecer sem ser anunciado e vender barato sua habilidade? O que Rock e outros comediantes famosos perceberam é a importância do sexto princípio do ultra-aprendizado: o feedback.

O PODER DA INFORMAÇÃO

Feedback é um dos aspectos mais constantes das estratégias usadas pelos ultra-aprendizes. Do feedback simples de Roger Craig, que testava a si mesmo com as pistas de *Jeopardy!* sem saber a resposta, ao desconfortável da abordagem de Benny Lewis, abordando estranhos a fim de falar um idioma que ele havia começado a aprender no dia anterior, obter um parecer foi uma das táticas mais comuns dos ultra-aprendizes que encontrei. Muitas vezes, o que separava uma estratégia de ultra-aprendizado de abordagens mais convencionais eram a imediaticidade, a precisão e a intensidade do feedback obtido. Tristan de Montebello poderia ter tomado o caminho normal de preparar cuidadosamente seu roteiro e então enunciar o discurso uma vez por mês ou a cada dois meses, como faz a maior parte dos sócios do Toastmasters. Em vez disso, ele se jogou naquilo, falando em público diversas vezes por semana, pulando de um clube para outro a fim de obter perspectivas diferentes a respeito de seu desempenho. Esse mergulho profundo é desconfortável, mas a imersão rápida também o deixou menos sensível a boa parte da angústia causada pelo palco.

O feedback aparece de maneira proeminente nas pesquisas sobre prática deliberada, uma teoria científica sobre aquisição de perícia introduzida por K. Anders Ericsson e outros psicólogos. Nesses estudos, Ericsson descobriu que a capacidade de obter retorno imediato do desempenho é um ingrediente essencial para alcançar altos níveis de perícia. Sem isso, o resultado muitas vezes é a estagnação: longos períodos em que você continua a usar uma habilidade, mas não melhora nela. Às vezes, a falta de feedback pode até resultar em diminuição da habilidade. Muitos médicos pioram à medida que ganham mais experiência, porque o conhecimento acumulado na faculdade de medicina começa a se apagar e eles carecem de parecer sobre a precisão dos diagnósticos, o que normalmente propiciaria mais aprendizado.

O FEEDBACK PODE SER UM TIRO PELA CULATRA?

A importância do feedback não deve ser muito surpreendente; todos nós percebemos, intuitivamente, que obter informação sobre o que estamos fazendo direito ou não pode acelerar o aprendizado. As pesquisas sobre o tema encontraram algo mais interessante: mais feedback nem sempre é melhor. O que importa, de maneira crucial, é o tipo de resposta que se obtém.

Em uma ampla meta-análise, Avraham Kluger e Angelo DeNisi revisaram centenas de estudos sobre o impacto do feedback na aprendizagem. Embora o efeito como um todo tenha sido positivo, é importante notar que, em mais de 38% dos casos, na verdade, ocorreu um impacto negativo. Isso nos leva a uma situação confusa. Por um lado, é essencial ter feedback para obtenção de perícia, como demonstram os estudos científicos sobre prática deliberada. Ele também é um elemento proeminente dos projetos de ultra-aprendizado, e é difícil imaginar que tivessem sucesso se suas fontes tivessem sido desligadas. Ao mesmo tempo, um artigo que revisa as evidências não mostra que o feedback é universalmente positivo. Qual a explicação?

Kluger e DeNisi argumentam que a discrepância está no tipo de resposta obtida. O feedback funciona bem quando proporciona informações úteis que possam guiar o futuro aprendizado. Se ele disser em que você está errando ou como consertar o erro, pode ser uma ferramenta potente. Mas, por vezes, isso se torna um tiro pela culatra quando apontado para o ego da pessoa. Elogio, um tipo comum de feedback usado frequentemente pelos professores (e apreciado pelos alunos) costuma ser prejudicial ao aprendizado.

Quando o retorno descamba para avaliações da pessoa enquanto indivíduo (por exemplo, "Você é tão inteligente!" ou "Você é preguiçoso"), o aprendizado sofre um impacto negativo. Além disso, mesmo um feedback que inclua informações úteis precisa ser processado corretamente como um motivador ou uma ferramenta de aprendizagem. Kluger e DeNisi perceberam, em alguns dos estudos que apresentavam impactos negativos do feedback, que isso se dava porque os pesquisados escolhiam não usá-lo de maneira construtiva. Rejeitavam-no, diminuíam a expectativa que tinham de si mesmos ou desistiam de uma vez da tarefa de aprendizagem. Os pesquisadores notaram que quem dá o feedback é relevante, uma vez que a opinião de um colega ou de um professor faz parte de uma dinâmica social importante, que vai além da mera informação de como melhorar uma habilidade.

Descobri duas coisas interessantes nessa pesquisa. Primeiro, fica claro que, embora o retorno informativo seja benéfico, ele pode sair pela culatra se for processado de maneira imprópria ou se falhar em fornecer informações úteis. Isso significa que, ao buscar feedback, o ultra-aprendiz precisa estar atento a duas possibilidades. A primeira é ter uma reação exagerada a uma crítica (positiva ou negativa) ausente de informações específicas que colaborem com o aprimoramento. Os ultra-aprendizes precisam ser sensíveis para perceber qual tipo de feedback é realmente útil e bloquear o restante. É por isso que, embora todos os ultra-aprendizes que conheci empreguem essa prática, não reagem a cada fragmento possível dela. Eric Barone, por exemplo, não prestava atenção a cada comentário ou crítica aos primeiros esboços do seu jogo. Em muitos casos, quando o feedback entrava em conflito com sua visão, ele o ignorava. A segunda possibilidade é quando esse retorno é empregado incorretamente, o que pode causar um impacto negativo na motivação. E não é apenas uma opinião abertamente negativa que prejudica a motivação, mas às vezes até a abertamente positiva. Os ultra-aprendizes devem equilibrar as duas preocupações, buscando o nível correto para cada estágio de aprendizagem. Embora todos saibamos identificar e instintivamente evitar críticas duras e inúteis, a pesquisa também corrobora a estratégia de Rock de desconsiderar o parecer positivo produzido automaticamente pela sua fama.

O segundo ponto interessante da pesquisa é que ela explica por que os esforços em busca de feedback costumam ser subutilizados e, portanto, permanecem uma fonte potente de vantagem comparativa para os ultra-aprendizes. Feedback é desconfortável. Ouvir opiniões pode ser difícil e desencorajador. Subir num palco num clube de humor para declamar piadas provavelmente é uma das melhores maneiras de se aprimorar em *stand-up comedy*. Mas o ato em si pode ser assustador, uma vez que um silêncio incômodo pode ferir nosso âmago. De maneira similar, falar imediatamente em um idioma que se acabou de começar a aprender pode ser doloroso, uma vez você vai ter a sensação de que sua capacidade de se comunicar é muito pior do que quando você fala sua língua materna.

O medo do feedback costuma ser mais desconfortável do que a experiência em si. Isso significa que não é propriamente o retorno negativo que impede o progresso, mas que é o medo de ouvir críticas que nos faz travar. Às vezes, a melhor saída é simplesmente mergulhar direto no ambiente mais duro; mesmo se o feedback inicial for muito negativo, ele ajudará a diminuir seu medo de começar o projeto e permitirá ajustes mais tarde, caso se provar severo demais para ser útil.

Todas essas medidas exigem autoconfiança, determinação e persistência, e é por isso que muitos esforços de aprendizagem autodirigidos evitam buscar feedbacks agressivos que poderiam produzir resultados mais rápidos. Em vez de ir direto à fonte e depois usar a informação para aprender mais depressa, as pessoas em geral preferem se esquivar dos golpes e evitar uma fonte potencialmente grande de aprendizagem. Os ultra-aprendizes adquirem habilidades com muita rapidez porque procuram feedbacks agressivos.

QUAL TIPO DE RETORNO VOCÊ PRECISA?

O feedback pode assumir muitas formas para diferentes tipos de projeto de aprendizagem. Virar um bom comediante e aprender a escrever programas de computador envolvem tipos muito diferentes de retorno. Aprender matemática avançada e aprender idiomas são atividades que usam feedback de maneira diferentes. As oportunidades de buscar respostas melhores vão variar, dependendo daquilo que você está tentando aprender. Em vez de tentar descobrir exatamente qual tipo de feedback você precisa para seu projeto, creio ser mais importante avaliar diferentes tipos de resposta, assim como cada uma delas pode ser usada e preparada. Se você souber que tipo de retorno vai obter, pode garantir que vai usá-lo da melhor maneira, além de reconhecer suas limitações. Quero discutir três tipos de em particular: de resultado, informativo e corretivo. O primeiro deles é o mais comum e em muitas situações o único disponível. O informativo também é bastante comum e é importante identificar quando é possível separar os resultados a fim de obter feedbacks parciais e quando é possível apenas sobre o resultado holístico. O feedback corretivo é o mais difícil de encontrar, mas quando bem-empregado pode acelerar ao máximo o aprendizado.

Feedback de resultado: você está trabalhando errado?
O primeiro tipo de feedback, e o menos detalhista, é o de resultado. Esse é um tipo de resposta que diz algo sobre seu desempenho no todo, mas não oferece qualquer informação sobre o que você está

fazendo. Isso pode vir na forma de uma nota — aprovado/reprovado, ou A, B e C — ou na forma de um retorno agregado de muitas decisões tomadas ao mesmo tempo. Os aplausos que Tristan de Montebello recebia (ou o silêncio que ouvia) depois de um discurso são um exemplo desse caso. Eles exprimiam se Montebello estava melhorando ou piorando, mas não diziam realmente por que ou como progredir. Todo empreendedor experimenta esse tipo de feedback quando um novo produto chega ao mercado. Ele pode vender extremamente bem ou naufragar, mas o feedback vem no atacado, e não é possível decompô-lo diretamente em relação aos vários aspectos do produto. É muito caro? A mensagem publicitária não é clara o suficiente? A embalagem não é atraente? Críticas e comentários de consumidores podem oferecer pistas, mas, no fim das contas, o sucesso ou o fracasso de todo produto novo é um pacote complexo de fatores.

Esse tipo de parecer costuma ser o mais fácil de obter, e pesquisas mostram que, mesmo que falte a mensagem específica sobre o que é preciso aprimorar, ele pode ser útil. Em um estudo, o feedback sobre uma tarefa que envolvia acuidade visual ajudou o aprendizado, mesmo quando foi feito em blocos amplos demais para fornecer qualquer informação significativa sobre quais respostas estavam corretas e quais estavam incorretas. Muitos projetos que se desenvolvem sem feedback algum podem ser facilmente transformados a fim de obter esse retorno de larga escala. Barone, por exemplo, criou um blog para publicar notícias sobre o desenvolvimento do jogo e pediu feedback sobre os primeiros esboços. Aquilo não deu a ele informações detalhadas a respeito do que exatamente precisava ser melhorado ou mudado, mas a simples imersão em um ambiente que proporcionasse outros pontos de vista já foi útil.

Um feedback sobre resultado pode melhorar a maneira como você aprende por meio de mecanismos diferentes. Um deles é proporcionando um ponto de referência motivacional em relação ao seu objetivo. Se é conseguir um feedback de qualidade no futuro, esse primeiro tipo pode fornecer atualizações sobre seu progresso. Ele também mostra os relativos méritos dos métodos que você está experimentando. Se estiver progredindo rapidamente, pode manter os métodos e as abordagens empregados. Quando o progresso estanca, procure o que é possível mudar na sua abordagem. Embora feedbacks de resultado não sejam completos, em geral são o único tipo disponível e podem ter um impacto potente em sua taxa de aprendizado.

Feedback informativo: O que você está fazendo errado?
O tipo seguinte é o feedback informativo. Ele expressa o que você está fazendo de errado, mas não diz necessariamente como consertar. Falar outro idioma com um falante nativo com o qual você não compartilha nenhuma outra língua é um exercício de feedback informativo. O olhar de confusão do interlocutor quando você usa incorretamente uma palavra não vai revelar para você qual é a palavra correta, mas diz que você está se expressando de modo errado. Além da avaliação geral que a plateia fornece ao final do discurso, Tristan de Montebello recebia também feedback informativo em tempo real à medida que falava. Aquela piada havia funcionado? Minha história está entediando a plateia? São coisas que você pode perceber nos olhares distraídos ou no rumor de conversas ao longo da apresentação. O experimento de *stand-up* de Rock também se encaixa aqui. Ele percebia quando certa piada funcionava ou não baseado na reação da plateia. No entanto, os espectadores não diziam a ele o que fazer para torná-la mais engraçada — ele é o comediante, afinal.

É fácil obter esse tipo de feedback quando você tem acesso em tempo real a uma fonte. Uma programadora que recebe mensagens de erro quando seus programas não rodam corretamente pode não entender o que está fazendo errado, mas, à medida que os erros aumentarem ou diminuírem, ela pode usar esse indício para resolver o problema. Há ainda um feedback autofornecido, e onipresente, e que, em algumas atividades, pode ser quase tão bom quanto o feedback fornecido por outras pessoas. Quando você está pintando um quadro, pode simplesmente olhar para ele e avaliar se suas pinceladas estão aproximando ou afastando o quadro da imagem que você quer transmitir. Uma vez que esse tipo de feedback costuma vir da interação direta com o ambiente, frequentemente combina com o terceiro princípio, a prática direta.

Feedback corretivo: como corrigir o que está fazendo errado?
O melhor tipo de feedback é o corretivo. É ele que mostra não apenas o que você está errando, mas também como consertar. É um tipo de retorno que em geral só pode ser fornecido por um instrutor, um mentor ou um professor, embora também possa advir dos materiais didáticos apropriados. Ao longo do Desafio MIT, a maior parte da minha prática consistiu em ir e voltar entre exercícios e suas resoluções, de modo que, quando eu terminava um problema, podia ver não apenas se havia acertado ou errado, mas exatamente como minha resposta diferia da correta. De maneira similar, cartões de resposta e outras formas de rememoração ativa proporcionam o feedback corretivo ao mostrar qual a resposta da questão depois que você fizer sua tentativa.

Como argumentam os educadores Maria Araceli Ruiz-Primo e Susan M. Brookhart, "o melhor feedback é *informativo* e *útil* para o(s) estudante(s) que o recebe(m). O ótimo retorno indica a diferença entre o estado atual e o desejado de aprendizagem *e* ajuda os estudantes a dar um passo a fim de aprimorar o aprendizado".

O principal desafio desse tipo de feedback é que ele costuma exigir o acesso a um professor, especialista ou mentor que seja capaz de apontar com precisão os erros e corrigi-los para você. No entanto, às vezes, a vantagem extra desse tipo de feedback, além do apenas informativo, pode compensar o esforço necessário para encontrar essas pessoas. Tristan de Montebello trabalhou com Michael Gendler, que o ajudou a identificar defeitos sutis de suas apresentações que teriam passado desapercebidos por ele ou por membros menos experientes da plateia, que forneceria apenas um retorno mais geral.

Embora esse terceiro tipo supere os dois primeiros, nem sempre ele é muito confiável. Tristan de Montebello costumava receber conselhos contrários depois de fazer um discurso; alguns membros da plateia diziam que ele devia diminuir o ritmo, enquanto outros sugeriam que falasse mais depressa. Nessa situação, pode ser útil pagar por um especialista, alguém capaz de identificar a natureza exata do seu erro e corrigi-lo sem que você precise se esforçar tanto. A natureza autodirigida do ultra-aprendizado não significa que o melhor aprendizado é uma busca inteiramente solitária.

OUTRAS OBSERVAÇÕES SOBRE TIPOS DE RETORNO

Neste ponto é válido fazer algumas observações. Primeiro, é preciso cuidado com essa "mudança de patamar" ao optar por uma forma de feedback mais agressiva. Você precisará saber se isso é realmente possível. Ir do feedback de resultado para o informativo exige que você tenha como extrair retorno a partir de elementos específicos do que você está fazendo. Se ele vier de uma avaliação global, tentar transformá-lo em uma resposta informativa pode sair pela culatra. Desenvolvedores de jogos sabem que devem ficar atentos a isso, porque perguntar a usuários de teste o que acharam de um jogo frequentemente produz resultados espúrios. As pessoas podem, por exemplo, não ter gostado da cor de um personagem ou da música de fundo. A verdade é que os jogadores estão avaliando holisticamente o jogo, o que inviabiliza o feedback informativo. Se suas satisfações partem da experiência como um todo, não de cada aspecto individual, pedir que sejam mais específicos pode fazer com que eles forneçam apenas palpites.

De maneira similar, o feedback corretivo requer uma resposta "correta" ou a reação de um especialista reconhecido. Se não houver nada disso disponível, tentar passar do informativo para o corretivo pode funcionar contra você, já que uma mudança errada pode ser sugerida como se fosse uma melhoria. Montebello me contou que os conselhos que a maioria das pessoas lhe dava não eram muito úteis, mas a regularidade sim. Como seu discurso produzia reações tão amplamente diferentes a cada vez, ele entendeu que ainda havia muito trabalho a fazer. Quando o discurso começou a receber comentários muito mais consistentes, ele soube que estava chegando a algum lugar. Isso mostra que o ultra-aprendizado não tem a ver apenas com obter o máximo de retorno, mas também com saber quando ignorar seletivamente alguns de seus elementos a fim de extrair informação útil. Entender os méritos desses tipos de feedback, assim como as pré-condições de cada um deles, é uma das partes principais da escolha da estratégia certa para um projeto de ultra-aprendizado.

QUANTO TEMPO DEVE DEMORAR O FEEDBACK?

Uma questão interessante para a pesquisa sobre feedback é quanto tempo deve levar para obtê-lo. É bom receber informações sobre seus erros imediatamente ou melhor esperar algum tempo? Em geral, as pesquisas sugerem que o retorno imediato é superior em ambientes fora do laboratório. James A. Kulik e Chen-Lin C. Kulik fizeram uma revisão da literatura sobre o tempo de feedback e sugerem que "estudos aplicados usando questionários reais de sala de aula e materiais reais de estudo costumam apontar que o parecer imediato é mais eficiente do que com atraso". O especialista K. Anders Ericsson concorda, defendendo o retorno imediato quando ele ajuda a identificar e corrigir erros e quando permite que se execute uma versão corrigida da performance, revista em resposta ao feedback.

Mas é interessante que estudos em laboratório tendam a mostrar que adiar a apresentação da resposta correta (retorno adiado) é mais efetivo. A explicação mais simples desse resultado é que apresentar pergunta e resposta de novo oferece uma reexposição espaçada da informação. Se essa explicação for correta, significa apenas que o melhor é conjugar retorno imediato com uma revisão adiada (ou com um teste posterior) a fim de produzir uma memorização mais forte do que haveria com uma única exposição. Vamos tratar mais de espaçamento e seu impacto na memória no próximo capítulo, sobre retenção.

Apesar dos resultados superficialmente conflitantes da literatura científica sobre o tempo de feedback, eu geralmente recomendo um retorno mais rápido. Isso permite identificar equívocos mais depressa. No entanto, corre-se o risco de que essa recomendação faça você recair no erro de buscar pareceres antes de ter tentado ao máximo responder à pergunta ou resolver o problema. Estudos anteriores sobre o tempo de feedback tendiam a encontrar impacto negativo ou nulo imediato na aprendizagem. Nesses estudos, porém, os pesquisadores costumavam oferecer a possibilidade de ver a solução correta antes de terem terminado de preencher as respostas. Isso significava que, muitas vezes, as pessoas podiam copiar a resposta correta em vez de tentar recuperá-la. Um feedback muito precoce pode acabar transformando a prática da recuperação em revisão passiva, que sabemos que é menos efetiva para a aprendizagem. Para problemas difíceis, recomendo usar um cronômetro. Isso vai encorajá-lo a se esforçar a resolver problemas difíceis antes de desistir e consultar a resposta correta.

COMO MELHORAR O FEEDBACK

Agora sabemos a importância do retorno para os esforços de aprendizagem. Expliquei por que o feedback, especialmente quando direcionado aos outros, às vezes sai pela culatra. Também mostrei como os três tipos — de resultado, informativo e corretivo — têm diferentes pontos fortes e apresentei as precondições para que sejam eficientes. Agora quero me concentrar em algumas táticas concretas que você pode empregar para obter feedbacks melhores.

Tática 1: supressão de ruído
Sempre que você recebe um feedback, há tanto um ruído quanto um sinal — a informação útil que você quer processar. O primeiro é causado por fatores aleatórios e recomendo não reagir de maneira exagerada a ele quando estiver tentando se aprimorar. Se estiver publicando artigos na internet para tentar melhorar sua habilidade em escrita, a maior parte dos textos não vai atrair muita atenção e, quando atrair, muitas vezes vai ser por fatores fora do seu controle. Por exemplo, pode acontecer de a pessoa certa compartilhar o texto, fazendo-o se espalhar pelas redes sociais. A qualidade da escrita impulsiona esses fatores, mas há muita aleatoriedade, então tome cuidado para não mudar toda a sua abordagem baseado apenas em uma informação. O ruído é um problema real quando estamos tentando aprimorar um ofício porque faz com que seja necessária uma quantidade muito maior de esforço para obter a mesma informação. Se filtrar os fluxos de feedback aos quais presta atenção, pode reduzir o ruído e extrair mais do sinal.

Uma técnica de supressão de ruído usada no processamento de áudio é a filtragem. Os engenheiros de som sabem que a fala humana tende a ser emitida em uma faixa particular de frequências, enquanto o ruído branco se espalha por todo o espectro. Eles conseguem realçar o sinal amplificando as frequências da fala humana e silenciar todo o restante. Uma maneira de fazer isso é procurar sinais substitutos. Eles não têm exatamente o mesmo sucesso, mas tendem a eliminar alguns dos dados provocados pelo ruído. Para escrever em um blog, uma forma de fazer isso seria usar códigos de mapeamento para descobrir qual a porcentagem de pessoas que leem seus textos até o final. Isso não prova que sua escrita é boa, mas fornece um dado bem menos suscetível ao ruído do que os de acesso.

Tática 2: atingir o ponto ideal de dificuldade
Retorno é informação. Mais informação significa mais oportunidade de aprender. Uma medida científica de informação baseia-se na facilidade com que você consegue prever qual mensagem ela contém. Se você sabe que o sucesso é garantido, o retorno em si não fornece informação alguma; você sabia desde o princípio que tudo correria bem. O bom retorno faz o contrário. Ele é muito difícil de prever e, assim, fornece mais informações a cada vez que você o recebe.

A principal forma com que isso impacta no aprendizado é por meio da dificuldade que você vai enfrentar. Muitas pessoas evitam intuitivamente o fracasso porque o retorno que ele oferece nem sempre é útil. Entretanto, o problema oposto — ser bem-sucedido demais — é mais comum. Os ultra-aprendizes ajustam cuidadosamente o ambiente a fim de não poderem prever se vão ter sucesso ou fracassar. Se falharem com muita frequência, simplificam o problema de modo a poderem perceber quando estão acertando. Se fracassam muito pouco, tornam a tarefa mais difícil ou aumentam a exigência, a fim de poder distinguir o sucesso de abordagens diferentes. Basicamente, busque evitar situações em que você sempre se sinta bem (ou mal) em relação a seu desempenho.

Tática 3: meta-feedback
O feedback típico é uma avaliação de desempenho: sua nota em uma prova diz alguma coisa sobre o seu domínio da matéria. Há, porém, outro tipo de retorno que talvez seja ainda mais útil: o meta-feedback, um tipo que trata não do seu desempenho, mas sim do sucesso global da estratégia que você está usando para aprender.

Um tipo importante de meta-feedback é sua taxa de aprendizagem. Ela fornece informação sobre a velocidade com que você aprende, ou ao menos sobre o tempo de aprimoramento de um aspecto da habilidade. Enxadristas podem registrar o avanço de sua nota no sistema Elo. Estudantes buscando ingressar em uma faculdade de direito podem acompanhar seu progresso fazendo simulados. Quem tenta aprender um novo idioma pode registrar o vocabulário aprendido ou os erros cometidos ao escrever ou falar. Há duas maneiras de usar essa ferramenta. A primeira é decidir quando focar a estratégia que já está usando e quando experimentar outros métodos. Se sua taxa de aprendizagem estiver diminuindo a ponto de quase parar, talvez signifique que os resultados da sua abordagem atual estejam enfraquecendo e valeria a pena usar diferentes tipos de repetições, dificuldades e ambientes. Uma segunda maneira de empregar o meta-feedback é comparar dois métodos diferentes de estudo a fim de ver qual funciona melhor. No Desafio MIT eu costumava separar as questões de diferentes subtópicos antes de me aplicar uma prova e tentar abordagens diferentes lado a lado. Funciona melhor tentar responder as questões logo ou gastar um pouco mais de tempo para conferir se você compreendeu os principais conceitos? A única forma de descobrir é testar suas próprias taxas de aprendizagem.

Tática 4: feedbacks rápidos e de alta intensidade

Às vezes, a maneira mais fácil de aprimorar um feedback é simplesmente obtê-lo em maior quantidade e frequência. Isso é especialmente verdadeiro quando o modo padrão de aprendizagem envolve feedback escasso. A estratégia de Montebello para melhorar a oratória apostava amplamente em se expor com muito mais frequência ao palco do que a maior parte dos oradores o faz. A imersão de Lewis em novos idiomas o expõe a informações sobre sua pronúncia em uma etapa em que a maioria dos estudantes não teria ainda dito uma palavra. Feedbacks rápidos e de alta intensidade proporcionam vantagens informativas, mas esse benefício costuma ser emocional também. O medo do que vamos escutar muitas vezes atrapalha mais do que todo o restante. Ao mergulhar em uma situação de feedbacks rápidos e agressivos, talvez você se sinta desconfortável no começo, mas essa aversão inicial será muito mais rapidamente superada do que se esperar meses ou anos pelo retorno.

Essa situação também o incentiva a se envolver mais profundamente com o aprendizado. Saber que seu trabalho vai ser avaliado é uma motivação incrível para dar o seu melhor. Por fim, a perspectiva motivacional do feedback com o retorno de alta intensidade pode findar tendo até mais peso do que as vantagens informativas que ele proporciona.

PARA ALÉM DO RETORNO

Ouvir uma crítica nem sempre é fácil. Se você processa essa análise como uma informação sobre seu ego e não sobre suas habilidades, não é raro que um golpe vire um nocaute. Por mais tentadora que seja a opção de controlar cuidadosamente o ambiente de feedback para que seja encorajador ao máximo, a vida real raramente oferece essa oportunidade. Em vez disso, é melhor começar logo e receber os golpes o quanto antes para não ser jogado na lona. Embora feedbacks de curto prazo possam ser estressantes, uma vez que você tiver desenvolvido o hábito de recebê-los, se tornarão cada vez mais fáceis de processar sem reações emocionais extremas. Os ultra-aprendizes tiram proveito disso, obtendo críticas a fim de eliminar o ruído.

O feedback e a informação que ele fornece, porém, só são úteis se você se lembrar das lições ensinadas com isso. É da natureza humana esquecer, então não basta aprender, também é preciso fazer a informação permanecer. Isso nos leva ao próximo princípio do ultra-aprendizado, a retenção. Discutiremos estratégias para garantir que as lições aprendidas não sejam esquecidas.

CAPÍTULO 10

PRINCÍPIO 7

Retenção

Não encha um balde furado

> A memória é o resíduo do pensamento.
> — *Daniel Willingham, psicólogo cognitivo*

Na pequena cidade belga de Louvain-la-Neuve, Nigel Richards havia acabado de vencer o Campeonato Mundial de Scrabble. Aquilo não era muito surpreendente. Richards havia vencido o campeonato três vezes antes, e tanto sua destreza no jogo quanto sua personalidade misteriosa fizeram dele uma espécie de lenda nos círculos de competidores de Scrabble. Dessa vez, porém, era diferente: em vez de ganhar na versão original em inglês do famoso jogo de palavras cruzadas, Richards havia vencido o Campeonato Mundial Francês. É um feito muito mais difícil: a maioria dos dicionários de inglês têm cerca de 200 mil entradas de palavras válidas; o francês, com suas flexões de gênero de substantivos e adjetivos e suas inúmeras conjugações, tem quase o dobro, com cerca de 386 mil formações de palavras válidas. Esse feito em si já seria bastante notável, ainda mais devido a um fato simples: o campeão não falava francês.

Richards, um engenheiro nascido e criado em Christchurch, Nova Zelândia, é um personagem inusitado. Com uma barba longa e óculos de aviador retrô, ele parece uma mistura de Gandalf e Napoleon Dynamite. Sua habilidade no Scrabble, porém, não é brincadeira. Ele começou tarde no jogo, encorajado por sua mãe. Estava quase na casa dos 30 anos quando ela disse: "Nigel, você não é bom com palavras então sei que não vai ser bom nesse jogo, mas vai mantê-lo ocupado." Richards partiu desse início nada auspicioso para o domínio da cena competitiva de Scrabble. Há pessoas que defendem que ele talvez seja o maior jogador de todos os tempos.

Caso você viva em outro mundo, Scrabble é baseado em formar palavras cruzadas. Cada jogador recebe sete peças com letras, tiradas de uma sacola, com as quais deve formar palavras. O problema é que as palavras devem se conectar com palavras que já estão no tabuleiro. Ser um bom jogador requer uma memória enorme, não apenas das palavras que usamos todos os dias, mas de pouco usadas, que são úteis por causa do comprimento ou das letras que contêm. Um jogador casual razoável aprende rapidamente todas as palavras válidas de duas letras, inclusive as incomuns, como, em inglês, "AA" (um tipo de lava) e "OE" (um ciclone nas Ilhas Faroe). Para ter um desempenho digno de um torneio, no entanto, é preciso memorizar praticamente todas as palavras curtas, assim como as mais longas, de sete e oito letras, uma vez que, se o jogador usar todas as sete peças em uma rodada, recebe um bônus de cinquenta pontos (ou "bingo", no jargão do Scrabble). Memorização, entretanto, não é a única habilidade necessária. Como em outras competições, os torneios de Scrabble usam um sistema de cronometragem, então jogadores habilidosos precisam ser capazes não apenas de montar palavras válidas a partir de um conjunto de peças embaralhadas, mas de encontrar rapidamente espaços e calcular quais palavras vão marcar mais pontos. E Richards é mestre nisso: depois de receber CDHLRN e uma peça em branco (que pode ser usada como se fosse qualquer letra), Richards ignorou a óbvia CHILDREN [crianças] e ligou várias palavras para formar uma que contaria ainda mais pontos, CHLORODYNE.*

O virtuosismo de Richards fica ainda mais impressionante por causa do mistério que o cerca. Ele é calado e na maior parte do tempo fica na dele. Recusa todos os pedidos de entrevista de jornalistas e parece não ter interesse nenhum pela fama, pela riqueza ou mesmo por dar explicações sobre o que faz. Um outro competidor, Bob Felt, que encontrou Richards em um torneio, notou sua serenidade de monge e comentou com ele: "Quando eu vejo você, nunca sei dizer se você ganhou ou perdeu." "É porque eu não ligo", respondeu Richards sem demonstrar emoção. Até mesmo sua participação na competição na Bélgica, que o jogou brevemente sob a atenção da mídia internacional, foi apenas uma desculpa para uma viagem de bicicleta pela Europa. Na verdade, antes da vitória, ele passou apenas nove semanas se preparando. Depois que venceu um jogador francófono, Schelick Ilagou Rekawe, do Gabão, na partida final, foi ovacionado de pé, mas precisou de um tradutor para agradecer à plateia.

O SEGREDO DE RICHARDS

Quanto mais eu lia sobre Nigel Richards, mais ficava intrigado. Richards era tão misterioso quanto suas habilidades mnemônicas eram incríveis. Ele ignora obstinadamente toda tentativa de entrevista e

---

* Chlorodyne era um remédio popular na Inglaterra do século XIX. Sua fórmula incluía láudano (tintura de ópio) e clorofórmio e causava dependência. [N.T.]

é reconhecidamente lacônico na descrição de seus métodos. Depois de sua vitória em Louvain-la-Neuve, um repórter perguntou se ele tinha algum método especial para memorizar todas aquelas palavras. A resposta monossilábica de Richards foi: "Não." Mesmo que ele não divulgue publicamente suas estratégias, porém, pesquisando mais fundo talvez encontremos algumas pistas.

A primeira coisa que descobri é que, embora a vitória de Richards na Bélgica tenha sido espantosa, não foi completamente inédita. Outros jogadores venceram o Campeonato Mundial sem ser fluentes na língua da competição. Scrabble é especialmente popular na Tailândia, por exemplo, e dois antigos campeões mundiais, Panupol Sujjayakorn e Pakorn Nemitrmansuk, não eram fluentes em inglês. O motivo é simples: lembrar palavras na língua materna e lembrar em Scrabble são feitos mnemônicos diferentes. No idioma falado, o significado de uma palavra, sua pronúncia e o efeito são importantes. Em Scrabble, essas coisas não importam; elas são apenas combinações de letras. Richards pôde vencer no Scrabble em francês sem falar a língua porque o jogo não era muito diferente da versão em inglês; ele tinha apenas que memorizar padrões diferentes de letras. Um falante nativo tinha vantagem, é claro, uma vez que muitas grafias já lhe eram familiares, mas ainda assim haveria muitas palavras arcaicas e desconhecidas, e a habilidade de rearranjar as letras em posições válidas no tabuleiro e calcular a fim de atingir a pontuação máxima continua a mesma em qualquer idioma em que se jogar Scrabble.

A peça seguinte do quebra-cabeças que descobri foi que Scrabble não era a única atividade que Richards praticava com estranha intensidade. Sua outra paixão era o ciclismo. Na verdade, antes de um torneio em Dunedin, na Nova Zelândia, ele subiu em sua bicicleta, depois de sair do trabalho, e pedalou a noite toda de Christchurch a Dunedin, uma distância de mais de trezentos quilômetros, sem dormir, e começou a competir logo que amanheceu. Richards venceu.

Após o torneio, outros competidores ofereceram uma carona até a casa. Ele recusou educadamente e preferiu pedalar todo o caminho de volta até Christchurch, enfrentando mais uma noite sem dormir antes de ir trabalhar de novo segunda de manhã. No começo, parecia apenas outra peculiaridade estranha, como seus cortes de cabelo feitos em casa e a relutância em conceder entrevistas. Agora, porém, acredito que talvez forneça algumas pistas para desvendar alguns de seus mistérios.

Pedalar, é claro, não é uma boa técnica mnemônica. Se fosse, Lance Armstrong seria um competidor de peso. No entanto, isso ilustra um traço comum na personalidade de Richards que coincide com o de outros ultra-aprendizes: uma intensidade obsessiva que excede o que é considerado um investimento normal de esforço. O hábito de ciclismo de Richards também combina com a única pista que consegui desencavar sobre seus métodos: ele lê listas. Listas longas de palavras, começando com aquelas de duas letras e depois aumentando o tamanho. "Pedalar ajuda", explica ele. "Eu posso refazer as listas mentalmente." Ele lê o dicionário, focando exclusivamente em combinações de letras, ignorando definições, conjugações e plurais. Então repete de memória as combinações várias vezes enquanto pedala por horas. Esse aspecto corresponde a outro método comum entre os ultra-aprendizes e que apareceu em outros princípios do ultra-aprendizado de que tratamos: rememoração ativa e repetição. Ao recuperar as palavras, Richards provavelmente trabalha sua memória já impressionante e a torna inexpugnável por meio da prática ativa.

Há outras pistas sobre o desempenho de Richards: ele se concentra em memorizar, não em formar anagramas (rearranjar as peças a fim de criar palavras); ele trabalha para a frente e para trás, começando de palavras pequenas, indo até as grandes e voltando; ele afirma rememorar as palavras visualmente já que não consegue lembrar quando são pronunciadas. Todas essas pistas nos deixam entrever um pouco da mente de Richards, mas elas escondem mais do que revelam. Quantas vezes ele precisa ler as palavras da lista antes que possa começar a repetir mentalmente? Elas são organizadas de alguma maneira ou apenas listadas em ordem alfabética? Ele é um *savant*, com habilidades especiais e inteligência geral abaixo do normal, ou um gênio cuja capacidade de memorizar palavras cruzadas é apenas uma de muitas habilidades impressionantes? Talvez sua inteligência seja bem mediana e sua maestria em Scrabble represente uma dedicação extrema ao jogo. Talvez nunca saibamos as respostas para essas perguntas.

Eu certamente não posso desconsiderar a teoria de que a mente de Richards seja apenas inatamente diferente ou mais preparada para memorizar do que a minha. Afinal, não encontrei nada em seu método, até agora extremamente original, que jogadores sérios de Scrabble não teriam conhecimento. Ainda assim, Richards dominou completamente a competição. Parte de mim suspeita que sua personalidade intensa e obsessiva, que o permite pedalar por horas repassando mentalmente listas de palavras, pode ser pelo menos parte da explicação. Quaisquer que sejam os talentos que ele possua, ele também parece ter o *etos* do ultra-aprendiz que descrevi até agora. Se pudermos confiar em suas palavras, o próprio Richards argumenta que é este o caso. "É um trabalho duro. É preciso dedicação para aprender", disse, acrescentando em outro momento: "Não sei se há um segredo. Trata-se apenas de aprender as palavras."

Palavras cruzadas podem não ser importantes para a sua vida. A memória, no entanto, é essencial para aprender bem. Programadores devem lembrar a sintaxe ao criar os comandos de um código. Contadores precisam memorizar índices, regras e regulamentos. Advogados devem lembrar precedentes e estatutos. Médicos precisam saber dezenas de milhares de pequenos dados, de descrições anatômicas a interações de remédios. A memória é essencial, mesmo quando encapsuladas por ideias maiores, como compreensão, intuição ou habilidade prática. Ser capaz de entender como uma coisa funciona ou como empregar uma técnica específica é inútil se você não se lembrar delas. A retenção depende de empregar estratégias para que aquilo que você aprende não escape da sua mente. Antes de discutir estratégias de retenção, porém, vamos ver por que é tão difícil lembrar.

POR QUE É TÃO DIFÍCIL LEMBRAR?

Richards é um caso extremo, mesmo assim sua história ilustra muitos temas importantes para todos que queiram aprender algo. Como é possível reter aquilo que aprendeu? Como se proteger contra o esquecimento de fatos e habilidades que demandaram tanto esforço? Como armazenar conhecimento de um modo que seja facilmente recuperado no momento exato em que você precisar? A fim de entender a aprendizagem, você precisa compreender como e por que você se esquece.

Perder o acesso a conhecimentos previamente aprendidos tem sido um problema perene para educadores, estudantes e psicólogos. O conhecimento que desaparece também impacta seu trabalho. Um estudo relatou que o atendimento dos médicos vai piorando de acordo com o tempo de trabalho deles, uma vez que o conhecimento armazenado na faculdade vai sendo gradualmente esquecido mesmo que trabalhem em tempo integral na profissão. O resumo original afirma:

> Geralmente acredita-se que médicos com mais experiência acumularam conhecimento e habilidades ao longo dos anos

de prática e, portanto, oferecem cuidados de alta qualidade. Porém, as evidências sugerem que ocorre a relação inversa entre o número de anos de prática de um médico e a qualidade do atendimento oferecido por ele.

Hermann Ebbinghaus, em um dos primeiros experimentos psicológicos da história, passou anos memorizando sílabas sem sentido, de maneira bem parecida com a qual Richards memoriza palavras para o Scrabble. Mais tarde, ele registrou cuidadosamente sua capacidade de rememorá-las. Na pesquisa original, que depois foi verificada por estudos de mais robustez experimental, Ebbinghaus descobriu a curva do esquecimento. Ela indica que tendemos a nos esquecer das coisas incrivelmente rápido depois de aprendê-las. Há um declínio exponencial do conhecimento, mais íngreme logo após o aprendizado. No entanto, Ebbinghaus percebeu que esse esquecimento se atenua gradualmente e a quantidade de conhecimento esquecida diminui ao longo do tempo. Nossas mentes são um balde furado; a maior parte dos buracos, porém, está perto da borda, de modo que a água que permanece no fundo escorre mais devagar.

Nos anos seguintes, psicólogos identificaram ao menos três teorias dominantes que ajudam a explicar por que nossos cérebros esquecem muito do que aprendemos inicialmente: deterioração, interferência e falha na recuperação. Embora ainda esteja pendente o veredito sobre qual é o exato mecanismo subjacente à memória de longo prazo, essas três ideias provavelmente formam parte da explicação de por que tendemos a nos esquecer e, ao mesmo tempo, fornecem teses sobre como podemos reter melhor o que aprendemos.

Deterioração: esquecendo com o tempo
A primeira teoria do esquecimento diz que as lembranças simplesmente se deterioram com o tempo. Essa ideia parece corresponder

ao senso comum. Nos lembramos de acontecimentos, notícias e coisas que aprendemos na semana passada com muito mais clareza do que daquilo que aprendemos há um mês. Rememoramos o que aprendemos este ano com muito mais precisão do que os acontecimentos de uma década atrás. Segundo esse ponto de vista, o esquecimento é apenas uma erosão inevitável produzida pelo tempo. Como areia em uma ampulheta, nossas lembranças escapam inexoravelmente de nós à medida que nos afastamos delas.

Essa teoria, no entanto, não fornece a explicação completa. Muitos de nós conseguem rememorar vividamente eventos da primeira infância, mas não conseguem lembrar o que comeram no café da manhã na última terça-feira. Também parece haver padrões segundo os quais nos lembramos ou esquecemos de coisas que vão além do tempo transcorrido desde que as aprendemos originalmente: coisas intensas e significantes são relembradas mais facilmente do que informações banais ou arbitrárias. Mesmo que a simples deterioração seja um dos componentes do nosso esquecimento, parece extremamente improvável que seja o único fator.

Interferência: escrevendo novas lembranças sobre as antigas

A interferência sugere uma ideia diferente: que nossas lembranças, ao contrário dos arquivos de um computador, sobrepõem-se quando armazenadas no cérebro. Assim, informações similares, mas distintas, competiriam umas com as outras. Se você está aprendendo programação, por exemplo, deve aprender o que é *for loop* [repete para] e lembrar que significa fazer algo repetidamente. Depois, deve aprender o que significam *while loops* [repete enquanto], *recursividade*, *repeat-until loops* [repete até que] e *comandos go-to* [ir para]. Cada um deles refere-se à repetição de algo, mas de maneiras distintas, então deveriam interferir em sua capacidade de lembrar corretamente o que um *for loop* faz. Há ao menos dois sentidos para isso: a interferência proativa e a retroativa. A proativa ocorre quando informações aprendidas previamente dificultam a aquisição de novos conhecimentos. Pense nisso como se o "espaço" onde a informação deseja ser armazenada já estivesse ocupado, e por isso é mais difícil formar a uma nova lembrança. Isso pode ocorrer quando você quer aprender a definição de uma palavra, mas enfrenta dificuldades porque aquela palavra já foi associada de outra maneira em sua mente. Imagine que você está tentando aprender o conceito de reforço negativo usado na psicologia. Aqui, a palavra "negativo" significa "ausente", e não "ruim", então o reforço negativo ocorre quando você encoraja um comportamento removendo algo, como um estímulo doloroso. No entanto, uma vez que o significado anterior de negativo como "ruim" já existe, você pode ter dificuldade de se lembrar o novo significado e fica fácil igualar incorretamente reforço negativo e punição. A interferência retroativa é o oposto: quando aprender algo novo "apaga" ou suprime uma memória antiga. Todo mundo que aprendeu espanhol e depois tentou aprender francês sabe como a interferência retroativa pode ser traiçoeira: palavras em francês brotam quando você quer voltar a falar espanhol.

Falha na recuperação: uma caixa fechada sem chave
A terceira teoria do esquecimento afirma que muitas das lembranças não foram realmente esquecidas, só estão inacessíveis. A ideia aqui é que, para que se possa dizer que algo foi lembrado, essa coisa precisa ser recuperada da memória. Uma vez que não experimentamos constantemente a totalidade de nossas lembranças de longo prazo, deve haver algum processo para encontrar as informações a partir da pista apropriada. O que pode acontecer nesse caso é um dos elos da cadeia da recuperação ter se rompido (talvez por deterioração ou interferência) e, portanto, aquela lembrança inteira ter se tornado

inacessível. Se a pista fosse restaurada, porém, ou se houvesse um caminho alternativo até a informação, nós nos lembraríamos de muito mais coisas além daqueles que estão acessíveis no momento.

Essa explicação tem suas vantagens. Intuitivamente, parece ser um pouco verdadeira, já que todos sabemos como é ter uma palavra na ponta da língua, aqueles momentos em que sentimos que deveríamos conseguir lembrar de algo, mas não somos capazes de evocar isso imediatamente. Esse aspecto também sugere que reaprender é muito mais rápido do que aprender algo pela primeira vez, porque reaprender é mais parecido com um trabalho de recuperação, enquanto o aprendizado original é uma construção completamente nova. A falha na recuperação parece muito provável como explicação parcial, ou mesmo completa, do esquecimento de muitas coisas.

No entanto, ela também não é uma explicação perfeita para os infortúnios de nossa memória. Atualmente, muitos pesquisadores da memória acreditam que o ato de lembrar não é um processo passivo. Ao rememorar fatos, acontecimentos e conhecimento, nos engajamos em um processo criativo de reconstrução. As lembranças em si são frequentemente modificadas, melhoradas ou manipuladas no processo de lembrança. Pode ser, então, que aquelas consideradas "perdidas" e recuperadas por meio de novas pistas sejam na verdade fabricadas. Isso parece especialmente provável em testemunhos "resgatados" de pessoas que passaram por eventos traumáticos. Experimentos que sugerem que mesmo lembranças extremamente vívidas e que parecem completamente autênticas para a pessoa podem ser falsas.

COMO EVITAR O ESQUECIMENTO?

Esquecer é a regra, não a exceção, por isso os ultra-aprendizes que encontrei inventaram diversas estratégias para lidar com esse fato.

Os métodos dividem-se, grosso modo, em atacar dois problemas parecidos, mas diferentes. O primeiro conjunto de métodos trata do problema da retenção durante projetos de ultra-aprendizado. Como você pode reter o que aprendeu na primeira semana, de modo que não precise reaprender as mesmas coisas na última? Isso é especialmente importante em esforços de ultra-aprendizado intensivos de memorização, como o de Benny Lewis e o de Roger Craig. Nesses e em outros campos, o volume de informação a ser aprendido costuma ser tão grande que o esquecimento quase imediatamente vira um obstáculo prático. O segundo grupo, em contraste, tem a ver com a longevidade, depois que o projeto termina, das habilidades e dos conhecimentos adquiridos. Uma vez que você estiver satisfeito com o nível de aprendizado do idioma, como evitar esquecê-lo completamente alguns anos depois?

Os ultra-aprendizes que encontrei desenvolveram métodos diferentes para lidar com esses dois problemas, que variavam em esforço e intensidade. Alguns, como Craig, preferiam sistemas eletrônicos elaborados que otimizassem a memorização com algoritmos complexos, deixando espaço para pouco desperdício e ineficiência, ao custo de introduzir uma complexidade maior. Outros, como Richards, parecem preferir sistemas básicos que funcionam bem em sua simplicidade.

Escolha um sistema mnemônico que ao mesmo tempo faça você alcançar seus objetivos e seja simples o bastante para ser seguido sem dificuldade. Durante períodos intensos de aprendizado de idiomas, devido ao mero volume de vocabulário, muitas vezes sistemas de repetição espaçada eram úteis para mim. Outras vezes, eu preferia conversar a fim de manter minha habilidade oral, mesmo esse método não sendo tão preciso. Em outros campos, eu me permitia algum grau de esquecimento, desde que praticasse continuamente as habilidades que precisava e tivesse a capacidade de reaprender.

Minhas abordagens podem não atingir um ideal teórico, mas talvez tenham funcionado bem porque permitiam menos possibilidades de erro e porque podiam ser mantidas mais facilmente. Qualquer que seja o sistema exato escolhido, no entanto, todos parecem funcionar de acordo com um desses quatro mecanismos: espaçamento, procedimentalização, superaprendizado e mnemônicos. Vamos ver cada um desse mecanismos de retenção a fim de entender suas manifestações tão diferentes e idiossincráticas em diversos projetos de ultra-aprendizado.

Mecanismo de memória 1 — Espaçamento: repita para lembrar

Um dos conselhos sobre estudo que as pesquisas parecem corroborar é, se você se importa com a retenção de longa duração, não se encha demais. Dividir sessões de estudo em mais intervalos e ao longo de um período maior tende a produzir desempenhos um pouco menores se o prazo é pequeno (porque corre-se o risco de esquecer entre os intervalos), mas desempenhos muito melhores no longo prazo. Eu tinha que ser cuidadoso com isso durante o Desafio MIT. Depois das primeiras aulas, parei de estudar uma matéria de cada vez e comecei a fazer algumas paralelamente para minimizar o impacto que o tempo de estudo concentrado teria na memória.

Se você tiver dez horas para aprender algo, portanto, faz mais sentido passar dez dias estudando uma hora em cada um do que passar dez horas estudando de uma vez só. Obviamente, porém, se o tempo entre os intervalos de estudo for ficando muito longo, os efeitos de curto prazo começam a superar os de longo prazo. Se você estudar algo com intervalos de estudo de uma década, é bem possível que se esqueça completamente de tudo que aprendeu antes de chegar à segunda sessão.

Encontrar o ponto exato de equilíbrio entre o intervalo longo e o curto demais tem sido uma pequena obsessão para alguns ultra-aprendizes. Ao espaçar pouco as sessões de estudo, perde-se eficiência; ao espaçar demais, esquecemos o que já foi aprendido. Por isso muitos ultra-aprendizes usam o que conhecemos como sistemas de repetição espaçada (SRS, na sigla em inglês) como instrumento para tentar reter o máximo de conhecimento com o mínimo de esforço. SRS foram ferramentas importantes por trás da memorização de conhecimentos gerais de Roger Craig, e usei amplamente esses sistemas quando estava aprendendo chinês e coreano. Embora você possa não ter ouvido falar desse termo, o princípio geral é a espinha dorsal de muitos produtos para aprendizado de idiomas, inclusive Pimsleur, Memrise e Duolingo. Esses programas tendem a esconder um algoritmo de espaçamento, de modo que você não precise se preocupar com isso. No entanto, os ultra-aprendizes mais extremos, que desejam extrair um pouco mais de desempenho, preferem outros programas, como o Anki, que é um aplicativo de código aberto.

SRS são uma ferramenta impressionante, mas tendem a ser empregados para finalidades bem focadas. Aprender fatos, conhecimentos gerais, vocabulário ou definições são ótimos para programas com cartões de resposta, que apresentam o conhecimento na forma de uma pergunta e uma resposta única. É mais difícil empregar essa ferramenta em campos mais complexos do conhecimento, baseados em associações tão elaboradas que são construídas apenas por meio da prática no mundo real. Ainda assim, em algumas tarefas, o gargalo da memorização é tão apertado que um SRS funciona como uma ferramenta poderosa para alargá-lo, mesmo que tenha algumas desvantagens. Os autores de um guia de estudos popular para alunos de medicina concentram sua abordagem em SRS, porque um aluno de medicina precisa se lembrar de muitas coisas e porque a estratégia padrão de esquecimento e reaprendizagem tem um custo bastante alto em tempo.

O espaçamento, no entanto, não depende de um software complexo. Como a história de Richards claramente demonstra, apenas imprimir listas de palavras, lê-las diversas vezes e depois repeti-las mentalmente sem tê-las à sua frente é uma técnica incrivelmente poderosa. De maneira similar, a prática semirregular de uma habilidade costumar ser bem útil. Depois do ano que passei aprendendo idiomas, eu queria garantir que não os esqueceria. Minha abordagem foi relativamente simples: agendei trinta minutos de prática de conversação uma vez por semana, pelo Skype, usando o Italki, um serviço online que conecta parceiros para troca de idiomas e tutoria em todo o mundo. Mantive esse hábito por um ano e depois passei para a prática uma vez por mês por mais dois. Não sei se essa agenda era ideal, e outras oportunidades para praticar que surgiram espontaneamente nessa época também ajudaram, mas creio ter sido muito melhor do que não fazer nada e deixar que as habilidades atrofiassem. Quando se trata de retenção, não deixe que a perfeição se torne inimiga do bom o bastante.

Outra estratégia de espaçamento, que pode funcionar melhor com habilidades mais elaboradas que você tenha mais dificuldade em integrar a sua rotina diária, é fazer projetos de atualização com alguma regularidade. Eu escolhi essa abordagem para o que aprendi no Desafio MIT porque a habilidade que mais queria reter era a capacidade de escrever códigos, algo difícil de praticar apenas uma hora por semana. A desvantagem é que algumas vezes esse método se afasta bastante do espaçamento ideal; no entanto, se estiver preparado para reaprender um pouco para compensar, ainda pode ser melhor do que desistir completamente da prática. Agendar com antecedência esse tipo de manutenção também pode ser útil, já que isso irá lembrá-lo de que o aprendizado não é algo que se faz uma vez e depois se deixa de lado, e sim um processo que continua ao longo de toda a vida.

**Mecanismo de memória 2 — Procedimentalização:
o automático dura**

Por que as pessoas dizem que alguma coisa é "como andar de bicicleta" e não "como lembrar trigonometria"? Essa expressão comum talvez tenha raízes em realidades neurológicas mais profundas do que parece à primeira vista. Há evidências de que habilidades procedimentais, como andar de bicicleta, são armazenadas de uma maneira diferente do conhecimento descritivo, como saber o teorema de Pitágoras ou a lei dos senos de um triângulo. A diferença entre *saber como* e *saber que* pode ter implicações diferentes para a memória de longo prazo. Habilidades procedimentais, como o sempre lembrado andar de bicicleta, são muito menos suscetíveis de ser esquecidas do que o conhecimento que exige rememoração explícita para ser recuperado.

Essa descoberta pode, na verdade, ser usada a seu favor. Uma das teorias de aprendizagem mais aceitas sugere que a maior parte das habilidades é adquirida em estágios: começam descritivas, mas, à medida que você as pratica, acabam se tornando procedimentais. Um exemplo perfeito dessa transição é a digitação. Quando você começa a digitar no teclado, precisa memorizar as posições das letras. Cada vez que desejar escrever uma palavra, tem que pensar nas letras que a formam, relembrar a posição de cada uma no teclado e então mover os dedos ao ponto certo e pressionar. Esse processo é falho; às vezes, esquecemos onde está uma tecla e precisamos olhar para baixo antes de digitar.

Quem continua praticando, no entanto, para de ter que olhar para baixo. Até que, por fim, não precisa mais pensar na posição das letras ou em como mover os dedos para achá-las. Pode até chegar ao ponto em que não pensa mais nas letras, e palavras inteiras surgem de uma só vez. Esse tipo de conhecimento procedimental é bastante robusto e tende a ser retido por muito mais tempo do que o descritivo. Basta uma rápida observação para verificar isso: quando você se torna realmente bom em digitação e alguém pede que você diga rapidamente onde está a letra *w* no teclado, você talvez precise realmente posicionar as mãos sobre o teclado (ou imaginar que está fazendo isso) e fingir que digita o *w* para então dizer definitivamente onde ele fica. Foi exatamente isso que aconteceu comigo quando estava digitando este parágrafo. O que ocorreu foi que o ponto original de acesso primário ao conhecimento, a memória explícita da posição da tecla, desapareceu e agora precisa ser relembrada com o conhecimento procedimental mais durável, codificado nos movimentos motores. Se você já digitou uma senha de uso frequente, deve perceber algo parecido: você se lembra dela pelo tato, e não como uma combinação explícita de números e letras.

O fato de que o conhecimento procedimental é armazenado por mais tempo pode sugerir uma heurística útil. Em vez de aprender de maneira uniforme um grande volume de informações ou habilidades, você pode se dedicar muito mais frequentemente a um conjunto principal de informações a fim de torná-las procedimentais e armazená-las de maneira mais durável. Esse foi um efeito colateral do projeto de aprendizado de idiomas que fiz com meu amigo. Ser forçados a falar um idioma constantemente fez com que repetíssemos um conjunto central de frases e padrões tantas vezes que nenhum de nós vai esquecê-los. Pode ser que isso não funcione com várias palavras ou frases usadas com menos frequência, mas é quase impossível esquecer os pontos de partida de uma conversação. A abordagem clássica do estudo de idiomas, na qual os alunos "passam" de palavras e padrões gramaticais iniciantes para outros mais complexos, costuma pular essa etapa, de modo que os básicos não ficam suficientemente fixados para durar anos sem prática repetida.

* * *

Um dos principais erros de meu primeiro esforço autodidático, o Desafio MIT, foi não procedimentalizar as habilidades fundamentais, algo que consegui aprimorar em meus projetos posteriores. O Desafio MIT realmente tinha habilidades matemáticas e de programação fundamentais que, em geral, se repetiam, mas o que acabou sendo procedimentalizado foi mais acidental e não refletiu uma decisão consciente de automatizar as habilidades mais essenciais para aplicar a ciência da computação.

A maioria das habilidades que aprendemos é procedimentalizada de maneira incompleta. Conseguimos fazer uma fração delas de modo automático, mas a outra precisa ser buscada ativamente. Você pode, por exemplo, ser capaz de mover variáveis de um lado para o outro de uma equação algébrica sem pensar. Mas talvez precise raciocinar um pouco mais quando houver exponenciais ou envolver trigonometria. Talvez, devido a sua natureza, algumas habilidades não possam ser automatizadas por completo e sempre vão exigir um pouco de pensamento consciente. Isso produz uma mistura interessante de conhecimentos, com algumas coisas retidas de maneira bem estável por períodos longos e outras suscetíveis ao esquecimento. Uma estratégia para pôr em prática esse conceito é garantir que certa quantidade de conhecimento seja completamente procedimentalizada antes de dar a prática por concluída. Outra abordagem é empregar um esforço extra para sistematizar algumas habilidades, que servirão como pistas ou pontos de acesso para outras informações. Essas estratégias são um pouco especulativas, mas creio que existam muitas maneiras possíveis pelas quais ultra-aprendizes inteligentes podem, no futuro, empregar a transição do conhecimento descritivo para o procedimental.

Mecanismo de memória 3 — Superaprendizado: pratique além da perfeição

O superaprendizado é um fenômeno psicológico bastante estudado e relativamente simples de entender: uma quantidade extra de prática, além daquela necessária para ter um desempenho adequado, pode aumentar o tempo de armazenamento das lembranças. A configuração típica dos experimentos é atribuir uma tarefa, como montar um rifle ou verificar os itens de uma lista de emergência, dando à pessoa tempo suficiente para praticar até que consiga realizar a atividade corretamente uma vez. O período entre zero e esse ponto é considerado a fase de "aprendizado". Depois, as pessoas passam por quantidades diferentes de "superaprendizado", ou continuam praticando depois do primeiro acerto. Quando já estão empregando a habilidade corretamente, o desempenho não melhora a partir desse ponto. No entanto, o superaprendizado pode aumentar o tempo de duração dessa habilidade.

Na configuração típica em que o superaprendizado foi estudado, a duração de seus efeitos tendia a ser bem pequena; praticar um pouco mais em uma sessão produz uma ou duas semanas extras de rememoração. Isso pode significar que o ultra-aprendizado é essencialmente um fenômeno de curto prazo, algo útil para habilidades como primeiros socorros ou protocolos de emergência, raramente postas em prática, mas que precisam estar frescas na memória por meio de sessões regulares de treinamento. Suspeito, porém, que o superaprendizado deve ter implicações mais duradouras se combinado com espaçamento e procedimentalização ao longo de projetos maiores. Durante minha experiência desenhando retratos, por exemplo, o processo de raciocínio usado para mapear as características faciais que aprendi com o Vitruvian Studio foi repetido tantas vezes que dificilmente o esqueceria, mesmo que o período principal de prática tenha sido de apenas um mês. De maneira similar, consigo me lembrar facilmente de certos fragmentos de programação ou matemática da época do MIT, mesmo sem ter praticado nesse meio-tempo, uma vez que eles formam padrões que repeti muito mais vezes do que o necessário para ter um desempenho adequado na época (porque eram componentes de problemas mais elaborados).

O superaprendizado combina perfeitamente com o princípio da prática direta. Uma vez que o uso direto de uma habilidade frequentemente implica treino intenso, esse núcleo costuma resistir bem ao esquecimento, mesmo anos depois. Matérias ensinadas formalmente, por outro lado, tendem a distribuir a prática de maneira mais uniforme, a fim de cobrir todo o currículo com um nível mínimo de competência em cada área, independentemente da centralidade dos subtópicos na aplicação prática do conhecimento. Conheci muitos falantes de um mesmo idioma que eu, mas, por terem-no aprendido ao longo de anos de ensino formal, têm um domínio vocabular e das nuances gramaticais muito mais impressionante do que eu. Entretanto, essas pessoas às vezes hesitam em frases bastante comuns, porque aprenderam todos os tópicos uniformemente em vez de superaprender os subconjuntos formados por padrões bem mais comuns.

Encontrei o que parecem ser dois métodos de ultra-aprendizado. O primeiro é a prática contínua, refinando os elementos principais de uma habilidade. Ela costuma funcionar bem sozinha, combinada com algum tipo de imersão ou em projetos extensivos (o contrário dos intensivos), depois de terminada uma fase inicial de ultra-aprendizado. A passagem do aprendizado para a prática, neste caso, pode envolver uma forma mais profunda e sútil de assimilação, que não deve ser desconsidera como uma simples aplicação do conhecimento previamente adquirido.

A segunda estratégia é a prática avançada, pegando certo conjunto de habilidades e praticando-as um nível acima, de modo que as partes fundamentais da habilidade de nível inferior sejam superaprendidas à medida que a pessoa as aplica em um domínio mais difícil. Uma pesquisa com alunos de álgebra demonstrou isso muito bem. A maior parte dos que frequentaram as aulas e foram testados de novo anos depois havia esquecido grande parte do conteúdo. Isso pode ter ocorrido porque a informação realmente se perdeu ou simplesmente por terem esquecido as pistas, perdendo o acesso à maior parte do que sabiam. Mas o interessante é que a taxa de esquecimento foi a mesma para alunos com desempenhos bons e ruins; os bons retiveram mais do que os fracos, mas a taxa de esquecimento foi a mesma. Um grupo, porém, não apresentou um declínio tão acentuado de esquecimento: aqueles que estudaram cálculo. Isso sugere que subir um nível em direção a uma habilidade mais avançada permitiu que a habilidade anterior fosse superaprendida, evitando um pouco o esquecimento.

Mecanismo de memória 4 — Mnemônicos: uma imagem guarda mil palavras

A última ferramenta que encontrei em muitos ultra-aprendizes foram os mnemônicos. Há muitas estratégias mnemônicas e tratar de todas está além do escopo deste livro. O que elas têm em comum é a tendência a serem hiperespecíficas, isto é, projetadas para que padrões muito característicos de informação sejam lembrados. Em segundo lugar, em geral, implicam traduzir informações abstratas ou arbitrárias em figuras vívidas ou mapas espaciais. Quando os mnemônicos funcionam, os resultados podem ser quase inacreditáveis. Rajveer Meena, que detém o recorde mundial do Guinness de memorização de casas da constante matemática *pi*, sabe o número até a casa decimal de número 70 mil. Mestres mnemônicos, que competem em campeonatos de memorização, podem decorar a ordem de um baralho de cartas em menos de sessenta segundos e são capazes de repetir um poema palavra por palavra após apenas um ou dois minutos de estudo. São feitos bastantes impressionantes, mas o melhor é que essas técnicas podem ser aprendidas por qualquer pessoa paciente o bastante. Como elas funcionam?

Um mnemônico comum e útil é conhecido como método da palavra-chave. O método consiste em escolher uma palavra de uma língua estrangeira e então convertê-la em algo que soe parecido na sua língua nativa. Se estiver fazendo isso com o francês, por exemplo, posso escolher a palavra *chavirer* (emborcar) e converter em "*shave an ear*" ["raspar uma orelha" em inglês], cujo som é parecido o suficiente para funcionar como uma pista efetiva para rememorar a palavra original. Depois, crio uma imagem mental que combina a versão sonora e uma imagem de sua tradução em um cenário fantástico e vívido que seja bizarro e difícil de esquecer. Nesse caso, poderia imaginar uma orelha gigante raspando uma longa barba sentada em um navio emborcado. Então, sempre que precisar lembrar como é "emborcar" em francês, penso em algo emborcando e rememoro minha imagem elaborada, que conecta com "*shave an ear*" e então... *chavirer*. Sei que a princípio o processo soa desnecessariamente complicado e intrincado, mas a vantagem é que ele converte uma associação difícil (entre sons arbitrários e um novo significado) em alguns poucos elos, muito mais fáceis de associar e lembrar. Com a prática, cada conversão desse tipo pode tomar cerca de quinze ou vinte segundos, e realmente ajuda a lembrar palavras de outras línguas. Esse tipo específico de mnemônico funciona para esse propósito, mas existem outros que servem para lembrar listas, números, mapas ou sequências de um procedimento. Para uma boa introdução sobre o assunto, recomento fortemente o livro de Joshua Foer *A arte e a ciência de memorizar tudo*.

Os mnemônicos funcionam bem e, com a prática, qualquer um pode adotá-los. Por que, então, eles não estão na abertura e no centro deste capítulo, mas no final? Creio que, assim como os SRS, os mnemônicos são ferramentas incrivelmente poderosas e podem abrir novas possibilidades para pessoas que não estão familiarizadas com elas. Porém, como alguém que gastou muito tempo explorando-as e as aplicando no aprendizado no mundo real, creio que seu uso é mais limitado do que parece a princípio, e em muitos cenários reais simplesmente não vale o esforço.

As duas desvantagens que enxergo são: os sistemas mnemônicos mais impressionantes (como aquele para memorizar milhares de casas decimais da constante matemática *pi*) exigem também um considerável investimento inicial. Depois de feito, você pode memorizar casas decimais facilmente, mas essa não é uma tarefa realmente útil. A maioria das pessoas presume não ser capaz de memorizar dígitos, então temos o papel e o computador para fazer isso por nós. A segunda desvantagem é que rememorar a partir de mnemônicos muitas vezes não é tão automático quanto lembrar diretamente. Saber um mnemônico para uma palavra de um idioma é melhor do que não conseguir absolutamente lembrá-la, mas ainda é um processo lento demais para permitir que você forme frases fluentes a partir das palavras lembradas por meio de tal artifício. Assim, mnemônicos podem funcionar como ponte para informações difíceis de lembrar, mas não costumam ser o passo final para criar lembranças perenes.

Os mnemônicos, portanto, são uma ferramenta incrivelmente poderosa, embora um pouco frágil. Se sua tarefa exige que você memorize informações extremamente densas em um formato muito específico, especialmente se a informação vai ser usada ao longo de umas poucas semanas ou meses, eles talvez permitam uma plasticidade mental que você talvez sequer achasse possível. Eles também podem ser usados como uma estratégia intermediária para suavizar o primeiro momento de assimilação de uma informação quando ela é muito densa. Achei os mnemônicos úteis para o aprendizado de idiomas e de terminologia, e, combinados aos sistemas SRS, podem formar uma boa ponte entre achar que é impossível se lembrar de tudo e uma lembrança tão profunda que é impossível esquecer. Na verdade, em um mundo antes do papel, dos computadores e de outras memórias externas, os mnemônicos eram a principal aposta. No entanto, no mundo moderno, que desenvolveu mecanismos excelentes de cópia para compensar o fato de que a maioria de nós não consegue ter a capacidade de memória de um computador, sinto que os mnemônicos tendem a servir mais como truques úteis do que como um fundamento no qual basear esforços de aprendizado. Ainda assim, há um subgrupo de ultra-aprendizes devotos, ferozmente comprometidos a aplicar essas técnicas, então meu veredito não deve ser o final.

VENCENDO A GUERRA CONTRA O ESQUECIMENTO

No fim das contas, reter conhecimento é lutar contra a inevitável tendência humana de esquecer. Esse processo ocorre com absolutamente todos e é impossível evitá-lo completamente. No entanto, certas estratégias — espaçamento, procedimentalização, superaprendizado e mnemônicos — podem contrabalançar suas taxas de esquecimento de longo e curto prazo e fazer grande diferença em sua capacidade de memorização.

Comecei este capítulo discutindo a misteriosa maestria de Nigel Richards no Scrabble. Como ele consegue se lembrar de tantas palavras tão rapidamente e vê-las em um grupo de peças embaralhadas possivelmente vai permanecer um enigma. O que sabemos sobre ele combina com a imagem de outros ultra-aprendizes que dominaram assuntos que exigiam muita memória: rememoração ativa, repetição espaçada e um comprometimento obsessivo com a prática intensiva.

Se eu ou você seremos capazes de chegar tão longe quanto Richards é uma questão em aberto, mas, com esforço e uma boa estratégia, me parece provável que a batalha contra o esquecimento não precise acabar em derrota.

Embora a prática de palavras cruzadas de Richards lhe desse a vantagem de poder memorizar palavras cujos significados ele desconhecia, a vida real tende a recompensar um tipo diferente de memória: uma que integra o conhecimento em uma compreensão mais profunda das coisas. No próximo princípio, vamos ver como passamos da memória para a intuição.

CAPÍTULO 11

PRINCÍPIO 8

Intuição

Cave fundo antes de começar a construir

> Não pergunte se uma afirmação é verdadeira antes de saber o que ela significa.
> — *Errett Bishop, matemático*

Para o mundo ele era um professor e físico excêntrico, ganhador do prêmio Nobel; para seu biógrafo, era um gênio; mas, para aqueles que o conheceram, Richard Feynman era um mágico. Um colega seu, o matemático Mark Kac, certa vez disse que há no mundo dois tipos de gênios. O primeiro são os gênios comuns: "Uma vez que você entende o que eles fizeram, temos a certeza de que também nós poderíamos ter feito aquilo." O outro tipo são os mágicos, aqueles cujas mentes trabalham de formas tão inescrutáveis que, "mesmo depois que entendemos o que eles fizeram, o processo por meio do qual fizeram permanece completamente obscuro". Feynman, na sua avaliação, era "um mágico do mais alto calibre".

Ele conseguia achar imediatamente a solução de problemas em que outras pessoas trabalhavam por meses. No ensino médio, competiu em torneios de matemática nos quais costumava encontrar a resposta correta enquanto o problema ainda estava sendo enunciado. Os outros competidores ainda estavam começando a calcular e Feynman já tinha a resposta circulada na página. Na faculdade, participou da Competição de Matemática Putnam, cujo vencedor recebia uma bolsa para Harvard. Essa competição é notoriamente difícil e exige que se recorra a truques inteligentes em vez da aplicação direta de princípios aprendidos anteriormente. Outro fator importante era o tempo e em algumas sessões de prova a média da pontuação era zero, o que significava que o competidor típico não acertara nenhuma resposta. Feynman saiu da prova cedo. Ficou em primeiro lugar, e seus colegas de fraternidade depois ficaram espantados com a diferença enorme entre a nota dele e as dos quatro competidores seguintes na lista. Quando trabalhava no Projeto Manhattan, Niels Bohr, então um dos físicos vivos mais famosos e importantes, pediu para falar pessoalmente com Feynman, para que suas ideias passassem pelo jovem pós-graduando antes de apresentá-las a outros colegas de profissão. "Ele é o único que não tem medo de mim", explicou Bohr. "[Ele] vai me dizer quando uma ideia for maluca."

Mas a mágica de Feynman não se restringia à física. Quando era criança, ele andava por aí consertando os rádios das pessoas, em parte porque era caro demais contratar um adulto para fazer isso durante a Depressão, mas também porque os donos de rádios ficaram impressionados com seu processo. Uma vez, enquanto Feynman estava perdido em pensamentos tentando descobrir por que um rádio estava fazendo um barulho horrível ao ser era ligado, o dono do aparelho ficou impaciente. "O que você está fazendo? Você veio arrumar o rádio, mas está só andando de um lado para o outro!"

"Estou pensando!", foi a resposta, ao que o proprietário, chocado com a ousadia pela qual Feynman depois ficaria famoso, deu risada. "Ele conserta os rádios com o pensamento!"

Quando jovem, trabalhando na construção da bomba atômica no Projeto Manhattan, ele passava o tempo livre abrindo a fechadura das mesas e dos armários dos supervisores. Uma vez abriu, de brincadeira, o arquivo de um colega sênior no qual estavam guardados os segredos para a construção da bomba atômica. Outra vez, demonstrou sua técnica para um oficial militar, que, em vez de consertar a falha de segurança, decidiu que o certo era avisar a todos que deixassem seus cofres longe de Feynman! Depois, ao encontrar um chaveiro, Feynman descobriu que sua reputação era tão conhecida que o profissional disse: "Meu Deus! Você é Feynman, o grande arrombador de cofres!"

Ele também tinha a fama de calculadora humana. Em uma viagem ao Brasil, ficou pau a pau com um vendedor de ábacos, fazendo contas difíceis como a raiz cúbica de 1.729,03. Feynman não apenas acertou a resposta, 12,002, mas deu uma resposta com mais casas decimais do que o vendedor de ábacos, que ainda estava calculando freneticamente para chegar ao número 12 quando Feynman apresentou sua resposta com cinco casas decimais. Sua habilidade impressionou outros matemáticos quando ele afirmou ser capaz de, em um minuto, obter a resposta de qualquer problema que pudesse ser enunciado em dez segundos com uma margem de erro de 10%. Os profissionais lançaram questões como "e elevado à potência 3,3" ou "e elevado à potência 1,4", e Feynman deu um jeito de dizer a resposta correta quase imediatamente.

DEMISTIFICANDO A MÁGICA DE FEYNMAN

Feynman certamente era um gênio. Muitas pessoas, inclusive seu biógrafo James Gleick, se satisfazem em parar aqui. Um truque de mágica, afinal, é mais impressionante quando você não sabe como foi realizado. Talvez por isso muitos relatos sobre o homem se concentrem em sua magia e não em seu método.

Embora fosse muito inteligente, a capacidade de Feynman tinha lacunas. Ele era ótimo em matemática e física, mas péssimo em humanas. Suas notas em história na faculdade estavam entre as cinco piores da turma, de literatura entre as seis, e em belas-artes eram piores do que as de 93% da turma. Em dado momento ele precisou colar para passar em uma prova. Sua inteligência, medida quando estava na escola, chegou a 125 pontos. A média dos graduandos era de 115, o que coloca Feynman numa posição apenas ligeiramente melhor. Talvez, como já argumentaram, o gênio de Feynman não tenha sido capturado por seu QI, ou ele simplesmente passou por um teste mal administrado. No entanto, para alguém tão celebrado por ter uma mente que ninguém compreendia, esses fatos nos lembram que Feynman era um simples mortal.

E quantos aos cálculos mentais de Feynman? Nesse caso, temos as palavras do próprio sobre como ele conseguiu calcular tão mais depressa do que o vendedor de ábacos ou seus colegas matemáticos. A raiz cúbica de 1.729,03? Feynman explicou: "Acontece que eu sabia que um pé cúbico tem 1.728 polegadas cúbicas, então a resposta era um pouquinho maior do que 12. O excedente, 1,03, é apenas uma parte em quase duas mil, e eu aprendi em cálculo que, para pequenas frações, o resto da raiz cúbica equivale a um terço do excedente do número. Então eu só tinha que encontrar a fração da divisão de 1 por 1.728 e multiplicar por 4." A constante *e* elevada à potência 1,4? Feynman revelou que, "por causa da radioatividade (vida-média e meia-vida), eu sabia o logaritmo de 2 de *e*, que é 0,69315 (então eu também sabia que *e* elevado à potência 0,7 equivale aproximadamente a 2)". Para chegar à potência 1,4, ele teve apenas de multiplicar aquele número por ele mesmo. "Pura sorte", explicou. O segredo era sua memória impressionante para certos resultados aritméticos e uma intuição numérica que o permitiam interpolar. Porém, as escolhas dos examinadores criaram a impressão de ser dotado de uma capacidade mágica de calcular.

E quanto ao arrombamento das fechaduras? Mais uma vez, era mágica, no sentido de um mágico praticando truques bem ensaiados. Feynman era obcecado em descobrir como funcionavam as trancas com combinação. Um dia, percebeu que, mexendo em uma fechadura quando estivesse aberta, podia descobrir os dois últimos números do cofre. Ele os anotava depois que deixava o escritório do colega e então conseguia se esgueirar para dentro de novo, decifrar o restante do número com alguma paciência e deixar um bilhete ameaçador.

Até sua intuição mágica para a física tinha explicação: "Eu tinha um esquema, que uso até hoje quando alguém está explicando algo que quero entender: eu continuo imaginando exemplos." Em vez de tentar seguir uma equação, ele tentava imaginar a situação em si. À medida que recebia mais informações, ele as incluía nesse exemplo. Então, sempre que seu interlocutor cometia um erro, Feynman notava. "Enquanto me contam as condições do teorema, eu construo algo que se encaixa em todas as condições. Vejamos, você tem um conjunto (uma bola) e um disjunto (duas bolas). Na minha cabeça, elas se transformam em cores, ganham pelos, ou qualquer outra coisa, à medida que o interlocutor vai acrescentando condições. Por fim, quando enunciam o teorema, que é alguma coisa boba sobre a bola que não é verdadeira para minha bola verde peluda, e aí eu digo: 'É falso!'"

Talvez Feynman não possuísse habilidades mágicas, mas era dono de uma intuição incrível para matemática e física. Isso talvez mine a ideia de que sua mente funcionava de uma maneira fundamentalmente diferente da minha ou da sua, mas não invalida como seus feitos foram impressionantes. Afinal, mesmo conhecendo a lógica por trás do truque de Feynman, estou certo de que eu não teria sido capaz de calcular como ele, com tão pouco esforço, ou acompanhar uma teoria complexa com o olho da mente. Essa explicação não proporciona o mesmo "Há!" de satisfação que ocorreria se o truque de mágica tivesse se revelado algo trivial. Precisamos, portanto, cavar mais fundo para descobrir por que alguém como Feynman pôde, antes de mais nada, desenvolver essa intuição incrível.

DENTRO DA MENTE DO MÁGICO

Psicólogos pesquisaram como os especialistas em intuição como Feynman pensam nos problemas de maneira diferente dos novatos. Em um estudo famoso, distribuíram-se conjuntos de problemas de física para doutorandos já adiantados e graduandos e pediu-se que os separassem em categorias. Uma diferença ficou evidente de imediato. Enquanto os iniciantes tendiam a olhar para as características superficiais do problema — por exemplo, se ele envolvia polias ou planos inclinados —, os especialistas concentraram-se nos princípios mais profundos em ação. "Ah, então é um problema de conservação de energia", quase podemos ouvi-los dizer enquanto categorizavam a questão de acordo com os princípios da física que representavam. Essa abordagem gera mais sucesso na resolução de questões porque vai ao cerne da mecânica do problema. As características superficiais não se relacionam sempre com o procedimento correto para resolvê-

-lo. Os estudantes precisavam de muito mais tentativas e erros para acertar o método correto, enquanto os especialistas começavam logo com a abordagem necessária.

Se a maneira de pensar nos problemas a partir dos princípios é tão mais eficiente, por que os estudantes não agem desse modo? A resposta simples pode ser: eles não são capazes. Só com mais experiência em resolução de problemas nos tornamos capazes de criar modelos mentais profundos sobre a mecânica deles. Intuição soa como mágica, mas na verdade pode ser bem mais banal, o produto organizado de um grande volume de experiências de contato com problemas.

Outro estudo, que comparou enxadristas experientes e iniciantes, chegou a uma explicação possível. A memória que os especialistas e os iniciantes têm das posições do xadrez foi testada mostrando a eles uma configuração específica das peças e depois pedindo que a recriassem num tabuleiro vazio. Os mestres fizeram isso bem melhor que os iniciantes. Os novatos precisaram posicionar peça por peça e muitas vezes não conseguiram se lembrar completamente de todos os detalhes. Os mestres, pelo contrário, lembravam-se do tabuleiro em "nacos" maiores, posicionando diversas peças de uma vez, já que correspondiam a padrões reconhecíveis. A teoria dos psicólogos é que a diferença entre grandes mestres e novatos não é que aqueles conseguem calcular antecipadamente muito mais movimentos, mas que eles foram capazes de criar vastas bibliotecas de representações mentais a partir de partidas reais. Os pesquisadores estimaram que, para chegar à condição de especialista, é necessário ter por volta de cinquenta mil desses "nacos" mentais armazenados na memória de longo prazo. Essas representações permitem que os mestres reduzam uma configuração complexa de uma partida de xadrez em alguns poucos padrões-chave que podem ser trabalhados intuitivamente. Os iniciantes, que não tinham essa habilidade, precisavam recorrer à representação de cada peça como unidade, o que é muito mais demorado.*

A facilidade dos grandes mestres do xadrez, no entanto, limita-se aos padrões que vêm dos jogos reais. Ao dar a iniciantes e mestres um tabuleiro aleatório (que não tivesse surgido de um jogo normal), os especialistas não conseguiam a mesma vantagem expressiva. Sem dispor da biblioteca de padrões memorizados, eles tinham de recorrer ao método dos novatos e se lembrar da disposição peça por peça.

Essa pesquisa nos permite vislumbrar como opera a mente de alguém com grande capacidade de intuição, como Feynman. Ele também se concentrava primeiro nos princípios, construindo exemplos que atacavam diretamente o problema representado em vez de focar as características superficiais. Essa capacidade também advinha de uma impressionante biblioteca de padrões matemáticos e físicos armazenados. Seus feitos de cálculo mental parecem assombrosos para nós, mas eram triviais para ele porque Feynman simplesmente conhecia muitos padrões matemáticos. Como os grandes mestres de xadrez, quando lhe apresentavam um problema real de física ele se distinguia porque havia acumulado uma enorme quantidade de padrões a partir de experiências reais com aquela matéria. Sua intuição, entretanto, também costumava falhar quando o tema de seu estudo não era construído a partir dessas pressuposições. Os amigos matemáticos de Feynman costumavam testá-lo com teoremas matemáticos contraintuitivos e era aí que ele costumava falhar, quando as propriedades do procedimento (como a possibilidade de um objeto ser dividido infinitamente em pequenos pedaços)

---

* É preciso observar que nem todos os pesquisadores concordam com o modelo dos "nacos". K. Anders Ericsson, o psicólogo por trás da prática deliberada, prefere um modelo alternativo chamado "Memória de Trabalho de Longo Prazo". As diferenças são na maioria técnicas, e os dois modelos apontam para a ideia de que a pessoa se torna especialista por meio da prática extensiva em contextos específicos.

desafiavam as limitações físicas normais que, em outros momentos, auxiliavam sua intuição.

A mágica de Feynman era essa intuição apurada, advinda de anos e anos jogando com os padrões da matemática e da física. Imitar sua abordagem da aprendizagem nos permitiria capturar um pouco dessa mágica? Vamos ver algumas das ideias características de Feynman sobre aprendizado e resolução de problemas e tentar revelar alguns dos seus segredos.

COMO CONSTRUIR SUA INTUIÇÃO

Simplesmente passar muito tempo estudando algo não é suficiente para criar uma intuição profunda. A própria experiência de Feynman demonstra isso. Em diversas ocasiões, ele encontrava estudantes que decoravam soluções de problemas específicos, mas não conseguiam entender como eles se aplicavam fora dos manuais. Ele contava que convenceu alguns de seus alunos que uma curva francesa (um dispositivo usado para traçar linhas curvas) era especial porque, independentemente de como fosse segurada, a base era tangente à linha horizontal. Isso, no entanto, é verdadeiro a respeito de toda forma plana, e é um fato elementar do cálculo que seus colegas de turma deviam ter percebido. Feynman interpretou isso como um exemplo de um tipo particularmente "frágil" de aprendizado, uma vez que os estudantes não pensavam de verdade em como relacionar aquele aprendizado com o mundo real.

Como, então, alguém pode evitar um destino parecido: gastar muito tempo aprendendo algo sem desenvolver realmente a intuição flexível que fez Feynman famoso? Não há uma receita precisa e uma dose saudável de experiência e inteligência certamente ajuda. No entanto, o relato de Feynman de seu próprio processo de aprendizagem oferece algumas diretrizes úteis sobre como ele trabalhou de modo diferente.

Regra 1: não desista facilmente de problemas difíceis
Feynman era obcecado por resolver problemas. Desde criança, quando consertava rádios, ele costumava trabalhar obstinadamente em um problema até solucioná-lo. Às vezes, quando o proprietário do rádio ficava impaciente, ele lembrava: "Se [ele] tivesse dito: 'Deixa para lá, é trabalho demais', eu teria ficado furioso, porque, depois de ter chegado lá, eu queria derrotar aquela droga." Ele levou essa tendência para a matemática e a física. Feynman costumava evitar métodos mais fáceis, como o lagrangiano, forçando-se a calcular meticulosamente todas as forças à mão, apenas porque com esse método findaria entendendo melhor a questão. Ele era mestre em ir mais fundo nos problemas do que esperavam dele, o que por si só já deve ter sido a fonte de muitas de suas ideias heterodoxas.

Uma maneira de introduzir isso em seu aprendizado é planejar um "*timer* de esforço". Quando você tiver vontade de desistir e achar que é impossível descobrir a solução de um problema difícil, tente programar mais dez minutos em um cronômetro para se obrigar a ir um pouco mais longe. A primeira vantagem desse estirão de esforço é que muitas vezes você consegue resolver o problema simplesmente forçando sua capacidade de raciocínio. A segunda é que, mesmo se você falhar, é muito mais provável que se lembre do caminho até a solução quando descobri-la. Como mencionei no capítulo sobre recuperação, a dificuldade em recuperar a informação correta, mesmo quando causada pelo fato de a informação simplesmente estar ausente, pode prepará-lo para rememorar melhor a informação depois.

Regra 2: prove para entender

Feynman contou uma história a respeito de seu primeiro encontro com o trabalho dos físicos T. D. Lee e C. N. Yang. "Não consigo entender essas coisas que Lee e Yang estão dizendo. É tudo tão complicado", declarou ele. Sua irmã, meio que em tom de provocação, observou que o problema não era que Feynman não conseguia entender o trabalho, mas sim não tê-lo criado ele mesmo. Feynman então decidiu ler meticulosamente os arquivos e descobriu que, na verdade, não eram tão difíceis; ele simplesmente tivera medo de enfrentá-los.

Embora essa história ilustre uma das peculiaridades de sua personalidade, também é reveladora porque exemplifica um dos pontos principais do método de Feynman. Em vez de dominar os assuntos acompanhando os resultados de terceiros, Feynman tentava recriar mentalmente os resultados. É claro que, em algumas ocasiões, isso podia ser uma desvantagem, uma vez que o obrigava a repetir o trabalho e reinventar processos que já existiam em outras formas. Seu impulso por entender as coisas e chegar ele mesmo ao resultado, porém, também ajudou-lhe a desenvolver uma profunda capacidade intuitiva.

Feynman não foi o único a usar essa abordagem. Quando criança, Albert Einstein desenvolvia seus poderes intuitivos tentando provar proposições matemáticas e físicas. Uma das primeiras incursões do físico nesse campo foi tentar provar o teorema de Pitágoras a partir de triângulos similares. O que essa abordagem indica é que os dois tinham a tendência de ir bem mais fundo antes de considerar ter "entendido" algo. Feynman brincou que não compreendia Lee e Yang não porque não entendesse nada; na verdade, ele tinha familiaridade com boa parte do trabalho básico sobre o problema. Provavelmente, sua ideia de compreensão era muito mais profunda, baseada mais em demonstrar ele mesmo os resultados, do que apenas concordar com um texto.

Infelizmente, o problema de acharmos ter entendido alguma coisa é comum. A pesquisadora Rebecca Lawson chama isso de "ilusão de profundidade explicativa". Sua explicação é que não julgamos nossas próprias competências de aprendizado de modo direto, mas por meio de sinais. Avaliar se sabemos ou não um tópico factual, como a capital da França, é bem fácil: ou a palavra "Paris" surge em sua mente ou não surge. Saber se entendemos um conceito é muito mais difícil, porque é possível tê-lo entendido um pouco, mas não o suficiente para os seus propósitos.

Eis um experimento mental perfeito para ajudá-lo a entender o problema. Pegue uma folha de papel e tente esboçar rapidamente uma bicicleta. Não precisa ser uma obra de arte; tente apenas posicionar o banco, o guidão, os pneus, os pedais e a corrente nos lugares certos. Você consegue?

Não trapaceie tentando visualizar a bicicleta. Tente de fato desenhá-la. Se não tiver papel e caneta à mão, simule o que estaria desenhando dizendo para si qual parte está ligada a qual. E então, tentou?

O estudo de Rebecca Lawson pediu que os participantes fizessem exatamente isso. Como as imagens a seguir mostram claramente, a maior parte dos participantes não fazia ideia de como era a estrutura de uma bicicleta, embora seja algo que usem bastante e julgassem entender perfeitamente bem. A ilusão de compreensão costuma ser uma barreira para o conhecimento profundo. A não ser que a competência seja realmente testada é fácil se enganar, convencendo-se de que entende mais do que na verdade entende. A abordagem de Feynman e Einstein para compreender proposições por demonstração evita esse problema de modo quase insuperável.

Você foi um dos sortudos que conseguiram posicionar a corrente no lugar certo? Tente, agora, desenhar um abridor de lata. Você consegue explicar como ele funciona? Quantas partes ele tem? Embora a maioria de nós acredite que entende bem um abridor de lata, não é bem assim!

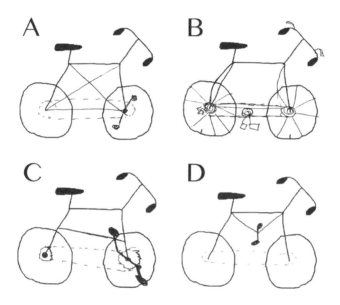

Regra 3: sempre comece com um exemplo concreto

Os seres humanos não aprendem muito bem de maneira abstrata. Como demonstra a pesquisa sobre transferência, a maioria das pessoas só aprende regras gerais e abstratas depois de exposta a muitos exemplos concretos. Não é possível simplesmente apresentar um princípio geral e esperar que você seja capaz de aplicá-lo a situações concretas. Como se pressentisse essa observação, Feynman em geral fornecia exemplos concretos mesmo quando eles não eram dados. Processando um exemplo mentalmente, buscava entender o que a matemática estaria tentando demonstrar.

Esse processo de acompanhar com um exemplo próprio nos força a um nível mais profundo de processamento do material. Uma descoberta a respeito da memória conhecida como "efeito dos níveis de processamento" sugere que não é simplesmente quanto tempo passamos prestando atenção à informação que determina o que você retém; o crucial é *como* você pensa na informação. Em um estudo, pedia-se que os participantes estudassem uma lista de palavras; metade foi avisada de que haveria um teste (essa era a parte motivada a aprender), enquanto a outra foi apenas instruída a estudar a lista. Separaram cada grupo em subgrupos de acordo com as técnicas indicadas para o estudo. Metade foi instruída a prestar atenção se as palavras continham ou não a letra *e*, um nível relativamente baixo de processamento, enquanto outra foi orientada a pensar se a palavra era prazerosa ou não, um processamento mais profundo do significado do termo, além da mera grafia. O resultado mostrou que a motivação não fez diferença; avisar que os participantes estavam estudando para um teste não impactou a quantidade de retenção. No entanto, a técnica orientada fez uma grande diferença. Aqueles que processaram profundamente os termos lembraram-se quase duas vezes mais do que aqueles que apenas os examinaram graficamente.

O hábito de Feynman de criar um caso concreto relacionado ao problema é um exemplo desse tipo de processamento profundo que, não apenas melhora a retenção futura, como também promove uma compreensão intuitiva. Essa técnica permite ainda algum feedback, já que quando não conseguimos imaginar um exemplo apropriado, temos de cara uma evidência de que não entendemos aquilo direito e que talvez valha a pena voltar alguns passos e reforçar a matéria antes de continuar. Uma das marcas do estilo de aprendizado de Feynman era usar processos ricos em feedback.

Regra 4: não se engane

"Não se engane" era um dos aforismos mais populares de Feynman, ao qual ele acrescentava: "e você é a pessoa mais fácil de enganar". Temos aqui um homem que era profundamente cético a respeito da própria compreensão. Feynman previu a atual crise da replicação na psicologia, atacando o que notava ser uma tendência em muitos cientistas sociais: eles se enganavam ao acreditar que haviam descoberto algo que não descobriram. Suspeito que parte dessa intuição surgiu do fato de que Feynman cultivou padrões muito rigorosos para aquilo que considerava conhecimento.

O efeito Dunning-Kruger se dá quando alguém com uma compreensão inadequada de determinado assunto mesmo assim acredita deter mais conhecimento do que as pessoas que realmente entendem do tema. Isso pode acontecer quando o indivíduo carece de informação sobre o tópico, o que em geral o torna incapaz de avaliar as próprias habilidades. A verdade é que, quanto mais você aprende sobre um tema, mais perguntas surgem. O contrário também parece ser verdadeiro: quanto menos perguntas fizer, mais provável é que você saiba menos sobre o tema.

Um meio de evitar o problema do autoengano é simplesmente fazer muitas perguntas. Feynman adotou essa abordagem: "No começo, algumas pessoas acham que sou meio lento e não estou entendendo porque faço um monte de perguntas 'idiotas', do tipo 'É um cátodo positivo ou negativo? O ânion é desse ou daquele jeito?'"* Quantos de nós se sentem confiantes para fazer perguntas "idiotas"? Feynman sabia que era inteligente, então não tinha medo de fazê-lo.

---

* Chamar isso de Técnica Feynman possivelmente não foi inteligente. Não está claro se Feynman alguma vez usou esse método exato, então eu posso ter inadvertidamente dado à técnica uma história ilustre que pode não ser correta. Além disso, uma das contribuições importantes de Feynman para a física foram os "Diagramas de Feynman". Assim, a Técnica Feynman pode levar a diagramas, mas não necessariamente aos Diagramas de Feynman!

A ironia é que, ao perguntar o que aparentemente teria respostas óbvias, ele percebia implicações não tão óbvias.

A tendência oposta, de evitar perguntas na tentativa vã de parecer conhecedor, tem custos consideráveis. Quando Feynman dava aulas no Brasil, seus alunos costumavam reclamar se ele fazia perguntas simples, cujas respostas eles já sabiam, em vez de apenas palestrar. Por que perder um tempo valioso em sala de aula com esses exercícios? A resposta, Feynman findou percebendo, era que esses alunos não sabiam as respostas, mas não queriam admitir na frente de todos por presumir, erroneamente, que eram os únicos com aquela dúvida. Explicar com clareza e fazer perguntas "idiotas" pode impedir que você se convença que sabe algo que na verdade não sabe.

A TÉCNICA FEYNMAN

Quando li pela primeira vez sobre Feynman fiquei animado para tentar formular essas observações em um método concreto que pudesse aplicar em meus estudos. O resultado foi algo que chamei de Técnica Feynman e empreguei amplamente durante o Desafio MIT. O propósito dessa técnica é ajudar a desenvolver uma intuição a respeito das ideias que você está aprendendo. Pode ser usada quando você ainda não sabe nada sobre o tópico ou quando entende um pouco, mas quer transformar esse conhecimento em intuição profunda.

O método é bem simples:

1. Anote o conceito ou o problema que quer entender no topo de uma folha de papel.
2. Embaixo, explique a ideia como se tivesse de ensiná-la a alguém.

- a. Se for um conceito, pergunte a si mesmo como transmitiria a ideia a alguém que nunca ouviu falar sobre o assunto.
- b. Se for um problema, explique como resolvê-lo e — isso é crucial — por que tal procedimento de resolução faz sentido para você.
3. Se você travar, isto é, se não atingir uma resposta clara, volte para o livro, as notas, o professor ou o material de referência.

O ponto crucial desse método é que ele tenta dissipar a ilusão de profundidade explicativa. Uma vez que grande parte do que entendemos nunca é articulada, é fácil pensar que entendemos algo. A Técnica Feynman contorna esse problema ao nos forçar a articular detalhadamente a ideia. Assim como desenhar bicicletas rapidamente confirma suas noções básicas sobre a montagem delas, essa técnica revelará rapidamente se você realmente entende do assunto. Ao se desafiar a explicar os pontos cruciais de uma ideia, todas as lacunas no seu aprendizado se tornarão óbvias.

A técnica tem nuances e pode ser empregada de maneiras diferentes e úteis, dependendo do seu déficit específico de intuição.

Aplicação 1: quando você não sabe nada

A primeira maneira de usar essa abordagem é quando você não entende nada sobre um assunto. Nesse caso, a forma mais prática de agir é ter o livro em mãos e ir e voltar entre sua explicação e a que está no livro. Carece nessa estratégia a prática da recuperação, mas muitas vezes ela é essencial na fase em que você está desorientado diante de uma explicação. Feynman fez algo parecido quando deparou com o que achava ser um palavreado filosófico obscuro:

Eu tinha essa sensação desconfortável de que era "um peixe fora d'água", até que finalmente disse para mim mesmo: "Vou parar e ler *cada sentença* lentamente, para descobrir o que diabos ela significa."

Então parei ao acaso e li a frase seguinte com muito cuidado. Não consigo me lembrar dela com precisão, mas era bem próxima de: "O membro individual da comunidade social costuma receber sua informação via canais visuais e simbólicos." Li, reli e enfim traduzi-la para: "As pessoas leem."

Embora o método de Feynman tivesse como objetivo mais ilustrar a natureza deliberadamente confusa da prosa do que tentar entender as nuances do significado, ele pode ser útil sempre que algum tópico estiver revirando em sua mente.

Usei essa técnica quando estava aprendendo sobre visão de mecânica no Desafio MIT. Eu não sabia nada de fotogrametria, uma técnica para determinar o formato tridimensional de um objeto baseado em uma série de imagens bidimensionais feitas sob diversas condições de iluminação. Os conceitos são muito complicados. Com o livro ao lado, fiz algumas páginas de anotações, tentando delinear a ideia em linhas gerais a fim de captar sua essência.

Aplicação 2: para problemas que você não consegue resolver

Uma segunda aplicação é para resolver um problema difícil ou dominar uma técnica. Nesse caso, é muito importante avançar passo a passo no problema e na explicação que você desenvolveu, em vez de simplesmente resumi-lo. Resumindo, você pode acabar pulando as principais dificuldades do problema. O aprofundamento leva tempo, mas proporciona uma compreensão mais potente do novo método de uma só vez, abrindo mão de inúmeras repetições para memorizar os passos.

Empreguei esse método em uma aula de computação gráfica para uma técnica que estava penando para entender, chamada estrutura de aceleração [*grid acceleration*]. Esse método acelera o desempenho de sistemas de síntese por um traçado de raios [*ray-traced rendering*], evitando analisar os objetos que "obviamente" não estão na parte da tela em que se está desenhando. Para ter mais segurança nesse tópico, usei a técnica em um problema, desenhando um pequeno boneco de neve que imaginei renderizado, com linhas saindo de um olho que representava a câmera.

Aplicação 3: para expandir sua intuição
Uma última maneira é empregar esse método a ideias tão importantes que seria realmente útil intuí-las de primeira. Nessa aplicação, em vez de focar em explicar cada detalhe ou acompanhar a explicação da fonte, tente focar em criar exemplos simples, analogias ou visualizações, que tornariam a ideia compreensível a qualquer pessoa com muito menos informações do que você. Imagine que, em vez de tentar ensinar a ideia, você fosse pago para escrever um artigo para uma revista explicando-a. Que intuições visuais você usaria para fixar as abstrações? Quais exemplos tornariam concretos um princípio geral? Como fazer algo confuso parecer óbvio?

Usei esse método para compreender o conceito de voltagem numa disciplina inicial de eletromagnetismo. Embora eu usasse facilmente o conceito em problemas, eu sentira falta de uma boa intuição em relação ao tema. É claro que voltagem não é energia, nem elétrons, nem fluxos de coisas. Ainda assim, era difícil criar uma imagem mental desse conceito abstrato em um filamento. Por meio dessa técnica e comparando as equações com as da gravidade, ficou claro que a voltagem está para a força elétrica como a altitude está para a força gravitacional. Aí sim eu pude formar uma imagem visual. Os fios eram como caixas d'água em diferentes altitudes. As matérias eram como bombas, movendo a água para cima. Os resistores como mangueiras de várias espessuras gotejando para impedir que o fluxo de água cessasse. Embora esse quadro não fosse necessário para resolver as equações, ele me ajudou a raciocinar em busca de soluções de um modo mais prático e menos abstrato.

DESMISTIFICANDO A INTUIÇÃO

Quando muitas pessoas observam um gênio como Richard Feynman, tendem a focar em seus saltos intuitivos aparentemente sem esforço. Com seu estilo brincalhão e seus impulsos rebeldes, ele parecia desafiar o estereótipo de que aprender exige muito trabalho. No entanto, olhando por baixo da superfície, fica claro que ele compartilhava muito com os outros ultra-aprendizes. Feynman se esforçava para entender as coisas e dedicava quantidades enormes de tempo livre para dominar os métodos que faziam sua intuição funcionar. Ainda na faculdade, ele e um amigo liam e reliam os primeiros livros sobre mecânica quântica, correndo à frente da turma para entender a matéria. Ele fez até um calendário meticuloso a fim de destinar um número X de horas para seus muitos objetivos intelectuais. Mesmo em suas obsessões triviais, ele mostrava um gosto por métodos agressivos; enquanto aprendia a abrir fechaduras, por exemplo, ele treinava todas as combinações possíveis, praticando-as repetidamente: "Cheguei a um ritmo excelente, de modo que conseguia tentar os quatrocentos últimos números possíveis em menos de meia hora. Isso significava que eu podia abrir um cofre em até oito horas, com um tempo médio de quatro horas."

Quando as pessoas ouvem falar de gênios, especialmente iconoclastas como Richard Feynman, tendem a focar o talento em detrimento do esforço. Não duvido que Feynman tinha talento.

Mas talvez o maior deles fosse sua habilidade de combinar prática persistente e diversão. Ele abria fechaduras com o mesmo entusiasmo com que resolvia os enigmas que propunha para desvendar os segredos da eletrodinâmica quântica. É esse espírito de exploração lúdica que quero abordar no último princípio do ultra-aprendizado: experimentação.

CAPÍTULO 12

PRINCÍPIO 9

Experimentação

Saia da zona de conforto

> Resultados? É claro, já obtive muitos resultados! Conheço milhares de coisas que não funcionam.
> — *Thomas Edison*

Se você ler a história de Vincent van Gogh sem ter visto suas obras, você pensaria se tratar da última pessoa do mundo capaz de se tornar um dos pintores mais famosos de todos os tempos. Van Gogh começou tarde, aos 26 anos, em um campo onde os expoentes em geral são precoces e começam a mostrar talento desde muito cedo. O cubismo de Pablo Picasso, por exemplo, surgiu depois que ele já era capaz de pintar de maneira realista, algo que ele fazia desde criança. Corajosamente, declarou ter levado "quatro anos para pintar como Rafael, mas a vida toda para pintar como uma criança". Leonardo da Vinci foi aprendiz de pintor na adolescência. Conta-se que, na juventude, pintou um monstro em um escudo de camponês para poder revendê-lo para o duque de Milão. A primeira exposição de Salvador Dalí aconteceu antes de o pintor completar 14 anos, já exibindo o talento que o faria famoso. Van Gogh, pelo contrário, demorou e não possuía qualquer sinal óbvio de habilidade. Foi apenas depois de ter fracassado como *marchand* e ministro leigo que escolheu o pincel. Um *marchand* e amigo da família, H. G. Tersteeg, achava que suas aspirações artísticas eram uma maneira de esconder sua preguiça. "Você começou tarde demais", declarou ele. "De uma coisa tenho certeza, você não é um artista. Esses seus quadros, como tudo que você já fez, não vão dar em nada."

Como se não bastasse ter começado tarde, van Gogh simplesmente não desenhava bem. Seus esboços eram brutos e infantis. Quando finalmente convenceu modelos a posar para seus quadros — uma tarefa nada tranquila, levando em conta a famosa personalidade difícil do holandês —, foram necessárias muitas tentativas até obter algo que parecesse um retrato. Em uma breve temporada em um ateliê parisiense, van Gogh chegou a estudar perto dos futuros líderes do movimento pós-impressionista, como Henri de Toulouse-Lautrec. No entanto, ao contrário de Toulouse-Lautrec, que tinha a capacidade de capturar sem esforço a aparência de uma cena com poucas pinceladas, van Gogh tinha dificuldades. "Nós achávamos o trabalho dele muito inábil", lembrou um de seus colegas. "Não havia nada notável em seus desenhos." Sua incapacidade de se encaixar entre os pares, a falta de talento e os hábitos desagradáveis o fizeram deixar o estúdio em menos de três meses.

Seu começo tardio e a falta de um talento óbvio eram agravados pelo temperamento. Praticamente todo mundo que entrava em sua vida o rejeitava quando seu entusiasmo maníaco e sua solidariedade fraternal inevitavelmente azedavam, transformando-se em brigas amargas com quase qualquer pessoa que encontrasse. Perto do fim de sua vida, van Gogh era frequentemente internado em instituições psiquiátricas, diagnosticado com transtornos que iam de "mania aguda com delírios generalizados" a "um tipo de epilepsia". Suas explosões, ou "ataques", como ele as chamava, afastaram-no de pessoas que potencialmente poderiam ser seus colegas, mentores e professores. O resultado foi que, apesar de ter tentado uma educação formal, van Gogh era praticamente autodidata e teve apenas breves momentos de uma educação mais tradicional nos períodos em que conseguia se manter sociável.

Sua morte misteriosa e prematura abreviou uma carreira artística que começou muito tardiamente. Aos 37 anos, o pintor morreu do ferimento de uma bala que atingiu sua barriga. Embora tenham suspeitado de suicídio, seus biógrafos Steven Naifeh e Gregory White Smith acham mais provável que tenha sido um acidente ou uma brincadeira infeliz; é até possível que ele tenha sido atingido por jovens do vilarejo que pregavam peças nele e o chamavam de *fou roux*, ou "ruivo louco".

Apesar de tudo isso, van Gogh se tornou um dos pintores mais famosos de todos os tempos. *A noite estrelada*, *Lírios* e *Vaso com quinze girassóis* viraram ícones. Em quatro ocasiões diferentes, uma obra de van Gogh se tornou o quadro mais caro já negociado em leilões, entre eles o *Retrato de Dr. Gachet*, arrematado por mais de 82 milhões de dólares. Os redemoinhos de cor, o empastamento espesso e as linhas fortes características de seu estilo levaram muitas pessoas a incluir suas pinturas entre as melhores da história.

Como podemos explicar essas discrepâncias? Como alguém que começa tardiamente, sem talento óbvio e com várias desvantagens, torna-se um dos maiores artistas do mundo, dono de um dos estilos mais distintos e reconhecíveis? Para tentar entender van Gogh, quero falar do nono e último princípio do ultra-aprendizado: a experimentação.

COMO VAN GOGH APRENDEU A PINTAR

Imagine-se por um momento na pele de van Gogh. Você fracassou miseravelmente como *marchand*, apesar das relações de sua família. Fracassou como ministro litúrgico. Agora está embarcando em uma nova profissão: a pintura, embora tenha dificuldade em desenhar bem. O que você faria? A resposta de van Gogh a esse desafio seguiu um padrão que se repetiria ao longo de sua vida. Primeiro, ele identificava uma fonte, um método ou um estilo de aprendizado e então partia em busca dele com vigor inacreditável, criando dezenas, ou mesmo centenas de trabalhos nessa direção. Depois dessa explosão, consciente das deficiências que ainda restassem, ele procurava uma nova fonte, método ou estilo e começava de novo. Embora não haja evidências de que van Gogh pensava nessa conexão, vejo um paralelo entre esse padrão e aquele usado por cientistas bem-sucedidos: hipótese, experimentação, resultados, repetição. Talvez inadvertidamente, as incursões agressivas e experimentais de van Gogh na pintura tenham permitido que ele amadurecesse não apenas como pintor competente, mas como um artista único e inesquecível.

Vincent van Gogh começou a experimentar quando fazia as primeiras tentativas de virar um artista. O caminho normal para uma carreira artística naquela época era frequentar uma escola de arte ou virar aprendiz em um ateliê. Como os outros não viam muito talento nele em virtude do temperamento estranho, van Gogh não teve muita sorte nessas rotas tradicionais. Assim, voltou-se para a autoeducação, fazendo cursos em casa que prometiam ensinar-lhe os fundamentos do desenho. Ele usou principalmente *Exercices au fusain* [Exercícios a carvão] e *Cours de dessin* [Curso de desenho], de Charles Bargue, assim como o *Guide de l'alphabet du dessin* [Guia do alfabeto do desenho], de Armand Cassagne. Eram livros grossos, com exercícios graduais em que o aspirante a artista podia trabalhar, passo a passo, a fim de aprimorar suas habilidades. De acordo com seus biógrafos, van Gogh "devorou esses calhamaços, página por página, sem cessar". O próprio contou ao irmão, Theo: "Agora terminei todas as sessenta folhas", e acrescentou: "Trabalhei por quase quinze dias, de manhã até a noite." Outra estratégia que adotou desde cedo e que continuaria a usar ao longo da carreira foi copiar. *O semeador*, de Jean-François Millet, era um dos quadros que ele gostava de copiar, o que ele fez diversas vezes. O holandês também se dedicou desde cedo a desenhar cenas da vida, principalmente retratos de modelos, o que exigia muito esforço devido a sua dificuldade de fazer esboços precisos.

Vincent van Gogh estudou a partir de outros artistas, amigos e mentores. Anthon van Rappard o convenceu a experimentar pena de junco e nanquim e a adotar o estilo maduro do artista, com pinceladas curtas e rápidas. Outro artista, Anton Mauve, persuadiu-o a tentar materiais diferentes: carvão e giz, aquarela e creiom Conté. Muitas vezes, essas tentativas não davam certo. Durante o tempo que passaram juntos na casa em que mais tarde van Gogh cortaria a própria orelha, Paul Gauguin incentivou o holandês a pintar de memória, atenuar as cores e empregar novos materiais para obter efeitos variados. Essas táticas não funcionaram para van Gogh, cuja dificuldade em fazer esboços piorava quando não tinha a cena diretamente a sua frente. Os materiais diferentes também não combinavam com o estilo que depois o faria famoso. Mas experimentos não precisam ser sempre bem-sucedidos para ter seu valor, e van Gogh teve muitas oportunidades para tentar novas técnicas.

O artista experimentava não apenas materiais e métodos, mas também as filosofias que sustentavam sua arte. Embora seja mais famoso por suas cores fortes e vibrantes, essa não era sua intenção inicial. Originalmente, era um pintor inclinado à profundidade dos tons atenuados e cinzentos, como encontramos em uma obra inicial como *Os comedores de batatas*. "Dificilmente existe alguma cor que não seja cinza", argumentou. "Na natureza, na verdade não se vê nada além desses tons e sombras." Ele estava completamente convencido disso e baseava seu trabalho nessa ideia. No entanto, ele depois passaria para o exato oposto: cores brilhantes e complementares, muitas vezes impostas à cena em vez de retiradas da natureza. Sua opinião sobre os movimentos artísticos contemporâneos flutuava; se no começo preferia a pintura tradicional ao Impressionismo, depois ele passou para a vanguarda, preferindo contornos grossos à verossimilhança.

Percebemos duas coisas importantes nas experiências artísticas de van Gogh. A primeira é a variedade de métodos, ideias e recursos de que ele lançou mão. Diante de sua dificuldade com vários aspectos da pintura, creio que a variação foi importante até que encontrasse um estilo que funcionasse para ele, um que aproveitasse seus pontos fortes e atenuasse a influência de suas fraquezas. Virtuoses podem ser capazes de dominar o primeiro estilo de instrução a que são apresentados e segui-lo até o fim, mas outros indivíduos precisam de uma boa quantidade de experimentações antes de achar o método correto. A segunda coisa importante é a intensidade. Como todos os ultra-aprendizes, van Gogh era persistente em seus esforços para se tornar pintor. Apesar dos retornos negativos e do desencorajamento, ele buscou sua arte incansavelmente, às vezes produzindo um quadro novo todo dia. Esses dois fatores, variação e exploração agressiva, permitiram-no superar os obstáculos iniciais e produzir algumas das obras mais icônicas e brilhantes do mundo.

EXPERIMENTAÇÃO É A CHAVE DA MAESTRIA

Quando começamos a aprender uma nova habilidade, em geral basta seguir o exemplo de alguém que esteja em um nível mais avançado. Quando discutimos os princípios do ultra-aprendizado, primeiro veio a meta-aprendizagem: compreender como um tema se divide em elementos e ver como outras pessoas o aprenderam anteriormente para ter vantagem na partida. No entanto, à medida que você desenvolve sua habilidade, costuma não ser mais suficiente simplesmente seguir exemplos; você precisa experimentar e encontrar seu próprio caminho. Um dos motivos disso é que a parte inicial do aprendizado tende a ser percorrida por mais gente e contar com mais formas de apoio, já que todos começam do mesmo lugar. À medida que você desenvolve habilidades, porém, não apenas restam menos pessoas que possam ensiná-lo e menos colegas de turma (diminui a oferta de livros, aulas e instrutores), como você também começa a divergir dos demais. Enquanto dois iniciantes têm conhecimentos e habilidades bem parecidos, dois especialistas costumam ter conjuntos bem diferentes de habilidades já assimiladas, o que torna o aprimoramento delas uma aventura cada vez mais personalizada e idiossincrática.

Um segundo motivo do valor da experimentação à medida que você se aprimora é que, depois de dominar os fundamentos daquelas habilidades, é mais provável que elas estagnem. O aprendizado é cumulativo. Você assimila novos fatos, conhecimentos e capacidades de lidar com problemas que antes não sabia como resolver. Melhorar a partir desse ponto, porém, vai se tornando cada vez mais um ato de desaprendizado; você deve não apenas aprender a resolver problemas anteriormente impossíveis, como também desaprender abordagens obsoletas e ineficazes de resolução. A diferença entre um programador iniciante e um expert não costuma ser a incapacidade do novato de resolver certos problemas. Na verdade, a diferença é que o expert sabe a melhor maneira de lidar com o contratempo, a mais eficiente e que causará o mínimo de dor de cabeça mais tarde. Quando o domínio passar de um processo de acumulação para um processo de desaprendizado, a experimentação vira sinônimo de aprendizado, porque você se obriga a sair da zona de conforto e a tentar coisas novas.

Uma última razão para a importância crescente da experimentação quanto mais você se aproxima do domínio do tema é que muitas habilidades recompensam não somente a proficiência, mas também a originalidade. Um grande matemático é aquele que consegue resolver problemas que os outros não conseguiram, e não apenas alguém que pode resolver com facilidade problemas já solucionados. Líderes bem-sucedidos no mundo dos negócios são aqueles que conseguem identificar oportunidades que os demais não viram, não aqueles que meramente copiam estilos e estratégias já empregados. Na arte, não foi apenas a habilidade, mas a originalidade que fez de van Gogh um dos pintores mais celebrados da história. Quando a criatividade se torna valiosa, a experimentação se torna essencial.

TRÊS TIPOS DE EXPERIMENTAÇÃO

É possível perceber que a experimentação se desenrola em diferentes níveis, tanto no percurso de van Gogh como artista quanto como um modelo para sua própria exploração:

1. Experimentando recursos de aprendizagem

O primeiro espaço de experimentação são os métodos, os materiais e os recursos usados para aprender. Van Gogh fez isso extensivamente no começo da carreira, testando diferentes suportes artísticos, materiais e técnicas de aprendizagem: fez cursos em casa, observou colegas, desenhou cenas da vida e no ateliê, entre outras estratégias. Esse tipo de experimentação pode ajudá-lo a descobrir os caminhos e recursos que funcionam melhor para você. É importante, no entanto, que seu impulso de experimentar seja acompanhado pela disposição de fazer o trabalho necessário. Embora van Gogh tenha tentado muitas abordagens quando começou a aprender sozinho a desenhar e pintar, ele também produziu uma quantidade enorme de obras baseadas em cada um desses métodos.

Uma boa estratégia é escolher um recurso (talvez um livro, um curso ou um método de aprendizagem) e empregá-lo rigorosamente por um período predeterminado. Uma vez que tenha se dedicado agressivamente a isso, chegará o momento de parar e avaliar o desempenho para ver se faz sentido continuar com essa abordagem ou tentar outra.

2. Experimentando técnicas

No início, a experimentação tende a se concentrar em materiais. Todavia, na maioria dos campos de aprendizagem, as opções do que aprender a seguir aumentam cada vez mais depressa e a pergunta deixa de ser "Como posso aprender isto?" e se torna "O que eu deveria aprender depois?". Idiomas são um exemplo primordial. Quase todos os recursos para iniciantes compartilham o mesmo conjunto básico de palavras e frases. À medida que você progride, porém, a quantidade de coisas que pode aprender a seguir vai ficando maior. Você deveria aprender a ler literatura? A conversar fluentemente sobre um tema profissional? Ler quadrinhos? Ter discussões de negócios? O vocabulário e as frases especializados e o conhecimento cultural em cada campo se multiplicam e a pessoa precisa escolher o que treinar.

Mais uma vez, a experimentação tem um papel crucial. Escolha um subtópico dentro da habilidade que está tentando desenvolver, passe algum tempo aprendendo-o agressivamente e depois avalie seu progresso. Você deve continuar nessa direção ou escolher outra? Não há respostas "corretas", mas algumas mais úteis para a habilidade específica que você deseja dominar.

3. Experimentando estilos

Depois que estiver um pouco mais maduro em sua aprendizagem, a dificuldade costuma mudar da busca de recursos ou da escolha de técnicas para o estilo que gostaria de desenvolver. Embora para algumas habilidades exista uma única maneira "correta" de proceder, não é assim na maioria dos casos. Escrita, design, liderança, música, artes e pesquisa são todas atividades que envolvem o desenvolvimento de certo estilo, que têm diferentes prós e contras. Depois que você domina os fundamentos, não existe mais uma maneira "correta" de fazer tudo, mas muitas possibilidades, todas com pontos fortes e fracos. Isso proporciona outra chance de experimentação. Van Gogh testou muitos estilos para produzir sua obra, indo desde os estilos dos pintores tradicionais como Millet até a xilogravura japonesa, e estudou as técnicas usadas por seus amigos artistas como Gauguin e Rappard. Não há uma resposta correta, mas, assim como van Gogh, talvez você descubra que certos estilos funcionam melhor do que outros para a sua combinação de forças e fraquezas.

O segredo para experimentar é ficar atento a todos os estilos que existem. Mais uma vez, van Gogh é um bom exemplo, já que passou uma quantidade enorme de tempo estudando e discutindo os trabalhos de outros artistas. Isso fez com que criasse uma imensa biblioteca mental de estilos e ideias disponíveis que ele podia adaptar a seu próprio trabalho. De maneira similar, você pode identificar os mestres em sua própria linha de estudo e dissecar o motivo de sucesso de seus estilos a fim de ver o que você pode imitar ou integrar a sua abordagem.

Em cada nível de experimentação, as escolhas se expandem e as possíveis opções de exploração aumentam exponencialmente. Há uma tensão, portanto, entre gastar tempo testando recursos, técnicas e estilos diferentes e concentrar seus esforços em uma abordagem única por tempo suficiente para se tornar competente nela. Muitas vezes isso se resolve alternando entre a exploração de um novo aprendizado e dedicação determinada ao aprendizado profundo antes de tentar outra coisa. Quaisquer que tenham sido seus fracassos, foi esse padrão de testar uma ideia e trabalhar nela agressivamente que van Gogh empregou de maneira brilhante.

A MENTALIDADE DA EXPERIMENTAÇÃO

Há paralelos entre a mentalidade necessária para experimentar e o que Carol Dweck, psicóloga de Stanford, chama de mentalidade de crescimento. Em sua pesquisa, ela distingue duas formas de encarar o próprio aprendizado e seu potencial. Na mentalidade fixa, os aprendizes creem que suas características são fixas ou inatas e, portanto, não há razão para aprimorá-las. Na mentalidade de crescimento, pelo contrário, eles encaram sua capacidade de aprendizagem como algo que pode ser ativamente melhorado. De certa maneira, ambas são profecias autorrealizáveis. Aqueles que acham que podem melhorar e crescer assim o fazem; quem pensa ser imutável e fixo permanece parado.

O paralelo com a mentalidade necessária para a experimentação é claro. A base da experimentação é a crença de que é possível aprimorar a maneira como sua abordagem funciona. Se você acha que seu estilo de aprendizagem é fixo ou que você tem certas forças e fraquezas imutáveis que o impedem de testar diferentes abordagens para o uso de suas habilidades, você será completamente incapaz de experimentar.

Vejo a mentalidade experimental como uma extensão da mentalidade de crescimento: enquanto a segunda encoraja você a identificar oportunidades e potenciais de aprimoramento, a primeira estabelece um plano para alcançar essas melhorias. A mentalidade experimental não pressupõe apenas que o crescimento é possível, como também constrói uma estratégia ativa para explorar todas as maneiras possíveis de alcançá-lo. Para entrar no ambiente mental apropriado para a experimentação, é preciso encarar suas capacidades não apenas como algo que pode ser aprimorado, e sim entender que há um grande número de caminhos potenciais para tanto. Eliminar o dogmatismo é a chave para atingir esse potencial.

COMO EXPERIMENTAR

Experimentar parece simples, mas pode ser bem complicado de colocar em prática. A razão é que um surto de atividade aleatória não costuma se traduzir em domínio de uma habilidade. Para funcionar, a experimentação requer compreender quais são os problemas de aprendizado em pauta e buscar resoluções. A seguir, apresento algumas táticas que podem ajudá-lo a incluir a experimentação em seus projetos de ultra-aprendizado.

Tática 1: copie, depois crie

Podemos ver essa primeira estratégia de experimentação no trabalho de van Gogh. Embora seja mais conhecido por suas criações originais, van Gogh também passou muito tempo copiando desenhos e pinturas de outros artistas de quem gostava. Copiar simplifica o problema da experimentação porque proporciona um ponto de partida para tomar suas decisões. Se você está aprendendo a pintar, existem tantos estilos que você pode criar e técnicas que pode adotar que talvez seja difícil ou impossível decidir-se entre eles. No entanto, imitando outro artista é possível ter um ponto de partida para se aventurar mais fundo em sua própria direção criativa.

Essa estratégia tem outra vantagem além de simplificar as escolhas disponíveis. Ao tentar imitar ou copiar algo do qual você gosta, é necessário desconstruir o objeto para entender seu funcionamento. Esse processo costuma realçar o que a outra pessoa faz excepcionalmente bem e que não estava evidente no início. Também pode dissipar possíveis ilusões sobre um aspecto do trabalho que você antes achava que era importante, mas que, durante a imitação, provou-se não ser.

Tática 2: compare métodos lado a lado
O método científico funciona controlando cuidadosamente as condições, de modo que a diferença entre as situações se limite à variável estudada. Você pode empregar o mesmo processo em suas experiências de aprendizagem e variar apenas uma única condição a fim de ver qual é seu impacto. Ao usar duas abordagens lado a lado, você muitas vezes descobre rapidamente não apenas qual delas funciona melhor, mas qual método combina mais com seu estilo pessoal.

Empreguei essa estratégia para aprender vocabulário de francês. Não estava certo de quão eficaz seriam os mnemônicos, então, por um mês, todos os dias, eu preenchia uma lista de cinquenta palavras, colhidas de minhas leituras regulares ou de encontros aleatórios com o idioma. Então, simplesmente examinava a tradução de metade delas no dicionário. Para a outra metade, eu fazia o esforço de usar lembretes visuais a fim de conectar os dois significados. Então eu comparava de quantas das palavras me lembrava de cada lista em um teste posterior, em que as escolhia aleatoriamente de cada lado. O resultado foi aquele que você já deve imaginar depois de ler os capítulos sobre rememoração e retenção: eu me lembrei das palavras que estudei usando mnemônicos quase duas vezes mais. Isso demonstra que criar mnemônicos valeu a pena, mesmo que tenha levado um pouco mais de tempo.

Há duas vantagens de fazer testes com divisão. A primeira é que, como em experiências científicas, você vai obter informações muito melhores sobre qual método funciona melhor se você limitar a variação apenas ao fator que quer testar. A segunda é que, ao resolver um problema de várias maneiras ou empregar estilos variados de solução, você aumenta a abrangência de sua experiência. Obrigar-se a tentar abordagens diferentes é um incentivo para experimentar fora da zona de conforto.

Tática 3: introduza novas restrições
No começo, o desafio do aprendizado é não saber o que fazer. No fim, é achar que já sabe o que fazer. É essa última dificuldade que nos faz retomar velhas rotinas e maneiras de resolver problemas encorajadas pelo hábito. Uma técnica poderosa de desviar das trilhas da rotina é introduzir novas restrições que tornem os velhos métodos impossíveis de usar.

É praticamente um axioma do design que as melhores inovações vêm do trabalho com restrições. Dê ao designer liberdade irrestrita e a solução vai ser, na maioria das vezes, uma bagunça. Por outro lado, ao criar restrições específicas em relação aos procedimentos, você é encorajado a explorar opções menos familiares e a aprimorar as habilidades subjacentes. Como então acrescentar limitações que o forcem a desenvolver novas capacidades?

Tática 4: encontre seu superpoder em híbridos de habilidades diferentes
O caminho tradicional para o domínio de um conhecimento é escolher uma habilidade bem-definida e praticá-la incansavelmente até tornar-se insanamente bom nela. É esse o caminho percorrido

por muitos atletas, que treinam por décadas para aperfeiçoar seu tiro, seu pulo, seu chute ou seu arremesso. No entanto, em muitas habilidades criativas ou profissionais, outro caminho, mais acessível, é combinar habilidades que não necessariamente se sobrepõem a fim de conseguir uma vantagem diferencial sobre aqueles que se especializam em apenas uma coisa. Por exemplo, você pode ser um engenheiro que se torna realmente bom em oratória. Talvez você não seja o melhor engenheiro do mundo, ou o melhor orador, mas, ao combinar essas duas habilidades, você pode se tornar a melhor pessoa para falar de temas de engenharia em conferências em nome da sua empresa, o que lhe proporcionará novas oportunidades profissionais. Scott Adams, o criador de *Dilbert*, atribuía seu próprio sucesso a essa estratégia de combinar sua formação como engenheiro com MBA e sua formação como cartunista.

Esse nível de experimentação também costuma funcionar ao longo de múltiplos projetos de ultra-aprendizado. Depois que completei o Desafio MIT, pude empregar o conhecimento em programação para escrever comandos e criar cartões de resposta para aprender chinês. Esse tipo de sinergia é possível quando você começa a explorar como uma habilidade que você já assimilou impacta outras.

Tática 5: explore os extremos

A arte de van Gogh foi bem além das convenções em muitas dimensões. A maneira espessa como aplicava a tinta estava bem distante das camadas finas de esmalte usadas pelos mestres renascentistas. Suas pinceladas rápidas eram bem mais velozes do que as pinceladas cuidadosas de outros pintores. Suas cores eram fortes, muitas vezes berrantes, em vez de sutis. Se você desenhasse um gráfico que mapeasse o estilo de van Gogh, comparando-o com o de outros pintores, provavelmente veria que ele se encaixava num ponto extremo em muitas dimensões.

Um resultado matemático interessante é que, conforme você atinge dimensões cada vez mais altas, a maior parte do volume de uma esfera com mais dimensões fica perto da superfície. Por exemplo, com duas dimensões (um círculo), menos de 20% de sua massa está contida na casca externa descrita pela décima parte do raio. Com três dimensões (uma esfera), esse número aumenta para quase 30%. Com dez, quase três quartos da massa está nessa camada externa. Você pode imaginar a aprendizagem de um tema complexo como algo semelhante a tentar encontrar um ponto ótimo em uma região do espaço altamente dimensional — embora, em vez de largura, comprimento e altura, as dimensões possam ser as qualitativas do trabalho, como na complementaridade das cores de van Gogh, na aplicação da tinta, ou em algum aspecto da habilidade que possa ser empregado em intensidades diferentes. O que isso significa é que, quanto mais complexo for o domínio de uma habilidade (isto é, quanto mais dimensões ele contiver), mais espaço será tomado por usos que estão no extremo de ao menos uma dessas dimensões. Isso sugere que, para muitas delas, a melhor opção é ir de alguma maneira até o extremo, uma vez que há muito mais possibilidades extremas. Ficar na zona de conforto é nocivo porque lhe permite explorar apenas um pequeno subconjunto das possibilidades.

Ir ao extremo em algum aspecto da habilidade que você está desenvolvendo, mesmo que acabe decidindo voltar até um ponto mais moderado, costuma ser uma boa estratégia exploratória. Ela permite que você pesquise o espectro de possibilidades com mais eficiência, ao mesmo tempo que proporciona uma experiência mais ampla.

EXPERIMENTAÇÃO E INCERTEZA

Aprender é um processo de experimentação sob duas óticas. Primeira, o ato de aprender em si é um tipo de processo de tentativa e erro. Praticar diretamente, obter feedback e tentar evocar as respostas corretas para os problemas são formas de ajustar ao mundo real o conhecimento e as habilidades que você tem em sua cabeça. A segunda maneira é que o ato de experimentar também está presente no processo de testar métodos de aprendizagem. Experimente diferentes abordagens e use aquelas que funcionam melhor para você. Os princípios que tentei formular neste livro devem oferecer bons pontos de partida. Mas eles são guias, não regras pétreas. Pense neles como pontapés iniciais, não linhas de chegada. Apenas pela experimentação é possível encontrar o equilíbrio entre princípios diferentes. Por exemplo, saber quando a prática direta é mais importante e quando você deve se concentrar em repetições, ou se o principal obstáculo a seu aprendizado é retenção ou intuição. Experimentar também vai ajudá-lo a se decidir entre pequenas diferenças de abordagem que não são tratadas exaustivamente por nenhuma lista de princípios.

Ter uma mentalidade de experimentação também vai encorajá-lo a explorar atividades fora da sua zona de conforto. Muitas pessoas agarram-se às mesmas rotinas, ao mesmo conjunto estreito de métodos que empregam para aprender tudo. Como resultado, têm dificuldade para aprender uma porção de coisas porque não sabem a melhor maneira de fazê-lo. Copiar exemplos, fazer testes e ir até extremos são todas maneiras de forçar-se a ir além dos seus hábitos arraigados e tentar algo diferente. Esse processo vai ensiná-lo não apenas princípios abstratos de aprendizagem, mas táticas concretas que combinem com sua personalidade, seus interesses, pontos fortes e fracos. Para você, funciona melhor aprender um idioma por conversação ou recebendo grandes quantidades de informação por meio de filmes e livros? É melhor aprender programação desenvolvendo seu próprio jogo ou trabalhando em projetos de código aberto? Essas questões não têm uma resposta correta, e pessoas diferentes alcançaram sucesso usando uma ampla variedade de métodos.

Minha própria experiência com aprendizagem tem sido de constante experimentação. Na universidade, concentrei-me muito em fazer associações e conexões. No Desafio MIT, mudei o fundamento para a prática. Em minha primeira experiência aprendendo um idioma, fui desleixado, falando inglês na maior parte do tempo. Na segunda, experimentei ir ao extremo oposto, para ver se conseguia evitar esse obstáculo. Frequentemente, foi preciso ajustar meus métodos ao longo do projeto. Mesmo que tenha durado apenas trinta dias, o desafio de desenhar retratos envolveu muitas tentativas e erros, começando com os esboços e, quando meu progresso usando essa abordagem não foi como o esperado, tentei desenhar cada vez mais depressa em busca de mais feedback. Quando isso também atingiu seu limite, passei um tempo aprendendo uma técnica completamente diferente para alcançar maior precisão.

Estão embutidos em meus sucessos muitos fracassos. Quando pensei que conseguiria fazer algo funcionar, acabei falhando miseravelmente. No começo do aprendizado de chinês, achei que poderia usar algum tipo de sistema mnemônico para lembrar as palavras, com cores para entonações e símbolos memorizados para as sílabas. Tentei isso porque meu método normal, de mnemônicos visuais parecidos com os sons, não estava funcionando com palavras que soavam todas diferentes do inglês. O resultado foi um fracasso total: não funcionou nada bem! Outras vezes, meus experimentos com novos métodos tiveram ótimos resultados. A maior parte das técnicas que compartilhei neste livro até agora começou como ideias que eu não tinha certeza se funcionariam.

Experimentação é o princípio que une todos os outros. Não só faz com que você tente coisas novas e realmente pense em como resolver desafios específicos de aprendizagem, como o incentivam a ser inclemente ao descartar métodos que não funcionem. A experimentação cuidadosa não apenas faz florescer o máximo de seu potencial, como elimina maus hábitos e superstições ao colocá-los em prática no mundo real.

CAPÍTULO 13

Seu primeiro projeto de ultra-aprendizado

> O começo é sempre hoje.
> — *Mary Shelley*

Agora você deve estar ansioso para começar seu próprio projeto de ultra-aprendizado. Que coisas você poderia aprender e adiou por medo de se sentir inadequado, frustrado ou por falta de tempo? Que velhas habilidades você poderia desenvolver até outros níveis? O maior obstáculo ao ultra-aprendizado é simplesmente que a maior parte das pessoas não liga o suficiente para a própria autoeducação a ponto de dar a partida. Como você leu até aqui, duvido que este seja seu caso. Aprender, de uma forma ou de outra, é importante para você. A questão é se essa fagulha de interesse vai se tornar uma chama ou vai ser abafada prematuramente.

Projetos de ultra-aprendizado não são fáceis. Demandam planejamento, tempo e esforço. Ainda assim, as recompensas valem o esforço. Ser capaz de aprender coisas difíceis de maneira rápida e efetiva é uma habilidade poderosa. Um projeto bem-sucedido tende a levar a outros. O primeiro projeto costuma ser aquele que requer mais reflexão e cuidado. Um planejamento sólido, bem pesquisado e executado fornece a confiança necessária para enfrentar desafios mais complexos no futuro. Uma tentativa malfeita não é um desastre, mas pode torná-lo relutante em encarar projetos futuros de natureza similar. Neste capítulo, gostaria de contar a você tudo que aprendi sobre como acertar.

PRIMEIRO PASSO: PESQUISE

O primeiro passo de todo projeto é fazer a pesquisa de meta-aprendizagem necessária para ter um bom ponto de partida. Ao planejar os passos seguintes, evitamos muitos problemas e também a necessidade de ter que fazer mudanças drásticas em seu plano de aprendizagem antes de começar a progredir. Pesquisar é um pouco como fazer a mala para uma longa viagem. Você pode não levar os itens certos, ou pode esquecer algo e precisar comprar no caminho. No entanto, pensar com antecedência e fazer as malas corretamente evita uma porção de complicações futuras. A lista de checagem de sua "mala" para o ultra-aprendizado deve incluir, pelo menos:

1. **Que assunto você vai aprender e seu escopo aproximado.** Nenhum projeto de ultra-aprendizado, é claro, pode começar a não ser que você descubra o que quer aprender. Em alguns casos, isso é óbvio. Em outros, você pode precisar pesquisar mais para identificar qual habilidade ou conhecimento seria mais valioso. Se seu objetivo é aprender algo de modo instrumental (para começar um empreendimento, conseguir uma promoção, pesquisar para um artigo), descobrir aquilo de que você precisa é importante e vai sugerir a amplitude e a profundidade a que deve chegar. Sugiro começar com

um escopo fechado, que pode ser expandido à medida que avança. "Aprender mandarim o suficiente para conversar por quinze minutos sobre assuntos simples" é bem mais restrito do que "Aprender mandarim", que inclui ler, escrever, estudar a história e muito mais.

2. **As fontes primárias que você vai usar.** Isso inclui livros, vídeos, aulas, tutoriais, guias e mesmo pessoas que vão funcionar como mentores, instrutores e colegas. É aqui que você decide qual vai ser seu ponto de partida. Exemplos: "Vou ler e preencher os exercícios de um livro sobre programação em Python para principiantes", ou "Vou aprender espanhol por meio de tutoriais online via italki.com", ou "Vou praticar desenho fazendo esboços". Em alguns temas, materiais estáticos é que determinarão como você vai proceder. Em outros, funcionarão como apoio para a prática. Em todo caso, uma vez identificados, compre ou pegue emprestado, ou faça as inscrições necessárias.

3. **Uma referência de como outras pessoas foram bem-sucedidas em aprender o assunto ou a habilidade.** Existem fóruns online para quase toda habilidade popular, onde aqueles que aprenderam a habilidade anteriormente dividem suas abordagens. Procure saber quais são as estratégias de aprendizes anteriores. Mas lembre-se de que isso não significa que você precisa seguir exatamente esses passos; é apenas uma forma de impedir que você deixe passar por completo algo importante. O Método da Entrevistar Especialistas, apresentado no Capítulo 4, é um bom caminho para isso.

4. **Atividades de prática direta.** Toda habilidade ou assunto que você esteja aprendendo vai, no final, ser usado em algum lugar, mesmo que seja apenas para aprender outra coisa. Pensar em como aplicar essa habilidade pode ajudá-lo a encontrar

oportunidades de praticá-la tão cedo quanto possível. Se a prática direta for impossível, ainda assim pense sobre como experienciá-la de formas que imitem as demandas mentais em questão.

5. **Materiais e exercícios de apoio.** Além dos métodos e materiais principais que você vai usar, é uma boa ideia procurar por materiais de apoio e exercícios de repetição. Eles em geral são úteis, mas sem exageros, porque você não vai querer se sobrecarregar no começo.

SEGUNDO PASSO: ORGANIZE SEU TEMPO

Seu projeto de ultra-aprendizado não precisa ser um empreendimento intensivo e de tempo integral para ser bem-sucedido. No entanto, vai demandar algum investimento de tempo, e é melhor decidir de antemão quanto tempo você quer dedicar do que simplesmente torcer para encontrar tempo mais tarde. Há duas boas razões para planejar sua agenda. A primeira é que, assim, você prioriza subconscientemente seu projeto antes de outras atividades. A segunda é que aprender muitas vezes é frustrante e é quase sempre mais fácil ficar no Facebook, no Twitter ou na Netflix. Se você não separar tempo para aprender, vai ser muito mais difícil reunir a motivação para estudar.

A primeira decisão a ser tomada é definir quanto tempo vai dedicar à experiência. Essa parte costuma ser ditada pela agenda. Talvez você tenha um período sem trabalho que permita aprendizado intensivo, mas apenas por um mês. Ou uma agenda cheia, que permita que você dedique apenas umas poucas horas por semana. Seja qual for sua disponibilidade de tempo, decida com antecedência.

A segunda decisão é quando isso vai se dar. Durante algumas horas no domingo? Acordando uma hora mais cedo e estudando antes do trabalho? À noite? Nos intervalos de almoço? Mais uma vez, o melhor é fazer aquilo que se encaixa melhor em sua agenda. Eu recomendo planejar um cronograma constante, que seja igual toda semana, em vez de tentar encaixar o aprendizado quando for possível. Constância alimenta bons hábitos, reduzindo o esforço necessário para o estudo. Se você não tiver nenhuma escolha, uma agenda *ad hoc* é melhor do que não ter nenhuma, mas tenha em mente que ela exige mais disciplina.

Se você tem alguma flexibilidade, pode tentar otimizá-la. Pedaços de tempo mais curtos e espaçados funcionam melhor para a memorização do que períodos amontoados. Alguns tipos de atividade, como escrever ou programar, porém, têm um longo período de aquecimento e podem funcionar melhor em sessões ininterruptas. A melhor maneira de descobrir o que é melhor para você é praticar; se descobrir que leva mais tempo para entrar no ritmo, escolha períodos mais longos. Se descobrir que consegue trabalhar bem poucos minutos depois de começar, intervalos menores de tempo espalhados vão ser úteis para a retenção de longo prazo.

A terceira decisão é a duração do projeto. Eu costumo preferir comprometimentos mais curtos porque é mais fácil mantê-los. Um projeto intensivo que dure um mês tem menos chances de ser interrompido pela vida ou por uma mudança ou um enfraquecimento da motivação. Se você quiser atingir um objetivo importante, que não possa ser feito em uma janela pequena de tempo, sugiro quebrá-lo em múltiplos objetivos menores de um mês cada.

Por fim, junte todas essas informações e coloque no calendário. Agendar todas as horas de dedicação ao projeto tem muitas vantagens. Do ponto de vista logístico, vai ajudá-lo a identificar possíveis conflitos no cronograma devido a férias, trabalho ou eventos familiares, e do psicológico, vai ajudá-lo a se lembrar de seguir seu plano inicial melhor do que se ele estivesse escrito em uma folha de papel guardada em uma gaveta. Além disso, o ato de programar a agenda demonstra sua seriedade em levar o projeto a cabo.

Eu consigo me lembrar claramente de anotar em minha agenda hipotética de estudo antes de começar o Desafio MIT. Devia estar acordado e estudando às sete da manhã e trabalhar até seis da tarde, parando apenas brevemente para almoçar. Embora meu cronograma real, na prática, raramente tenha alcançado esse ideal (mesmo em meus dias mais intensivos, logo no início, eu quase nunca estudava onze horas direto), o simples ato de anotar o cronograma ajudava a me preparar psicologicamente para o restante do projeto. Se você está reticente em gastar um tempo com o cronograma, é quase certo que vai hesitar em gastar tempo estudando. Se você está indeciso nessa fase, esse é um forte sinal de que seu coração ainda não está no lugar certo para começar o projeto.

Como um passo extra para aqueles que estão embarcando em projetos mais longos, com seis meses ou mais, eu recomendo enfaticamente que você teste sua agenda antes. Isso é simples: experimente o cronograma por uma semana antes de se comprometer com ele. Você vai saber, em primeira mão, quão difícil ele será e vai evitar o excesso de confiança. Se você já se sentiu exausto depois dessa primeira semana, pode precisar fazer ajustes. Não é vergonhoso voltar atrás e reformular seu planejamento para que se adapte melhor à sua vida. Fazer isso é bem melhor do que desistir no meio do caminho porque seu plano estava condenado desde o início.

TERCEIRO PASSO: EXECUTE SEU PLANEJAMENTO

Seja qual for o planejamento que você fez, agora é hora de botá-lo em prática. Nenhum planejamento é perfeito, e você talvez perceba que suas práticas estão longe do ideal segundo os princípios do ultra-aprendizado. Pode perceber que seu plano se baseia demais em leitura passiva, e não em prática de recuperação. Pode notar que a maneira como está praticando afasta-se muito de onde você realmente deseja aplicar sua habilidade. Pode sentir que está se esquecendo de coisas ou memorizando sem realmente entendê-las. Tudo bem. Em alguns casos, você não vai conseguir a abordagem perfeita porque os recursos para isso não existem. No entanto, conseguir identificar se a metodologia está ou não alinhada com os princípios é um bom modo de descobrir mudanças que você pode fazer para aprimorá-la.

Eis algumas perguntas que você pode se fazer para determinar se está se afastando do ideal:

1. **Meta-aprendizagem.** Eu pesquisei quais são as maneiras típicas de aprender o assunto ou a habilidade? Eu entrevistei aprendizes bem-sucedidos para saber quais recursos e conselhos eles recomendam? Gastei cerca de 10% do tempo total preparando meu projeto?
2. **Foco.** Estou concentrado em meus momentos de aprendizado, ou estou distraído e fazendo várias tarefas ao mesmo tempo? Estou pulando sessões ou procrastinando? Quando começo uma sessão, quanto tempo passa antes que eu chegue a um bom ritmo? Quanto tempo mantenho essa concentração antes que minha mente comece a divagar? Minha atenção é focada ou deveria melhorar? Ela é mais objetiva e intensa ou mais difusa e criativa?
3. **Prática direta.** Estou aprendendo a habilidade da maneira que irei aplicá-la ao final? Se não, que processos mentais estão faltando em minha prática que existem no ambiente real? Como posso praticar a transferência do conhecimento que aprendi nos livros, nas aulas e nos vídeos para o mundo real?

4. **Repetição.** Estou me concentrando nos pontos mais fracos do meu desempenho? Qual é a etapa que limita a taxa de aprendizado e que está me atrapalhando? Parece que meu aprendizado está desacelerando ou que estou dominando componentes demais da habilidade? Se for o caso, como posso dividir uma habilidade complexa a fim de trabalhar em componentes menores e mais manejáveis?
5. **Recuperação.** Estou gastando a maior parte do tempo lendo e revisando, ou estou resolvendo problemas e relembrando os elementos sem recorrer às anotações? Consigo me testar de algum modo ou apenas presumo que vou me lembrar? Consigo explicar com sucesso o que aprendi ontem, na semana passada ou há um ano? Como descubro se sou capaz?
6. **Feedback.** Recebo desde o princípio feedback sincero sobre meu desempenho, ou estou tentando me esquivar das críticas? Sei o que estou e o que não estou aprendendo bem? Estou usando o feedback corretamente, ou reajo com exagero aos ruídos na informação?
7. **Retenção.** Tenho um plano para me lembrar do que estou aprendendo a longo prazo? Estou espaçando o tempo que me exponho à informação a fim de que ela permaneça mais tempo? Estou transformando conhecimento factual em procedimento a fim de retê-lo? Estou superaprendendo os aspectos mais determinantes da habilidade?
8. **Intuição.** Entendo profundamente ou apenas memorizo o que estou aprendendo? Sou capaz de ensinar para outra pessoa as ideias e os procedimentos que estou estudando? Está claro para mim por que aquilo que estou aprendendo é verdadeiro, ou tudo parece arbitrário e desconexo?
9. **Experimentação.** Estou apegado aos recursos e às técnicas que uso neste momento? Preciso ramificar minha abordagem e

tentar outras a fim de atingir meu objetivo? Como posso ir além do domínio dos fundamentos e criar um estilo único para resolver os problemas criativamente e fazer o que outras pessoas ainda não exploraram?

Juntos, esses princípios servem de guia, não são destinos em si. Em cada caso, busque perceber como você atualmente está progredindo com seus materiais e pensar em outras abordagens. Talvez você precise mudar de recursos? Talvez aferrar-se aos mesmos, mas passar mais tempo em um tipo diferente de prática? Deveria procurar novos ambientes para retorno, prática direta ou imersão? São todos ajustes sutis que você pode fazer ao longo do caminho.

QUARTO PASSO: REVISE SEUS RESULTADOS

Depois que tiver terminado o projeto (ou se você tiver que paralisá-lo por algum motivo), passe algum tempo analisando-o. O que correu bem? O que deu errado? O que você deveria fazer da próxima vez para evitar cometer os mesmos erros?

Nem todos os seus projetos serão bem-sucedidos. Eu estou satisfeito com alguns dos que fiz, mas outros não correram tão bem quanto eu esperava. Embora a tendência seja culpar a motivação ou a força de vontade, é muito comum que o problema possa ser rastreado até a concepção. Eu trabalhei em um projeto que pretendia melhorar meu coreano depois da viagem, me dedicando cinco horas por semana. Não foi tão bem-sucedido quanto o esperado porque desde o princípio não dediquei tempo suficiente à prática direta e imersiva. Em vez disso, meu método de estudo dependia muito de livros de exercícios, que são chatos e não faziam bem a transferência para o mundo real. Se eu tivesse refletido melhor, teria gastado anteriormente uma semana ou duas tentando encontrar lugares para praticar, em vez de tentar mudar no meio do caminho, quando já estava perdendo a motivação. Essa dificuldade ilustra como dominar os princípios é um processo para toda a vida. Mesmo depois de minhas experiências aprendendo idiomas, conhecendo o que funciona bem, eu caí em uma abordagem menos eficiente porque não planejei meu projeto de forma adequada. Em outros casos, um projeto pode não funcionar como você esperava, mas aquela lição ainda assim será valiosa. Comecei a tentar aprender ciência cognitiva mais profundamente a partir de uma lista de livros. No final, porém, uma boa parte daquele projeto transformou-se em um desejo de pesquisar para este livro, o que me pôs em contato com bastante pesquisa científica, agora combinada com um objetivo de aplicá-la de maneira direta.

Vale a pena analisar também seus projetos bem-sucedidos. Muitas vezes eles dizem mais do que seus fracassos, porque as razões de sucesso de um projeto são, no fundo, os elementos que você quer reter e replicar no futuro. No ultra-aprendizado, assim como na autoeducação, o objetivo não é apenas aprender uma habilidade ou assunto, mas afinar e aprimorar seu processo global de aprendizagem. Cada projeto bem-sucedido pode ser refinado e melhorado para o seguinte.

QUINTO PASSO: ESCOLHA ENTRE MANTER E DOMINAR O QUE APRENDEU

Depois que você aprendeu sua habilidade e analisou seus esforços, você tem uma decisão a tomar: o que deseja fazer com essa habilidade? Sem planejamento, a maior parte do conhecimento acaba sumindo. Isso pode ser atenuado um pouco se você seguir os princípios do ultra-aprendizado. No entanto, todo conhecimento decai sem alguma forma de intervenção, então a melhor ocasião para descobrir como lidar com isso é logo após ter aprendido algo.

Opção 1: manutenção
A primeira opção é dedicar-se à prática por tempo suficiente para manter a habilidade, mas sem nenhum objetivo concreto de atingir novos níveis. Muitas vezes, isso é possível estabelecendo o hábito da prática regular, mesmo que mínima. Como mencionei no capítulo sobre retenção, uma das minhas preocupações depois do projeto de passar um ano sem falar inglês era que aprender idiomas de maneira tão intensiva em um período curto poderia levar não apenas ao aprendizado rápido, mas ao esquecimento rápido. Sendo assim, me esforcei a continuar praticando depois que viagem terminou, gastando meia hora por semana com cada idioma no primeiro ano, e meia hora por mês no ano seguinte.

Outra opção é tentar integrar a habilidade à sua vida. É assim que mantenho minhas habilidades em programação: escrevendo comandos em Python para lidar com tarefas que de outra maneira seriam complicadas ou incômodas. Esse tipo de prática é mais esporádica, mas garante que a habilidade está em condição boa o suficiente para permanecer útil. Esse tipo de uso moderado está bem distante dos algoritmos e da matemática profunda que aprendi no Desafio MIT, mas é o bastante para começar com o pé direito caso queira embarcar em um projeto maior mais tarde.

O esquecimento, como descobriu Hermann Ebbinghaus há mais de cem anos, diminui seguindo uma curva que decai exponencialmente. Isso significa que, à medida que as memórias são retidas por mais tempo, torna-se cada vez menos provável que sejam esquecidas quando você as procura mais tarde. Esse padrão sugere que a prática para manutenção também pode diminuir segundo uma taxa de decaimento, uma vez que a parte principal do conhecimento que você adquiriu vai se preservar. Por isso, pode valer a pena começar com uma rotina de prática mais séria, reduzir o tempo gasto nela um ano ou dois depois da conclusão do projeto, e ainda assim permanecer com a maior parte dos benefícios.

Opção 2: reaprender

Esquecer não é o ideal, mas, para muitas habilidades, os custos de reaprender mais tarde são menores do que os custos de mantê-las continuamente afiadas. Há algumas razões para isso. Primeiro, você pode ter aprendido mais do que realmente precisa, então, se um pouco do conhecimento diminuir seletivamente por falta de uso, ele se torna automaticamente o conhecimento menos importante que você assimilou. Estudei uma porção de matérias do MIT que, acredito, nunca mais vou usar, embora entender a essência delas possa se mostrar conveniente no futuro. Portanto, manter atualizada minha capacidade de provar teoremas de lógica modal, por exemplo, tem apenas um valor marginal. Saber o que é lógica modal e onde ela pode ser aplicada, caso eu deseje aprender algo que exija isso, é o suficiente.

 Reaprender costuma ser mais fácil do que aprender pela primeira vez. Embora o desempenho nos testes piore de maneira drástica, é provável que o conhecimento esteja apenas inacessível, e não completamente esquecido. Isso significa que fazer um curso de atualização ou uma série prática pode ser suficiente para reativar a maior parte da habilidade em uma fração do tempo necessário para aprender da primeira vez. Essa pode ser a estratégia ideal para assuntos que você precisar usar com pouca frequência, ou quando as situações para usá-los não surgem inesperadamente. Muitas vezes, reconhecer que certo domínio do conhecimento ajuda em um tipo específico de problema é mais importante do que saber os detalhes para resolvê-lo, uma vez que esses podem ser reaprendidos, mas esquecer como reconhecer aquele saber impede que você chegue à solução dos impasses.

Opção 3: chegar à maestria
A terceira opção, é claro, é mergulhar fundo na habilidade que você aprendeu. Isso pode ser feito por meio da prática contínua em um ritmo mais leve ou iniciando logo outro projeto de ultra-aprendizado. Um padrão comum que percebi em mim é um projeto inicial cobrir um território mais amplo e alguns fundamentos e expor novos caminhos de aprendizagem antes ocultos. Você pode identificar um subtópico ou ramo da habilidade no interior do domínio que estava aprendendo e desejar segui-lo, ou pode decidir transferir uma já dominada para um novo domínio. Um dos meus objetivos depois de voltar da China era ler melhor em chinês, o que havia sido uma meta apenas incidental quando viajei para lá.

O domínio de um conhecimento é um caminho longo, que vai muito além de um único projeto. Às vezes, superar as barreiras no seu esforço inicial basta para começar um processo lento de acumulação em direção à maestria. Em muitos domínios, começar é bem frustrante, então é difícil praticar sem certa quantidade de esforço. Depois que esse limite é atingido, porém, o processo passa a ser acumular grandes blocos de conhecimento e, portanto, pode ser tocado em um ritmo mais paciente. Por outro lado, alguns projetos vão emperrar, e você vai precisar gastar um tempo desaprendendo e enfrentar de novo as frustrações se quiser avançar. Nesses tipos de projeto, os métodos precisos e agressivos do ultra-aprendizado serão mais valiosos para atingir o domínio da habilidade.

ALTERNATIVAS AO ULTRA-APRENDIZADO: HÁBITOS DE BAIXA INTENSIDADE E INSTRUÇÃO FORMAL

No começo deste livro, observei que o ultra-aprendizado é uma estratégia. Isso implica que ela é boa para resolver certos problemas. Uma vez que é uma prática ainda incomum, quis que o foco do livro caísse nessa tática, em vez de tentar oferecer uma descrição difusa de todas as maneiras possíveis de aprender com eficiência. Agora que já fiz isso, porém, acho que vale a pena mencionar duas técnicas que podem funcionar junto ao ultra-aprendizado em diferentes contextos.

Nenhum dos ultra-aprendizes que conheci abordava a aprendizagem da mesma maneira em cada tipo de projeto. Benny Lewis, por exemplo, empreende projetos intensivos para aprender idiomas, mas aprendeu a maior parte deles em visitas recorrentes aos países em que são falados, aprofundando-se cada vez mais nos que assimilou previamente em períodos intensivos. Roger Craig aprendeu agressivamente como vencer em *Jeopardy!*, mas também se engajou em adquirir conhecimentos gerais de modo mais lento quando sua participação no programa não era iminente. Ser um ultra-aprendiz não significa que tudo que a pessoa aprende deve ser assimilado da maneira mais agressiva e radical possível. Quero falar brevemente de duas das principais estratégias alternativas ao ultra-aprendizado a fim de ver se se encaixam no quadro maior de uma vida dedicada a aprender.

Estratégia alternativa 1: hábitos de baixa intensidade
Hábitos de baixa intensidade funcionam bem quando o engajamento com o aprendizado é espontâneo, o nível de frustração é baixo e a recompensa por aprender é automática. Nesses casos, quando obstáculos ao aprendizado são relativamente pequenos, tudo que você tem

de fazer é estar lá. Nenhum projeto sofisticado, princípio ou esforço é necessário. Uma vez que tiver atingido um nível conversacional num idioma, por exemplo, muitas vezes é bem fácil viajar e viver em um país onde ele é falado, acumulando cada vez mais vocabulário e conhecimento ao longo de um período maior. De maneira similar, uma vez que você se tornou bom o suficiente em programação para usar o conhecimento no trabalho, o próprio vai incentivá-lo a aprender coisas novas em um ritmo regular. Se você dominou os fundamentos de um assunto de modo que consegue ler livros mais aprofundados sobre ele e sobre o tema vai depender principalmente de ter tempo para isso, não de desenvolver estratégias engenhosas de aprendizagem.

É claro, há um espectro de hábitos, que vai desde o engajamento espontâneo, com zero esforço, até a aquisição rápida de habilidades por meio do ultra-aprendizado, com muito esforço. A maior parte dos hábitos está entre os extremos, exigindo um pouco de trabalho, mas talvez não a intensidade em grande escala de um projeto de ultra-aprendizado. Você pode ter aprendido Excel o suficiente para criar seus próprios macros, mas talvez não encontre sempre oportunidades ou tempo de usar essa habilidade, então precisa forçar-se a praticar um pouco. Você pode ter aprendido oratória bem, mas ainda precisa de coragem para subir no palco. Escolher entre estabelecer hábitos de longo prazo ou criar um projeto concentrado não costuma ser uma decisão óbvia e pode depender mais da sua personalidade e das restrições do dia a dia do que de regras rígidas.

Hábitos tendem a funcionar melhor quando o ato de aprender é principalmente um processo cumulativo, de acréscimo de novas habilidades e conhecimentos. O ultra-aprendizado e esforços mais deliberados funcionam melhor em campos que exigem habilidades ou comportamentos pouco eficazes. Aumentar seu vocabulário em um idioma novo tende a ser um processo lento; você está aprendendo palavras que não conhecia antes. Melhorar a pronúncia, por outro lado, é um ato de desaprendizado. Você vai treinar o uso de movimentos musculares diferentes, que não são naturais para você. O ultra-aprendizado também tende a funcionar melhor em campos em que existem mais barreiras de frustração ou obstáculos psicológicos que tornam as práticas um esforço grande demais para virar um hábito corriqueiro.

Ao longo deste livro, exploramos os prós e contras de fazer o que é eficiente para o aprendizado e o que é fácil e prazeroso. Às vezes, o que é divertido não é muito eficiente, e o que é muito eficiente não é fácil. Esses prós e contras podem incentivar você a escolher as formas mais fáceis e prazerosas de aprendizado e sacrificar um pouco a eficácia. No entanto, por experiência própria percebi que o prazer vem de se tornar bom em determinada coisa. Uma vez que você se sente competente, o processo começa a ficar muito mais divertido. Portanto, embora possa existir uma tensão entre os dois no curto prazo, embarcar em projetos agressivos de ultra-aprendizado costuma ser uma maneira mais segura de ter prazer aprendendo mais, uma vez que é mais provável que você atinja um nível em que se torne automaticamente divertido.

Estratégia alternativa 2: educação formal estruturada
No começo deste livro, expliquei que o ultra-aprendizado é autodirigido, mas não necessariamente solitário. Autodirigir-se tem a ver com quem toma as decisões, não com o envolvimento de outras pessoas. Portanto, não há contradição em embarcar em uma experiência dentro de uma escola ou universidade. Essa pode ser a melhor maneira de aprender as habilidades que você deseja. Basta tratar a faculdade como qualquer outro recurso.

A despeito dessa distinção, acho que vale a pena falar de outros motivos para seguir uma educação formal no lugar do ultra-aprendizado. O mais óbvio é que você adquire títulos. Se eles são necessários ou recomendados para a linha de trabalho que escolheu, você pode precisar fazer sacrifícios para consegui-los. A mensagem deste livro não é que você largue a escola para aprender sozinho, mas que assuma o controle de seu próprio aprendizado, onde quer que ele ocorra. Outro motivo de seguir uma educação formal é que ela cria um ambiente de aprendizado que pode ser vantajoso. Embora muitos aspectos dessa abordagem sejam lamentavelmente indiretos e ineficazes, outros se saem bem melhor. Escolas de design e de artes costumam funcionar como um estágio de treinamento. Alguns programas oferecem projetos em grupo que são difíceis de começar por conta própria. Por fim, as pós-graduações criam comunidades que possibilitam a imersão, de modo que você assimile não apenas as ideias descritas em livros e artigos, mas também as que são comunicadas indiretamente entre especialistas em seus campos. O ultra-aprendizado não é uma recusa dessas oportunidades, e eu me desapontaria se interpretassem este livro como uma argumentação de que elas não existem ou de que seria melhor substituí-las por esforços solitários. A mentalidade a ser cultivada não é de rejeição absoluta ao que for lento ou padronizado, mas reconhecer que as possibilidades de aprendizagem são consideravelmente mais amplas do que parece à primeira vista.

APRENDER A VIDA TODA

O objetivo do ultra-aprendizado é expandir as oportunidades disponíveis para você, não diminuí-las. É também sobre como criar novos caminhos para aprender e incentivá-lo a trilhá-los de modo agressivo em vez de ficar esperando timidamente à margem. Não é um método que vai funcionar para todo mundo, mas, para aqueles que se sentirem inspirados a usá-lo, espero que ofereça um ponto de partida.

CAPÍTULO 14

Uma educação não convencional

> Dê-me uma dezena de crianças saudáveis e bem-educadas, para ser criadas em meu próprio mundo específico, e eu garanto que pego uma ao acaso e a treino para virar qualquer tipo de especialista que eu escolher — médico, advogado, artista, mercador ou, sim, até mesmo um pedinte ou um ladrão.
> — *John Watson, psicólogo*

Judit Polgár é considerada por muitos a melhor jogadora de xadrez de todos os tempos. Aos 7 anos, venceu sua primeira partida contra um mestre enxadrista jogando às cegas. Aos 12, ocupava a posição 55 entre todos os jogadores do mundo no ranking da Fédération Internationale des Échecs (FIDE, Federação Internacional de Xadrez). Aos 15, tornou-se a enxadrista mais jovem a se tornar grande mestre na história, ultrapassando o recorde anterior, do famoso Bobby Fischer, por um mês. No auge, Polgár ficou em oitavo no ranking mundial e competiu no Campeonato Mundial de Xadrez, a única mulher a participar da competição na história.

O xadrez é um jogo dominado por homens adultos. Assim, uma jovem competir certamente levantaria tanto curiosidade quanto preconceito dos rivais. O grande mestre Edmar Mednis, que enfrentou a jovem Polgár, observou que jogou de maneira muito cuidadosa contra o jovem prodígio, comentando que "grandes mestres não gostam de perder para garotas de 10 anos, porque se isso acontece vão estar na capa de todos os jornais". Alguns de seus rivais celebraram a genialidade evidente de Polgár. O grande mestre Nigel Short disse que Polgár devia ser um dos "três ou quatro grandes prodígios do xadrez da história". Mikhail Tal, ex-campeão mundial, sugeriu, quando Polgár ainda tinha 12 anos, que ela poderia aspirar ao campeonato mundial.

Garry Kasparov estava menos convencido. O ex-campeão mundial tem sido considerado por muitos o melhor enxadrista da história. Ele é mais conhecido por suas partidas contra o Deep Blue, um computador enxadrista da IBM. Venceu da máquina em 1996 e perdeu em 1997, o que marcou a transição para o domínio da máquina em um jogo que historicamente foi considerado uma das maiores expressões da criatividade e da inteligência humana. Kasparov estava menos do que entusiasmado pelas possibilidades da jovem Polgár. "Ela tem um talento fantástico para o xadrez, mas ela é, afinal, uma mulher. Tudo se resume às imperfeições da psique feminina. Nenhuma mulher suporta batalhas prolongadas."

Esse preconceito casual transformou-se em uma controvérsia explosiva durante a primeira partida entre os dois. Polgár, então com apenas 17 anos, sentou-se para jogar com a lenda do xadrez, ex-campeão mundial, em um torneio em Linares, na Espanha. Embora o xadrez costume ser visto como frio e racional, enquanto os dois jogadores calculavam movimentos com precisão para alcançar o resultado final, o efeito psicológico de encarar o jogador russo não podia ser subestimado.

Levando em conta a incrível tensão, foi quase inacreditável quando Kasparov, no movimento 34, pousou o cavalo e, depois de levantar rapidamente os dedos da peça, mudou de ideia e o posicionou em uma casa melhor. Polgár ficou assombrada. De acordo com as regras do xadrez, quando um jogador para de tocar a peça, o movimento foi feito; nenhuma mudança é permitida. Meio descrente do que via, ela olhou para o juiz, esperando que ele indicasse que Kasparov havia trapaceado. Apesar disso, o juiz não desafiou o grande mestre. Confusa depois do movimento, Polgár perdeu o jogo.

Quando perguntaram a ela por que não havia ela própria apontado o movimento ilegal, Polgár explicou: "Eu estava jogando contra o campeão mundial e não queria causar constrangimento em minha primeira participação em um evento importante. Também temi, se minha reclamação não fosse acatada, ser penalizada no relógio quando estávamos sob pressão do tempo." Ainda assim, depois que o jogo terminou, ela estava furiosa. Confrontou Kasparov mais tarde no bar do hotel, perguntando: "Como você pôde fazer isso comigo?" "Ela me acusou publicamente de trapacear", disse Kasparov, defendendo-se da acusação. "Acho que deviam ensinar boas maneiras a uma garota dessa idade." Levaria anos para os dois voltarem a se falar, mas, enquanto Kasparov já era um nome estabelecido no mundo do xadrez, Polgár estava apenas começando.

Polgár é única, não apenas por sua maestria em um jogo dominado por homens, mas pela maneira como aprendeu a jogar. Ao contrário de outros jogadores famosos, como Bobby Fischer, que desenvolveram espontaneamente uma obsessão pelo jogo, a genialidade enxadrística de Polgár não foi um acaso. Na verdade, começou com a missão de um homem de criar crianças geniais.

A FABRICAÇÃO DE UM GÊNIO

Anos antes de Polgár enfrentar o lendário grande mestre, antes de sua ascensão meteórica no xadrez ou mesmo antes de seu primeiro jogo, seu pai, László Polgár, tomou uma decisão: ele criaria um gênio. Enquanto estudava inteligência na faculdade, começou a refletir sobre seu projeto antes de ter filhos ou até mesmo se casar. "Um gênio não nasce, ele é educado e treinado", defendia. Estudando a biografia de centenas de grandes intelectuais, convenceu-se de que a genialidade podia ser fabricada. "Quando olhava as histórias dos gênios", observou mais tarde, "encontrava a mesma coisa… Todos começaram bem jovens e estudaram de maneira intensiva".

Mas primeiro ele precisava encontrar uma parceira para o experimento pedagógico. E ele a encontrou em Klára, uma professora de idiomas ucraniana. Bem diferente de cartas de amor convencionais, ele começou a escrever para ela explicando sua ideia de como criar uma criança genial. Depois de concordar com a proposta, os dois se encontraram e se casaram na União Soviética, mudando-se para a Hungria, país natal de László. O casal teve três filhos, Zsuzsa, Zsófia e Judit. Embora Judit tenha se tornado a mais intensamente competitiva e famosa, todas as três viraram jogadoras de nível mundial, tendo Zsuzsa também se tornado uma grande mestra e Zsófia alcançado a categoria de mestra internacional.

Vivendo modestamente em um apartamento atulhado, László e a esposa decidiram dedicar-se em tempo integral ao projeto de criar gênios. A estratégia era começar a educação das meninas cedo, aos 3 anos, e passar para a especialização em uma área até os 6 anos. Começariam apresentando o assunto às meninas lentamente, em pequenas doses, transformando-o em brincadeira de modo que elas demonstrassem interesse ativo em praticar em vez de se sentir coagidas. Essa estratégia, porém, não especificava um tema. László e Klára avaliaram muitas possibilidades de tema para o estudo de suas filhas, de idiomas estrangeiros a matemática. Acabaram escolhendo xadrez porque era objetivo e porque o progresso seria fácil de mensurar. É claro, a proeminência intelectual do xadrez nos países socialistas naquela época pesou na decisão de focar o jogo.

Apesar da ênfase no xadrez, László não acreditava que essa especialização precisava ocorrer sacrificando a educação mais ampla das filhas. As três aprenderam idiomas estrangeiros (Zsuzsa, a mais velha, aprendeu oito), assim como matemática, tênis de mesa, natação e outras matérias. A decisão de privilegiar o xadrez com as três foi tomada por uma razão prática: uma vez que os pais teriam que se dedicar intensamente, tanto em recursos quanto em tempo, dividir os esforços em três disciplinas diferentes teria exigido mais do que o orçamento e a agenda do casal aguentariam.

Zsuzsa foi a primeira. Ela começou jogando aos 4 anos. Seis meses depois, já ia com o pai a clubes de xadrez de Budapeste, cheios de fumaça de cigarro, para jogar contra homens mais velhos, e vencia. Quando chegou a vez de Judit, a menina já estava motivada para começar a treinar. Zsuzsa e Zsófia jogavam em um cômodo pequeno que László havia separado para a prática e ela não queria ficar de fora.

Logo as três garotas formaram um time, viajando para competir com rivais mais velhos, quase sempre homens. A missão compartilhada criou uma cumplicidade, sem inveja, em um jogo que muitas vezes resistia à condição incomum das irmãs. Segundo a política da Federação Húngara de Xadrez, mulheres deviam competir em eventos apenas para mulheres. László, porém, era enfaticamente contra. "As mulheres são capazes de alcançar resultados similares aos dos homens em campos da atividade intelectual", achava ele. "O xadrez é uma forma de atividade intelectual, então isso se aplica. Rejeitamos todo tipo de discriminação a esse respeito." O preconceito já havia impedido que Zsuzsa obtivesse o título de grande mestra aos 15 anos.

Como era a mais jovem, quando Judit enfrentou essas barreiras suas irmãs mais velhas já haviam quebrado algumas, o que permitiu que ela se recusasse a competir em torneios apenas femininos.

Embora as três tenham tido a mesma educação e alcançado feitos impressionantes, a destreza delas não era idêntica. Zsófia era a mais fraca; apesar de ter conseguido o impressionante título de mestra internacional, ela mais tarde decidiu abandonar o xadrez para se dedicar à arte e à família. Zsuzsa especializou-se um pouco menos em xadrez desde jovem, aprendendo oito idiomas, o que seu pai admite que pode tê-la atrapalhado a atingir o máximo de seu potencial no jogo. Judit começou mais devagar, de acordo com Zsuzsa, mas tinha uma ética de trabalho mais forte, "obcecada" pelo esporte em um nível incomum até mesmo para sua família.

REVANCHE COM KASPAROV

Oito anos depois de sua derrota controversa para Kasparov, Judit teve outra oportunidade de enfrentar o lendário grande mestre. Em uma partida na Rússia contra o Resto do Mundo em 2002, em Moscou, Judit encarou Kasparov em um jogo de xadrez rápido, em que cada jogador teria apenas 25 minutos. Judit fez a abertura Ruy Lopez, ou partida espanhola, chamada assim em homenagem a um bispo e estrategista do xadrez do século XVI. Começa com uma das aberturas mais comuns no xadrez, movendo o cavalo e o bispo para boas casas no segundo e no terceiro movimentos. Kasparov rebateu com a defesa berlinense, movendo um segundo cavalo no tabuleiro, ignorando o perigo potencial criado pelo bispo da oponente; costuma ser uma resposta sólida, que muitas vezes leva a empates. Kasparov não estava arriscando. Após uma série de peças trocadas, a posição dos dois estava bem próxima. Judit, com as brancas, havia protegido o rei. Kasparov, com as pretas, sem a chance de fazer o mesmo, havia mantido o par de bispos, tanto o das casas escuras quanto o das claras, uma combinação poderosa que costuma ser decisiva para vencer. Judit avançou calmamente, imprensando um dos bispos de Kasparov e neutralizando sua vantagem. De maneira lenta, mas segura, os movimentos dela continuaram a melhorar sua posição, enquanto a de Kasparov parecia cada vez mais discutível. Por fim, as pequenas vantagens que Judit acumulou no meio da partida indicavam que ela podia ganhar. Depois de perder dois peões e diante de ameaças iminentes de xeque-mate, Kasparov abandonou a partida.

Depois da derrota, Kasparov repensou sua avaliação inicial da capacidade de Judit e mesmo a ideia de mulheres competirem com homens em níveis mais avançados. "As Polgárs mostraram que não há limitações inerentes à sua aptidão, uma ideia que muitos jogadores homens recusam a aceitar até serem derrotados sem cerimônia por uma garota de 12 anos e rabo de cavalo."

O DIA SEGUINTE A UM EXPERIMENTO

A convicção de László Polgár de que poderia transformar qualquer criança saudável em um gênio é o tipo de afirmação que o faria parecer doido se não tivesse realmente dado certo. Apesar disso, um leitor cuidadoso deve notar que, enquanto experimento, o de László tem uma porção de lacunas que o impedem de servir de modelo de pureza científica. Para começo de conversa, não havia grupo de controle. As irmãs Polgár receberam a mesma educação. Não houve uma quarta irmã que tivesse ido para a escola comum e não tivesse recebido o treinamento especial de László. Não havia aleatoriedade. László não adotou uma criança aleatória para educar com seu sistema incomum, mas ensinou as próprias filhas. Isso também significa que a influência da genética não pode ser ignorada. O sucesso das três talvez se deva em parte à hereditariedade, e não a talentos adquiridos. Também não houve mascaramento. Todas as Polgárs sabiam que faziam parte de algo especial, uma missão única que as separava das outras famílias. Portanto, no debate em andamento entre natureza e cultura, o sucesso delas sugere que aquela educação heterodoxa pode ter tido um papel, mas está longe de dar uma resposta definitiva.

Apesar de suas falhas enquanto experimento puramente científico, o trabalho da família Polgár é certamente uma janela para entrevermos possibilidades. Todas as três conseguiram feitos enormes no xadrez. Embora não possamos afirmar, parece provável que elas também teriam tido sucesso em um número de outros campos. Do mesmo modo, embora os métodos de László fossem estranhos, não parece provocar sofrimento às meninas, seja na educação ampla, seja em seu bem-estar emocional. Eram autoconfiantes e felizes, e cresceram para se tornar adultas bem-sucedidas e emocionalmente estáveis, formandos suas próprias famílias amorosas. Quando perguntado se os métodos pedagógicos estranhos haviam tirado das garotas uma infância normal, László defendia o oposto, que uma educação normal e medíocre costuma levar à infelicidade. Endre Farkas, entrevistador que trabalhou com Polgár em *Crie um gênio!*, perguntou: "Se elas foram educadas de maneira muito restrita, privadas de uma infância despreocupada? Eu pude observar os Polgárs… A única coisa que vi com clareza é que eram felizes."

EDUCANDO ULTRA-APRENDIZES?

Antes de pesquisar para este livro, todos os ultra-aprendizes que conheci eram pessoas ambiciosas que começaram por si próprias. Eu estava convencido de que o ultra-aprendizado era algo que tinha um grande potencial para o indivíduo. Porém, por causa da intensidade e do comprometimento exigidos pelos próprios ultra-aprendizes, era cético quanto à possibilidade de que implicasse diretamente no sistema educacional como um todo. As crianças já têm dificuldades para lidar com condições de estudo pesadas, e me parecia que aumentar essa intensidade apenas pioraria o estresse e a ansiedade.

Os psicólogos identificam uma grande diferença entre metas buscadas intrinsecamente, baseadas nos próprios interesses, decisões e objetivos do indivíduo, e metas buscadas extrinsecamente, impulsionados por pais autoritários, currículos massacrantes ou patrões exigentes. Este segundo tipo é a causa de muito sofrimento, porque a motivação para se adaptar às metas vem principalmente de pressões sociais externas. Histórias de depressão, ansiedade e até suicídio são angustiantemente comuns em ambientes em que a pressão para passar em testes padronizados é elevada até um nível de muito desconforto. O ultra-aprendizado, por ser uma aventura autodirigida, e não uma obrigação imposta de fora, não precisa ser assim. No entanto, por sua própria natureza, não é claro para mim se é algo que poderia ser ensinado.

As irmãs Polgár são um caso incomum, porque, embora tenham sido treinadas desde muito novas e tenham trabalhado incrivelmente duro, elas não parecem ter sido psicologicamente prejudicadas pela pressão. Em contraste com o estereótipo dos pais que criam seus filhos de forma rigorosa, elas foram incentivadas a incomum especialização por meio de brincadeiras e retorno positivo, não de imposição da autoridade e da punição. Todas as irmãs Polgár continuaram a jogar xadrez em nível competitivo quando adultas. A obsessão pelo esporte, portanto, foi algo claramente incentivado, não imposto. Ao mesmo tempo, a participação delas no experimento não foi exatamente voluntária. László havia sonhado com o objetivo de criar gênios antes de saber se suas filhas concordariam com o projeto, então não foi o caso de cada filha descobrir por si mesma que queria se dedicar a um regime intensivo de prática enxadrística. É essa característica do experimento de Polgár que mais me interessou, porque parecia que László e Klára haviam encontrado uma falha na expectativa normal de que forçar as pessoas a estudar de maneira intensiva necessariamente leva à tristeza.

COMO CRIAR UM ULTRA-APRENDIZ

László Polgár escreveu um livro intitulado *Crie um gênio!*, documentando sua abordagem heterodoxa da educação.* No livro, ele esboçou sua estratégia para transformar qualquer criança normal e saudável em gênio, desde que ambos os pais estivessem dispostos a ir até os extremos da dedicação à tarefa.

O primeiro passo é começar cedo. A educação de uma criança não deveria começar depois dos 3 anos, e a especialização deveria começar até os 6 anos. Embora não seja claro exatamente até que ponto aprender se torna mais difícil à medida que envelhecemos, há evidências, em campos como música e idiomas, de que os cérebros são mais plásticos e flexíveis quando somos mais jovens. László levou essa ideia ao extremo, incentivando o treinamento desde bem antes do que faria uma educação infantil típica.

O segundo passo é a especialização. Embora as irmãs Polgár realmente tenham aprendido idiomas, matemática, esportes e outros temas, o foco sempre foi no xadrez. László comentou que, "começando aos 4 ou 5 anos, elas jogaram xadrez cinco a seis horas por dia". Essa especialização parece ter tido dois papéis em sua estratégia.

---

* O livro foi originalmente publicado com o nome *Neveli zsenit!* Devo ao blogueiro Scott Alexander e seus leitores a tradução para inglês.

Primeiro, tirou proveito de toda hipotética flexibilidade das crianças mais jovens para aprender facilmente novas matérias. O segundo foi que, ao se especializar em uma área, as crianças puderam atingir a proficiência muito mais cedo. Ganhar de oponentes mais velhos e experientes no xadrez estimulou a confiança e o espírito competitivo delas, de modo que desejassem ativamente praticar mais para se aprimorar. Se as garotas tivessem dividido o apetite intelectual em campos muito amplos, talvez não tivessem desenvolvido a autoconfiança que levou à prática intensiva.

O terceiro passo foi transformar a prática em brincadeira. Por ser um jogo, o xadrez é naturalmente adequado à diversão. No entanto, László insistiu em introduzir todos os assuntos às garotas na forma de brincadeiras. Quando as meninas ficavam distraídas ou se levantavam e caminhavam enquanto jogavam uma partida, não eram punidas, mas encorajadas a deixar a mente divagar enquanto buscavam uma solução. Manter o jogo divertido e leve, principalmente quando eram novas, foi um trampolim essencial para desenvolver o desejo e a autoconfiança que sustentariam esforços mais sérios no futuro. No entanto, é importante lembrar, como insistia László, que "brincar não é o oposto de trabalhar" e que "uma criança não precisa separar brincadeira de trabalho, ela precisa apenas de ações que tenham significado". E acrescentava: "Aprender fornece a elas mais prazer do que jogos estéreis." Brincadeira e trabalho combinavam-se na abordagem dos Polgárs da aprendizagem, sem fronteiras rígidas.

O quarto passo foi criar cuidadosamente um reforço positivo para tornar o xadrez uma experiência agradável em vez de frustrante. "Fracasso, sofrimento e medo reduzem as conquistas. Depois de uma quantidade de fracassos sucessivos, pode-se desenvolver até um complexo inibitório", explicou ele. Segundo os psicólogos comportamentais, sabe-se em detalhes que ter uma experiência positiva, como vencer um jogo, pode criar um desejo de repetir as ações que proporcionaram a sensação. Experiências negativas, como perder, sentir-se confuso ou frustrado diante de um oponente mais forte ou até enfrentar uma disputa fácil demais, que tiram da pessoa a satisfação de arrancar uma vitória impressionante, reduzem o entusiasmo. László estabeleceu com cuidado os ciclos de retorno positivo desde cedo. No começo, quando ainda era um jogador melhor que as meninas, ajustava seu jogo para que elas se sentissem desafiadas, mas ganhassem vezes suficientes para achar o jogo agradável. "Temos que garantir que não vamos vencer sempre da criança; devemos deixá-las ganhar algumas vezes para que sintam que também são capazes de pensar", escreveu ele, e acrescentou: "No início é mais importante despertar interesse. Devemos fazer a criança amar o que faz, a tal ponto que faça aquilo quase obsessivamente."

Por fim, László era completamente contra o aprendizado coercivo. Autodisciplina, motivação e comprometimento, sentia ele, deviam vir das próprias garotas. "Uma coisa é certa, nunca se pode atingir resultados pedagógicos sérios, especialmente em níveis altos, por meio da coerção." Ele também sentia que "uma das tarefas educacionais mais importantes é ensinar a autoeducação". Esse passo final do processo foi especialmente importante para suas filhas, que rapidamente superaram a habilidade do pai. Se não tivessem sido encorajadas a desenvolver suas próprias habilidades de se autoeducar e ajustar o aprendizado, talvez até tivessem se tornado enxadristas razoáveis, mas certamente não grandes mestras.

Além desses princípios básicos, László e Klára dedicaram-se intensamente a proporcionar às garotas toda oportunidade de progresso, acumulando uma base de dados com mais de duzentas mil partidas, comprando todo manual de xadrez que encontrassem e contratando instrutores. Não faltava para as meninas oportunidades de estudar e se aprimorar no jogo. A casa dos Polgárs, com diagramas de posições de xadrez pendurados nas paredes, tornou-se um templo devotado à prática do velho jogo. Para László e Klára, criar as filhas foi mais do que um trabalho em tempo integral, eles fomentaram os talentos das três tanto reunindo recursos quanto educando-as em casa.

OS PRINCÍPIOS DO ULTRA-APRENDIZADO EM AÇÃO

É interessante notar que, além dos princípios de Polgár para criar crianças geniais, todos os princípios do ultra-aprendizado que discutimos até que aqui estão presentes em sua abordagem do aprendizado.

1. Meta-aprendizagem

Polgár dedicou-se em tempo integral a entender como as pessoas aprendiam xadrez e em que circunstâncias suas filhas poderiam se desenvolver bem. Ele reuniu uma grande biblioteca de posições, estratégias e listas de partidas, o que, em uma época em que a internet ainda não era onipresente, não é um feito a desconsiderar. Ele também elaborou um planejamento para treinar as garotas quando ainda eram bem pequenas, começando por ensinar primeiro os nomes das casas no tabuleiro e depois como as peças se moviam. Esse progresso lento permitiu que gostassem do jogo antes mesmo de desenvolver outras habilidades cognitivas.

2. Foco

László considerava "a capacidade de lidar com a monotonia e de manter interesse e atenção persistentes" traços essenciais que almejava introduzir em suas filhas. As garotas participaram duas vezes de maratonas de 24 horas de xadrez quando tinham respectivamente 15, 9 e 8 anos, e tiveram de completar cem partidas nesse período. O xadrez não é um jogo que tem apenas instantes de brilho, mas é um jogo de resistência e vigor. Boa parte do sistema de László para as filhas consistia em treinar a concentração, e as incentivar a focar a mente nos problemas sem se distrair.

3. Prática direta

László levava as filhas para jogar com homens adultos desde que elas tinham 4 anos, mostrando a elas como o jogo devia ser jogado contra oponentes que realmente ofereceriam resistência. As meninas de fato jogaram muitas partidas de xadrez, o que formou a espinha dorsal de suas habilidades. Isso permitiu que aprendessem não apenas a jogar bem, mas também a lidar com variáveis como a pressão do relógio e as inseguranças psicológicas de enfrentar oponentes mais velhos e intimidadores. Ao usar cronômetros mesmo em partidas casuais, elas praticaram em um ambiente mais parecido com aquele que encontrariam nos torneios.

4. Repetição

László variava a abordagem do estudo do jogo, começando com a memorização dos nomes das casas, depois os movimentos das peças principais. Pendurou nas paredes problemas de xadrez, que se tornaram o dever de casa; as garotas precisavam resolver diferentes posições táticas e sugerir soluções criativas. Xadrez relâmpago e às cegas permitiam que melhorassem a capacidade de pensar rápido e simular mentalmente o jogo.

5. Recuperação

Para a recuperação, explicou László, "não devíamos dizer nada, e sim tentar fazer as crianças dizerem alguma coisa!". Usando o que descreveu como "método socrático" para o xadrez, apresentando questões que as filhas deviam responder em vez de pedir que se lembrassem de soluções já resolvidas, ele empregava o método correto para encorajar a expansão da memória e da compreensão. Jogos às cegas, mais uma vez, foram um componente poderoso da estratégia Pólgar. Praticar sem olhar para o tabuleiro forçou-as a desenvolver a capacidade de acompanhar as posições mentalmente, o que foi útil não apenas para reter os padrões-chave do xadrez a longo prazo, mas também para aperfeiçoar a capacidade de simular movimentos que um oponente poderia fazer no tabuleiro.

6. Retorno
László incentivou consideravelmente que jogassem contra oponentes reais, mas tinha cuidado de escolher "parceiros adequados, que tivessem uma habilidade similar de modo geral". É interessante que o retorno era cuidadosamente controlado, não apenas para proporcionar uma boa dose de desafio (a insistência das Polgárs em jogar em torneios masculinos a fim de encarar isso é um exemplo), mas também para evitar desafios grandes demais quando a habilidades delas ainda estava nascendo. Cultivar retorno positivo foi importante no início, e László estava sempre preparado para ajustar o ritmo do jogo a fim de garantir que estivesse em um nível que as estimulasse a continuar a jogar.

7. Retenção
László concentrou-se em fazer as filhas rememorar os padrões do xadrez de cabeça e foi aumentando a velocidade das partidas para tornar elementos do jogo mais automáticos e menos suscetíveis ao esquecimento. Em boa parte, jogar com sucesso depende de memorizar padrões do xadrez, e essa memorização foi ajudada tanto pela prática espaçada quanto por exercícios de repetição especializados, como as partidas relâmpago e às cegas.

8. Intuição

Espelhando a Técnica Feynman, László incentivou as meninas a escrever artigos sobre xadrez, explicando: "Se você escreve um artigo, reflete sobre o assunto mais profundamente do que se estivesse fazendo isso sem objetivo, do que se pensasse sozinho ou falasse com alguém sobre o tema." As garotas também eram encorajadas a sugerir soluções criativas para os problemas. Jogar, não apenas porque o xadrez é um jogo, mas também no sentido de uma atividade sem estruturas ou metas, era parte da metodologia de ensino. Sugerir soluções interessantes e desafiá-las a pensar em truques e novas ideias permitiu que elas explorassem para além do que seria possível apenas memorizando resultados antigos.

9. Experimentação

À medida que superavam a habilidade do pai no xadrez, o ímpeto das irmãs para continuar dominando o jogo precisou vir mais do que nunca de um sentimento interno. Cada uma das irmãs precisou desenvolver um estilo próprio e abordagem única. Judit escolheu se concentrar em truques e táticas, escrevendo que "preparar a abertura não era importante na época. Talvez por isso até hoje meu ponto forte é no meio do jogo". As escolhas diferentes mostram que o xadrez, como toda habilidade criativa, envolve não apenas o domínio de padrões, mas também decidir quais especialidades e estilos desenvolver dentre uma vasta gama de possibilidades.

Portanto, os Polgárs incorporam a ideia do ultra-aprendizado em seu sentido mais amplo. Como László argumentou: "Em minha opinião, deveríamos disseminar a ideia de aprendizagem intensiva em todos os campos." O sucesso dessa família segue o mesmo padrão da maioria dos ultra-aprendizes: autoeducação agressiva e entusiasmada, seguindo os princípios essenciais da aprendizagem.

ESTIMULANDO O UTRA-APRENDIZADO EM CASA, NA ESCOLA E NO TRABALHO

Como é possível promover o ultra-aprendizado enquanto pai e educador ou em uma empresa? É possível ajudar outras pessoas a enfrentar com autoconfiança projetos difíceis que eles próprios desenvolvam? É possível ensinar aos estudantes não apenas a matéria, mas também como aprender por si mesmos e torná-los autossuficientes fora da sala de aula? É possível persuadir os profissionais da empresa a aprender mais agressivamente, preenchendo as lacunas em suas competências e atingindo todo o seu potencial? Essas são perguntas intrigantes, para as quais ainda não há respostas definitivas.

Ao ler a literatura científica sobre aprendizado e acompanhar as histórias dos ultra-aprendizes, causou-me espanto não apenas com o quanto já sabemos sobre aprendizagem, mas com a quantidade de questões em aberto para as quais pesquisadores e autodidatas ainda estão arriscando hipóteses. As complicações aumentam exponencialmente quando introduzimos também o ambiente social. Nesse caso, não se trata mais apenas da cognição individual, mas de emoções, culturas e relações que começam a influenciar o aprendizado de maneiras complexas e inesperadas. A partir dessa perspectiva gostaria de sugerir, com cautela, alguns pontos de partida para propiciar um ambiente que apoie o ultra-aprendizado em casa, na escola ou no trabalho. Essas sugestões não são regras, mas podem ser bons pontos de partida para permitir que as pessoas capturem o espírito da técnica.

Sugestão 1: crie uma meta inspiradora

Melhor ainda, permita que as pessoas criem suas próprias metas inspiradoras de aprendizado. Inspiração é um ponto de partida essencial para o processo de ultra-aprendizado. É preciso que haja algo muito atraente para que a pessoa reúna a energia e a autodisciplina necessárias para aprender. Às vezes, trata-se da promessa de que uma nova habilidade vai trazer oportunidades profissionais. *Camps* de treinamento em programação, criados na onda dos empregos bem-remunerados na área, forçam os estudantes a um ritmo brutal, às vezes de quase oitenta horas por semana. O objetivo, porém, é atraente o suficiente para justificar esse investimento: completar um programa rigoroso em poucas semanas permite que você suba degraus rumo a empregos na área de tecnologia com salários altíssimos. O processo é intenso, mas a motivação é sedutora.

Em outros casos, a motivação dos ultra-aprendizes vem de interesses específicos que foram ampliados. Comecei o Desafio MIT quando senti falta de algo por não ter estudado ciência da computação na faculdade. Isso normalmente não levaria a um esforço mais amplo e estruturado de aprender ciência da computação. Foi só quando veio a ideia de cursar toda a graduação em um período curto, acompanhada da pesquisa que me fez acreditar que isso era possível, que meu interesse inicial virou um comprometimento apaixonado. Roger Craig, que conseguiu façanhas em *Jeopardy!*, sempre teve interesse em competições de conhecimentos gerais. Foi só quando ele percebeu que havia uma chance de aparecer no famoso programa de televisão que seu interesse virou uma obsessão. Eric Barone partiu de seu amor por um videogame da infância e o expandiu a fim de tentar criar uma versão melhor. Procurar os interesses naturais das pessoas pelo ultra-aprendizado significa incentivar centelhas que já existem em vez de meramente impor assuntos que o senso comum acha benéficos. Assim que as pessoas enxergam a estrutura de um projeto, podem começar a pensar por si mesmas o que seria mais interessante, empolgante e útil para elas. O ponto de partida de Tristan de Montebello foi o ultra-aprendizado em si; só depois escolheu que desenvolveria um projeto de oratória.

Sugestão 2: tenha cuidado com a competitividade

O exemplo dos Polgárs indica claramente que ter autoconfiança desde cedo pode criar um entusiasmo benéfico para o investimento contínuo. Você não precisa sentir que é bom em algo para investir energia no aprendizado. Afinal, aprender é tornar-se bom em alguma coisa. No entanto, você precisa sentir que *pode* ficar bom naquilo. As pessoas tendem a transformar sua percepção de inadequação em destinos imutáveis: "Não sou bom em matemática", "Só consigo desenhar bonecos de palito", "Não tenho o gene da linguagem". Embora seja provável que existam diferenças reais nas capacidades inatas, e, portanto, essas frases não sejam completamente falsas, elas tendem a ignorar um fator importante: a motivação. Quando você acha que lhe falta o potencial para ser bom em algo ou acredita que sempre vai estar em uma posição inferior em relação às demais independentemente do quanto se esforce, sempre vai faltar a motivação para trabalhar. Portanto, embora haja diferenças de capacidade entre todos, elas costumam ser exacerbadas pela dimensão afetiva que produzem na nossa percepção da aprendizagem. Se você sente que é péssimo em algo, perde a motivação para mudar.

O grupo de referência com o qual você se compara pode ter uma influência poderosa. Acho interessante que muitos ultra-aprendizes, mas não todos, tenham se lançado a projetos tão incomuns que era difícil fazer comparações com um grupo de referência normal. A competição de oratória certamente pôs Montebello diante de excelentes oradores. Isso poderia ter produzido um sentimento de inferioridade, sem dúvida, mas Montebello sempre podia justificar para si que a deficiência percebida era resultado do quão ambicioso o projeto era, partindo de tão pouca experiência anterior. Se, em vez de encarar um projeto de ultra-aprendizado individual, ele tivesse enfrentado dezenas de competidores com exatamente a mesma experiência, talvez tivesse racionalizado as inadequações de modo a achar que simplesmente não era bom o bastante. Isso sugere que a competitividade do projeto é uma faca de dois gumes. Quando você tem um talento natural e por isso tem desempenhos muito melhores do que os de um grupo de referência facilmente identificável, você é mais motivado a praticar e aprender com intensidade. Porém, se você começa devagar, isso pode tirar a motivação para praticar. Os Polgárs usaram a competição a seu favor. Como o treinamento das garotas começou extraordinariamente cedo, elas sempre foram vistas como precoces e o ambiente competitivo aumentou a motivação. Se tivessem começado tarde ou ido para uma escola em que certamente seriam estrelas do xadrez, a motivação poderia ter sido minada.

Para mim, esses efeitos motivacionais da comparação implícita ao grupo de referência sugerem a adoção de uma abordagem dupla. Se uma pessoa cujo espírito de ultra-aprendizado você deseja incentivar tem uma aptidão natural, a competitividade provavelmente é boa. Perceber que se é bom numa comparação direta com outras pessoas pode encorajar um comprometimento com a melhoria futura. Para alguém que ou tem aptidão moderada ou está em um nível inferior aos demais — por exemplo, alguém que esteja aprendendo uma habilidade numa área em que não tem nenhuma experiência, ou quando se começa a aprender uma habilidade mais tarde na vida —, é importante um esforço para tornar o projeto único. Isso vai encorajar a pessoa a avaliar o progresso em comparação com seu próprio passado em vez de competir com os demais. Um projeto também pode começar como algo único, protegido da luz severa das comparações, e aos poucos ser transferido para um ambiente mais competitivo à medida que a confiança for se estabelecendo. Você pode, por exemplo, começar a aprender programação desenvolvendo um jogo que dificilmente será comparado com outros, mas ingressar em competições quando se sentir mais competente.

Sugestão 3: faça do aprendizado uma prioridade

Fora da escola, aprender costuma ser visto como o subproduto de fazer um trabalho, não como a meta principal. Embora as organizações muitas vezes apoiem da boca para fora o treinamento e a educação contínuos, essas práticas costumam ocorrer na forma de oficinas ou seminários em que o profissional observa passivamente antes de voltar para o trabalho real. O ultra-aprendizado, ao encorajar a prática direta e intensiva, oferece a oportunidade de um tipo de projeto misto, que atinja objetivos reais, mas também seja elaborado para ensinar algo novo.

O protocolo normal para atribuir um projeto a alguém é encontrar a melhor pessoa para o trabalho e dar a ela a tarefa. Uma abordagem direcionada ao aprendizado sugeriria que, em vez disso, o projeto fosse atribuído a pessoas que ainda não são capazes de realizar a atividade. Um ambiente de trabalho direcionado ao ultra-aprendizado consiste em funcionários que passam a maior parte do tempo em projetos dentro ou próximos de seus níveis de competência, mas destinam uma fração específica do tempo a trabalhar nos que estejam um degrau acima de suas habilidades atuais. Embora seja algo puramente hipotético, visualizo dois benefícios dessa abordagem. Primeiro, produzirá uma cultura de aprendizado dentro da empresa, na qual as pessoas estejam sempre dispostas a tentar resolver problemas que ainda não sabem como em vez de procurar outra pessoa que saiba a resposta. O segundo é que, dando às pessoas desafios que elas podem vencer, talentos são revelados. Quando gestores atribuem programas de orientação e projetos difíceis apenas por capricho, provavelmente deixam passar muitas pessoas que poderiam ser bem-sucedidas em posições de nível mais alto, mas que nunca tiveram a oportunidade de assumi-las.

Nos níveis mais altos, uma cultura direcionada ao ultra-aprendizado também permite que se ingresse em áreas para as quais talvez ninguém mais tenha uma habilidade específica. Embora seja importante transitar pelos níveis de habilidade estabelecidos, o aprendizado só se torna verdadeiramente valioso quando a pessoa aprende a fazer algo que ninguém mais faz.

CONCLUSÃO

De muitas maneiras, escrever este livro foi em si um projeto de ultra-aprendizado. Embora pesquisar para um livro não seja algo inédito, nem todos os projetos precisam ser os únicos da espécie para ter relevância para a pessoa envolvida. No meu escritório em casa agora existem pilhas de pastas com artigos de jornais. Minha estante tem dezenas de monografias obscuras, fora de catálogo, com fragmentos de questões sobre como as pessoas aprendem. Gravações de conversas com diversos pesquisadores me ajudaram a entender quanta nuance há em perguntas simples como: "O feedback é algo útil?" e "Por que esquecemos?" Analisei atentamente inúmeras biografias de intelectuais, empreendedores e cientistas famosos para tentar entender como abordavam a aprendizagem. De muitas maneiras, o processo de escrever foi um reflexo do tema: um projeto de ultra-aprendizado para escrever um livro sobre ultra-aprendizado. Embora eu tivesse um forte interesse no tema da aprendizagem e tenha buscado manuais, artigos e biografias antes de começar a pesquisar para o livro, foi só depois que iniciei este projeto estruturado que realmente me aprofundei.

Este livro foi um desafio para mim não apenas como pesquisador, mas também como escritor. Minha experiência vem da escrita de blogs, não de livros. Acertar no tom em um livro é difícil, algo bem diferente das postagens diárias e informais de um blog. Eu sabia desde o início que queria compartilhar a história de outras pessoas e seus feitos, e não apenas relatar minhas experiências. No início, essa parte foi bastante desafiadora. A maioria das biografias e das histórias publicadas não focam os métodos de aprendizagem. Mesmo quando o aprendizado é o tema central da narrativa, a maior parte dos biógrafos se satisfaz em reverenciar o talento do indivíduo em vez de vasculhar os detalhes específicos sobre a metodologia empregada. Meus esforços de pesquisa frequentemente envolviam esquadrinhar uma biografia de quinhentas páginas em busca de poucos parágrafos em que eram mencionados de passagem detalhes concretos dos métodos de aprendizagem. Isso impôs obstáculos, mas também me forçou a desenvolver novas habilidades como escritor. Precisei aprimorar habilidades de pesquisa e escrita que mais de uma década redigindo artigos para o blog não me proporcionou. Até o estilo do livro virou um projeto que desafiava minhas habilidades. Deixo que você, leitor, julgue se fui bem-sucedido.

O metaprojeto de ultra-aprendizado de escrever um livro sobre o tema também ilustra algumas ideias importantes. Por exemplo, embora eu tenha melhorado enormemente minha capacidade de escrita e meu conhecimento de ciência cognitiva e das histórias de proezas famosas de aprendizagem, ainda há muito a aprender. Quando alguém se aprofunda na ciência, por exemplo, pode sentir uma verdadeira vertigem ao se ver no topo de uma montanha de artigos, teorias, ideias e experimentos, todos eles vagamente conectados ao tema da aprendizagem. Do mesmo modo, para toda biografia que li, existem centenas que não pude ler. Para cada história de ultra-aprendizado que encontrei, possivelmente há mais dezenas que minhas buscas não revelaram. É um erro imenso afirmar que aprender significa substituir ignorância por compreensão. O conhecimento aumenta, mas também aumenta a ignorância, uma vez que, quando se compreende melhor um tema, também se começa a valorizar mais todas as questões que permanecem sem resposta.

Em face disso, deve-se ter ao mesmo tempo confiança e profunda humildade. Sem acreditar que é possível aumentar o conhecimento e a habilidade, não é possível empreender o projeto necessário para progredir. Quem vê de fora pode confundir esse tipo de confiança com arrogância, pois pode parecer que o esforço para aprender algo rápida e intensamente é, de alguma forma, uma afirmação de que a matéria é trivial ou de que, tendo aprendido algo, a pessoa sabe tudo. Por isso afirmo que essa confiança deve ser combinada com uma profunda humildade. Em cada projeto meu, inclusive neste, ao concluir não penso que terminei, mas que subitamente tive consciência de quão mais longe poderia ter ido. Antes de começar o Desafio MIT, imaginava que cobrir os conceitos equivalentes a uma graduação em ciência da computação bastaria. Depois que terminei, notei como cada tópico aprendido poderia se multiplicar em pesquisas de nível doutoral ou em uma vida dedicada à programação para entender o assunto completamente. Minha experiência aprendendo idiomas até poder manter conversas me fez perceber quantas palavras, expressões, nuances culturais e situações difíceis de comunicação ainda existem para explorar. Terminar um projeto, portanto, não costuma ser o mesmo que terminar o aprendizado, mas sim ter noção das inúmeras possibilidades que surgiram a partir dele agora que nossos olhos vislumbram todas as coisas que ainda há para aprender.

É esse aspecto da aprendizagem que acho mais interessante. Muitas buscas na vida têm um ponto de saturação a partir do qual o desejo de obter mais daquilo mingua se você de fato recebe. Alguém com fome só pode comer certa quantidade de comida. Uma pessoa solitária deixa de ser se estiver acompanhada. A curiosidade não funciona assim. Quanto mais se aprende, maior é o desejo de aprender mais. Quanto melhor nos tornamos em algo, mais percebemos o quanto podemos melhorar. Se ao fim deste livro você se sentir encorajado a tentar começar um projeto, minha maior esperança não é que você tenha sucesso ao terminar, mas que o fim dele seja um novo começo; que, ao abrir uma pequena fresta em todo o mundo de coisas que podemos conhecer, você possa espiar e descobrir que há muito mais do que você imaginava.

AGRADECIMENTOS

Este livro não existiria sem a ajuda, os conselhos e o trabalho de muitas pessoas. Primeiro, eu gostaria de agradecer a Calvin Newport. Se ele não estivesse lá no início para me encorajar, eu talvez não tivesse nunca buscado escrever um livro sobre esse assunto. Gostaria também de agradecer a Benny Lewis, cuja inspiração, lá no princípio, e cujos conselhos infinitos ao longo dos anos tiveram uma influência enorme em minhas ideias sobre aprendizagem e escrita. Laurie Abkemeier, minha agente, foi vital ao transformar minhas ideias brutas em proposta e me incentivar a desenvolver algo que valesse a pena publicar. Gostaria de agradecer a Stephanie Hitchcock por editar o livro e fornecer retornos e sugestões ótimos. Também sou grato aos meus amigos e à minha família, que leram rascunhos iniciais da proposta e do manuscrito, e ajudaram a ideia a tomar forma. Gostaria de agradecer especialmente a Zorica Tomovska, Vatsal Jaiswal, Tristan de Montebello, James Clear, Josh Kaufmann, Kalid Azad e Barbara Oakley pelo feedback logo no começo.

Gostaria de agradecer às pessoas maravilhosas que encontrei e entrevistei enquanto me preparava para escrever. Sou grato a Roger Craig, Eric Barone, Vishal Maini, Diana Jaunzeikare, Colby Durant e Vatsal Jaiswal, que foram gentis o bastante para doar seu tempo e me contar em detalhes suas histórias incríveis. Quero agradecer a muitos dos pesquisadores que me guiaram por suas descobertas e me ajudaram a entender a ciência da melhor aprendizagem. Quero agradecer em especial a K. Anders Ericsson, por sua paciência em me ajudar a esclarecer muitos pontos importantes. Além dele, agradeço a Robert Pool, Jeffrey Karpicke, Angelo DeNisi, Avraham Kluger, Jacqueline Thomas e Michael Herzog por me ajudarem a entender as nuances da ciência que discuto neste livro. Quero também agradecer a todas as pessoas que participaram dos meus experimentos de tutoria de ultra-aprendizado: Tristan de Montebello, Jeff Russell, Diana Fehsenfeld, Kate Schutt, Lissa Sherron, Joshua Sandeman, Keerthi Vemulapalli, Brittany Hsu, Shankar Satish, Ashima Panjwani, Ashfaq Alsam e Ankita J.

Por fim, sou grato a meus pais, Douglas e Marian Young, ambos professores, que me ensinaram que aprender já é em si a recompensa.

APÊNDICE

Notas sobre meus projetos de ultra-aprendizado

DESAFIO MIT

Meta: aprender as matérias ensinadas no curso de graduação de ciência da computação do MIT usando os materiais oferecidos gratuitamente e livros didáticos usados pelos alunos matriculados

Método: o objetivo era ser aprovado em todas as provas finais (acerto acima de 50%, a não ser quando dava-se outra informação) e completar os projetos de programação

Duração: de outubro de 2011 a setembro de 2012

Notas e discussão

É importante perceber que o que eu acabei cursando não foi uma cópia exata de um curso do MIT. Embora tenha me esforçado, sempre que possível, a ter como referência o currículo completo e a intensidade da avaliação, houve desvios necessários do percurso que um estudante real do instituto teria feito com o mesmo material.

Foram feitas mudanças no currículo como um todo. A plataforma OpenCourseWare do MIT não oferecia opções na área de humanas que eu pudesse cursar na época, então as troquei por aulas de economia. Aulas com muito uso de laboratórios, com equipamentos aos quais eu não tinha acesso, foram substituídas por aulas teóricas, que eu poderia acompanhar com papel e lápis. Os alunos do MIT devem realizar um projeto de tese. Isso foi algo que eu não fiz durante meus doze meses de estudo, mas, apenas por diversão, criei um programa de computador que permitia que se jogasse Scrabble contra um computador logo depois de concluir oficialmente o projeto. Ao avaliar os projetos de programação, eu os considerava bem-sucedidos simplesmente se funcionavam e desempenhavam as funções desejadas, ou se fossem capazes de completar conjuntos de testes.

Quanto às provas finais, minha referência padrão era atingir ao menos 50% da pontuação. Segui as rubricas oficiais sempre que possível. Quando havia lacunas (por exemplo, como tirar pontos por erros de aritmética ou álgebra em problemas com mais de uma etapa), eu usava o meu próprio julgamento. Esse estágio introduziu algum viés potencial, então decidi, alguns anos depois de completar o desafio, reavaliar todas as provas usando o esquema de pontuação mais rigoroso possível (todo erro em uma questão de várias etapas faria a questão inteira valer zero; todo resultado incorreto utilizado nas questões seguintes faria estas questões valerem zero também). Como resultado, segundo esse corte mais rigoroso, eu teria falhado em seis das 33 aulas em que me considerei "aprovado". Não acho que essa avaliação é a correta, então defendo a ideia original de ter passado nas provas, mas vale a pena mostrar o impacto das decisões subjetivas que tomei. Algumas poucas aulas não tinham provas finais, de modo que a avaliação padrão eram trabalhos ou provas intermediárias. Completá-los não era uma exigência para completar as aulas, mas acabei fazendo a maioria como parte do processo de aprendizagem.

Para mais informações sobre o desafio, como a lista de disciplinas, os materiais usados e imagens das provas, você pode consultar a página no desafio: www.scotthyoung.com/blog/mit-challenge/.

O ANO SEM INGLÊS

Meta: aprender espanhol, português, mandarim e coreano

Método: evitar falar inglês por um ano inteiro, enquanto viajava pela Espanha, Brasil, China e Coreia do Sul (aproximadamente três meses em cada). Fiz esse projeto em parceria com Vatsal Jaiswal (que é mencionado no Capítulo 6).

Duração: setembro de 2013 a agosto de 2014

Notas e discussão

Quantificar o nível de proficiência em cada idioma é uma tarefa complicada. Há um risco duplo, tanto superdimensionar — inferindo um nível de fluência perfeito que provavelmente requer décadas de imersão — quanto subavaliar. Uma pessoa com quem conversei depois da viagem me perguntou se eu era capaz de "dar um endereço a um taxista", embora essa tarefa demande apenas poucas horas de prática. Com essas dificuldades em mente, vou tentar estimar o nível que alcancei:

Espanhol: nesse caso, acredito que eu e meu amigo atingimos aproximadamente o nível B2 depois de três meses, que é o padrão de Benny Lewis para fluência (embora certamente não seja o padrão global). Nesse nível, tínhamos pouca dificuldade em socializar por horas, falando sobre qualquer assunto em espanhol, embora certamente nosso sotaque, nossa gramática e nossas habilidades de falar de maneira mais formal não estivessem no nível de um falante nativo.

Português: éramos mais fracos em português do que em espanhol, embora não substancialmente. Os dois idiomas têm uma base comum, então havia muito menos a aprender do que no espanhol. Conseguíamos fazer amigos e socializar, mas com um pouco mais de esforço.

Mandarim: aqui ficou marcada a primeira grande divergência em nossas habilidades. Eu queria realmente aprender esse idioma e gastei mais tempo em cartões de respostas antes da viagem para me familiarizar. Meu amigo estava menos interessado e teve mais dificuldade. No final, eu passei na prova escrita HSK 4 (o quarto dos seis níveis da série de provas que medem a proficiência em chinês) e diria que meu mandarim era razoável, embora mais limitado em assuntos avançados, nos quais o vocabulário é completamente diferente do inglês. Meu amigo alcançou um nível abaixo do intermediário e era capaz de falar com conforto e usar entonações, mas com um vocabulário menor.

Coreano: nós dois atingimos um nível abaixo do intermediário nesse idioma, sendo capazes de conversar e nos virar no dia a dia, mas em um espectro mais restrito de assuntos. Parte disso se deve à dificuldade do coreano, mas a causa principal foi simplesmente que aquele era o quarto idioma em sequência e estávamos ficando esgotados.

Embora o objetivo fosse aprender o máximo possível só depois de chegar a cada país, fizemos um pouco de preparação antes de cada um. Isso consistiu basicamente em ouvir fitas Pimsleur e usar cartões de respostas. De modo geral, gastamos cerca de 25 a cinquenta horas com cada idioma, embora eu tenha gastado mais com o chinês (aproximadamente cem horas) antes de chegar ao país.

Quem estiver interessado pode saber mais sobre o projeto (incluindo vídeos mostrando nosso progresso em cada país), saber o que usamos para aprender e ver uma entrevista demonstrando mais ou menos o nível que alcançamos em cada idioma na página do projeto: www.scotthyoung.com/blog/the-year-without-english/.

DESAFIO DE DESENHAR RETRATOS

Meta: aprimorar minha habilidade de desenhar rostos de maneira realista
Método: retorno rápido, técnicas de diversos livros e cursos
Duração: julho de 2016

Notas e discussão

Esse foi o projeto mais curto, que levou um mês e totalizou cem horas de prática. Além da estratégia de fazer esboços rápidos e compará-los por sobreposição em fotos de referência semitransparentes, também aproveitei muito o livro *Desenhando com o lado direito do cérebro*, de Betty Edwards, e as aulas de Desenho de Retratos do Vitruvian Studio.

Postei todos os desenhos, esboços e autorretratos que fiz, assim como uma discussão mais detalhada do que usei para aprender, na página do projeto: www.scotthyoung.com/blog/myprojects/portrait-challenge/.

OUTROS DESAFIOS

Quando escrevi este livro, os três desafios acima eram meus principais projetos de ultra-aprendizado levados a público. No entanto, sempre estou aprendendo coisas novas, então, à medida que me empenho em novos desafios, vou postando tudo em www.scotthyoung.com/blog/my-projects/.

NOTAS

Capítulo 1: Você consegue uma educação MIT sem ir ao MIT?
24 O Goethe-Institut, que aplica os testes: "Further Information", Goethe-Institut, https://www.goethe.de/en/spr/kup/prf/prf/gc2/inf.html.
26 "Eu não pensava: 'Caramba'": Thanh Huynh, *Roger Craig: Knowledge Tracking*, filmado em agosto de 2011, vídeo no YouTube, 14:20, postado em novembro de 2011, https://www.youtube.com/watch?v=jmld3pcKYYA&t=1s.
26 "Todo mundo que quer ser bem-sucedido em um jogo": "How One Man Played 'Moneyball' with 'Jeopardy!'", National Public Radio, https://www.npr.org/2011/11/20/142569472/how-one-man-played-moneyball-with-jeopardy.
27 Um software de repetição espaçada é: Gary Wolf, "Want to Remember Everything You'll Ever Learn? Surrender to This Algorithm", *Wired*, 20 de abril de 2008, https://www.wired.com/2008/04/ff-wozniak/?currentPage=all.
28 "Você pode simular o jogo": Huynh, *Roger Craig: Knowledge Tracking*.
31 "incrivelmente cativante e bonita": Patrick Hancock, "Review: Stardew Valley", Destructoid, 7 de março de 2016, https://www.destructoid.com/review-stardew-valley-345495.phtml.
33 "É esse tipo de profissional": "College Too Expensive? This Guy Just Finished a Four Year Computer Science Program in ONE Year Using Free MIT Material" (vídeo), Reddit, https://www.reddit.com/r/videos/comments/10tk9j/college_too_expensive_this_guy_just_finished_a/.
38 Não época não existiam: Steve Pavlina, "Graduating College in 3 Semesters", 4 de dezembro de 2005, https://www.stevepavlina.com/blog/2005/12/graduating-college-in-3-semesters/.
38 Diana Jaunzeikare embarcou: Diana Jaunzeikare, "Personal PhD.", https://diana.is/personal-phd.
38 "de 70 a 80 horas ou mais por semana": Tamu, "Independent Chinese Study: Review", Chinese-forums.com, https://www.chinese-forums.com/forums/topic/43939-independent-chinese-study-review/.
38 No começo de 2016, Trent Fowler embarcou: Trent Fowler, *The STEMpunk Project* (autopublicado, 2017).

Capítulo 2: Por que o ultra-aprendizado é importante
44 "O mediano já era": Tyler Cowen, *Average Is Over: Powering America Beyond the Age of the Great Stagnation* (Nova York: Penguin, 2013).

44 David Autor, economista do MIT: David H. Autor, Lawrence F. Katz e Melissa S. Kearney, "The Polarization of the U.S. Labor Market", *American Economic Review* 96, no. 2 (maio de 2006): 189—94.

46 Os custos aumentaram muito mais rápido: Danielle Douglas-Gabriel, "College Costs Rising Faster than Financial Aid, Report Says", *Washington Post*, 26 de outubro de 2016, https://www.washingtonpost.com/news/grade-point/wp/2016/10/26/college-costs-rising-faster-than-financial-aid-report-says/?utm_term=.72c95b4c86cb.

51 "um romancista anglófono de primeira": Gareth Cook, "The Singular Mind of Terry Tao", *New York Times*, 24 de julho de 2015, https://www.nytimes.com/2015/07/26/magazine/the-singular-mind-of-terry-tao.html.

Capítulo 4: Princípio 1 — Meta-aprendizagem: primeiro faça um mapa

68 "Kuti paoka djalou": Linguistic Society of America [Sociedade Americana de Linguística], "'Monolingual Fieldwork Demonstration': Daniel Everett", filmado em julho de 2013, vídeo no YouTube, 1:16:27, postado em setembro de 2013, https://www.youtube.com/watch?v=sYpWp7g7XWU.

69 O que torna esse feito particularmente impressionante: para evitar arruinar a demonstração usando inglês, idioma com o qual o outro falante poderia estar familiarizado, Everett escolheu fazer todas as perguntas iniciais em Pirahã, falada apenas por um grupo remoto na floresta Amazônica brasileira.

71 Nos últimos trinta anos: a excepcionalidade dessa língua gerou uma espécie de controvérsia na linguística, e as afirmações de Dan Everett sobre a gramática Pirahã estavam no centro do palco em um ataque à ortodoxia linguística.

72 Podemos ver por que a meta-aprendizagem: Jacqueline Thomas, "The Role Played by Metalinguistic Awareness in Second and Third Language Learning", *Journal of Multilingual and Multicultural Development* 9, no. 3 (1988): 235—46, https://www.tandfonline.com/doi/abs/10.1080/01434632.1988.9994334.

76 Antes de começar o projeto, determine: isso não significa que penso que a pós-graduação é uma coisa inútil, mas acho importante decidir se ela vai realmente valer a pena, dependendo do emprego que deseja, do assunto que você estuda e da instituição escolhida. Não acho que a pós-graduação é uma perda de tempo, mas acho que, antes de tomar uma decisão que envolva tanto tempo e tanto custo, é melhor pesquisar antes!

83 Por exemplo, uma recomendação comum: Victor Mair, "How to Learn Chinese and Japanese", Language Log, 17 de fevereiro de 2014, http://languagelog.ldc.upenn.edu/nll/?p=10554.

83 A literatura sobre aprendizagem autodirigida: George E. Spear e Donald W. Mocker, "The Organizing Circumstance: Environmental Determinants in Self-Directed Learning", *Adult Education Quarterly* 35, no. 1 (1º de março de 1984): 1—10, https://journals.sagepub.com/doi/abs/10.1177/0001848184035001001?journalCode=aeqb.

85 Isso me obrigou a fazer: "Portrait Drawing: The Complete Online Course", Vitruvian Studio, https://vitruvianstudio.com/course/portrait-drawing/.

Capítulo 5: Princípio 2 — Foco: afie sua faca
88 Somerville explicou: "Ela teria se contentado": Mary Somerville, *Personal Recollections, from Early Life to Old Age, of Mary Somerville: With Selections from Her Correspondence* (Londres: Roberts Brothers, 1874), 23.
96 Assim, praticantes hábeis: K. Anders Ericsson, *The Road to Excellence: The Acquisition of Expert Performance in the Arts and Sciences, Sports, and Games* (Nova York: Psychology Press, 2014), 25.
97 De modo análogo, o fenômeno: John Dunlosky, Katherine A. Rawson, Elizabeth J. Marsh, et al., "Improving Students' Learning with Effective Learning Techniques", *Psychological Science in the Public Interest* 14, no. 1 (8 de janeiro de 2013): 4—58, https://journals.sagepub.com/doi/abs/10.1177/1529100612453266.
101 "aprender a deixar que eles venham à tona": Susan L. Smalley e Diana Winston, *Fully Present: The Science, Art, and Practice of Mindfulness* (Filadélfia: Da Capo Lifelong Books, 2010), 59.
102 Alta excitação produz: A. E. Bursill, "The Restriction of Peripheral Vision During Exposure to Hot and Humid Conditions", *Quarterly Journal of Experimental Psychology* 10, no. 3 (1º de agosto de 1958): 113—29.
102 O tiver excesso de excitação: o formato de um U invertido da relação entre empolgação e desempenho é conhecida na psicologia como lei Yerkes-Dodson.
102 Tarefas mais complexas: Daniel Kahneman, *Attention and Effort* (Englewood Cliffs, NJ: Prentice-Hall), 1973.
103 Quando se está fazendo uma tarefa: Kalina Christoff, Zachary C. Irving, Kieran C. R. Fox, et al., "Mind-Wandering as Spontaneous Thought: A Dynamic Framework", *Nature Reviews Neuroscience* 17, no. 11 (2016): 718—31, https://www.nature.com/articles/nrn.2016.113.
103 Em um experimento, sujeitos descansados: Robert T. Wilkinson, "Interaction of Noise with Knowledge of Results and Sleep Deprivation", *Journal of Experimental Psychology* 66, no. 4 (novembro de 1963): 332—37, https://psycnet.apa.org/record/1964—03490—001.

Capítulo 6: Princípio 3 — Prática direta: siga sempre em frente
106 Rejeitado mais uma vez, Jaiswal: na verdade, esse é o mesmo Vatsal Jaiswal que fez comigo o projeto de idiomas relatado no Capítulo 1. Esses eventos ocorreram alguns anos antes da nossa viagem.
112 "Apesar da importância": Robert Haskell, *Transfer of Learning* (Cambridge, MA: Academic Press, 2000), xiii.
113 Em outro estudo, foram feitas: James F. Voss, Jeffrey Blais, Mary L. Means, Terry R. Greene e Ellen Ahwesh, "Informal Reasoning and Subject Matter Knowledge in the Solving of Economics Problems by Naive and Novice Individuals", *Cognition and Instruction* 3, no. 3 (1986): 269—302.
113 "em quase todos os trabalhos empíricos até hoje": Michelene T. H. Chi e Miriam Bassok, "Learning from Examples via Self-explanations", *Knowing, Learning, and Instruction: Essays in Honor of Robert Glaser* (1989): 251—82.
113 "estudantes graduados com honra": Howard Gardner, *The Unschooled Mind: How Children Think and How Schools Should Teach*, Basic Books (AZ), 2011.

113 "Pesquisadores que avaliaram com rigor": John H. Zenger, "Great Ideas Revisited. The Painful Turnabout in Training. A Retrospective", *Training and Development* 50, no. 1 (1996): 48—51.
115 "transferência é paradoxal": Wilbert J. McKeachie, "Cognitive Skills and Their Transfer: Discussion", *International Journal of Educational Research* 11, no. 6 (1987): 707—12.
122 Gráficos e sons melhores: Robert W. Proctor e Addie Dutta, *Skill Acquisition and Human Performance* (Thousand Oaks, CA: Sage Publications, 1995).

Capítulo 7: Princípio 4 — Repetição: ataque seu ponto fraco
126 Entretanto, foi mais tarde: Benjamin Franklin, *The Autobiography of Benjamin Franklin* (New Haven, CT: Yale University Press, 2003).
126 sua escrita mudaria o mundo: Walter Isaacson, *Benjamin Franklin: An American Life* (Nova York: Simon and Schuster, 2003).
126 "igualmente bem escrita": ibid.

Capítulo 8: Princípio 5 — Recuperação: teste para aprender
138 Como se isso não bastasse, afirmava: Robert Kanigel, *The Man Who Knew Infinity: A Life of the Genius Ramanujan* (Nova York: Simon and Schuster, 2016).
141 É essencialmente essa a pergunta: Jeffrey D. Karpicke e Janell R. Blunt, "Retrieval Practice Produces More Learning than Elaborative Studying with Concept Mapping", *Science* 331, no. 6018 (11 de fevereiro de 2011): 772—75, http://science.sciencemag.org/content/331/6818/772.
143 Minutos depois de estudar: Henry L. Roediger III e Jeffrey D. Karpicke, "The Power of Testing Memory: Basic Research and Implications for Educational Practice", *Perspectives on Psychological Science* 1, no. 3 (1º de setembro de 2006): 181—210, https://journals.sagepub.com/doi/abs/10.1111/j.1745—6916.2006.00012.x?journalCode=ppsa.
144 Os que tinham desempenhos piores: Jeffrey D. Karpicke, "Metacognitive Control and Strategy Selection: Deciding to Practice Retrieval During Learning", *Journal of Experimental Psychology: General* 138, no. 4 (2009): 469—86, http://memory.psych.purdue.edu/downloads/2009_Karpicke_JEPGeneral.pdf.
144 Encontramos uma resposta: Robert A. Bjork, "Memory and Metamemory Considerations in the Training of Human Beings", in *Metacognition: Knowing About Knowing*, J. Metcalfe e A. Shimamura, org. (Cambridge, MA: MIT Press, 1994): 185—205.
145 Adiar o primeiro teste: Jeffrey D. Karpicke e Henry L. Roediger III, "Expanding Retrieval Practice Promotes Short-Term Retention, but Equally Spaced Retrieval Enhances Long-Term Retention", *Journal of Experimental Psychology: Learning, Memory, and Cognition* 33, no. 4 (julho de 2007): 704—19, http://memory.psych.purdue.edu/downloads/2007_Karpicke_Roediger_JEPLMC.pdf.
145 No entanto, se o adiamento: Herbert F. Spitzer, "Studies in Retention", *Journal of Educational Psychology* 30, no. 9 (dezembro de 1939): 641—56, https://www.gwern.net/docs/spacedrepetition/1939-spitzer.pdf.

146 Uma ideia interessante: Chunliang Yang, "Enhancing Learning and Re-trieval: The Forward Testing Effect", tese de doutorado, University College London, 2018.

Capítulo 9: Princípio 6 — Feedback: não se esquive dos golpes

155 "Não vai ser tão bom": Kelefa Sanneh, "Chris Rock, the Duke of Doubt", *New Yorker*, 10 de novembro de 2014, https://www.newyorker.com/magazine/2014/11/10/duke-doubt.

156 Muitos médicos pioram: Anders Ericsson e Robert Pool, *Peak: Secrets from the New Science of Expertise*, (Nova York: Houghton Mifflin Harcourt, 2016).

157 Em uma ampla meta-análise, Avraham Kluger: Avraham N. Kluger e Angelo DeNisi, "The Effects of Feedback Interventions on Performance: A Historical Review, a Meta-analysis, and a Preliminary Feedback Intervention Theory", *Psychological Bulletin* 119, no. 2 (1996): 254—84, https://psycnet.apa.org/record/1996—02773—003.

161 Em um estudo, o feedback: Michael H. Herzog e Manfred Fahle, "The Role of Feedback in Learning a Vernier Discrimination Task", *Vision Research* 37, no. 15 (agosto de 1997): 2133—41, https://ac.els-cdn.com/S0042698997000436/1-s2.0-S0042698997000436-main.pdf?_tid=9e63a472—9df4—43fa-a165—7ff3daa4ddd2&acdnat=1551035784_e6ebf10b08703a5479c3abbf649b5320.

163 "O melhor feedback é *informativo*": Maria Araceli Ruiz-Primo e Susan M. Brookhart, *Using Feedback to Improve Learning* (Nova York: Routledge, 2017), 128.

165 James A. Kulik e Chen-Lin C. Kulik fizeram uma revisão: James A. Kulik e Chen-Lin C. Kulik, "Timing of Feedback and Verbal Learning", *Review of Educational Research* 58, no. 1 (1988): 79—97.

166 O especialista K. Anders Ericsson: K. Anders Ericsson, Ralf T. Krampe e Clemens Tesch-Römer, "The Role of Deliberate Practice in the Acquisition of Expert Performance", *Psychological Review* 100, no. 3 (1993): 363—406, https://psycnet.apa.org/record/1993—40718—001.

166 Nesses estudos, porém: Wendy Jaehnig e Matthew L. Miller, "Feedback Types in Programmed Instruction: A Systematic Review", *Psychological Record* 57, no. 2 (2007): 219—32.

Capítulo 10: Princípio 7 — Retenção: não encha um balde furado

172 O francês, com suas flexões: Corazon Miller, "How Kiwi Nigel Richards Won French Scrabble Championship", *New Zealand Herald*, 22 de julho de 2015, https://www.nzherald.co.nz/lifestyle/news/article.cfm?c_id=6&objectid=11485116.

173 "Nigel, você não é bom": Zeba Sultan, "Nigel Richards: An Enigma", The paladin speaks… http://vivaciouspaladin.blogspot.com/2013/05/nigel-richardsan-enigma.html.

174 "Quando eu vejo você, nunca": Stefan Fatsis, "Nigel Richards Article", Scrabble Study Log, http://scrabblestudylog.blogspot.com/2009/08/nigel-richards-article--by-stefan-fatsis.html.

176 Ele recusou educadamente: Tim Hume, "A Way with Words", *Sunday Star-Times*, 6 de junho de 2010, http://www.stuff.co.nz/sunday-star-times/features/3778594/A--way-with-words.

176 "Pedalar ajuda": Fatsis, "Nigel Richards Article".
177 "É trabalho duro": Daniel Stembridge, "Meeting Nigel Richards", Mindsports Academy, https://www.mindsportsacademy.com/Content/Details/2133?title=meeting-nigel-richards.
177 "Não sei se há um segredo": OgilvyBroadcast, "World Scrabble Championships 2011," filmado em outubro de 2011, vídeo no YouTube, 1:51, postado em outubro de 2011, https://www.youtube.com/watch?v=EZE_olsi-pM&t=1m46s.
178 "Geralmente acredita-se que médicos": Niteesh K. Choudhry, Robert H. Fletcher e Stephen B. Soumerai, "Systematic Review: The Relationship Between Clinical Experience and Quality of Health Care", *Annals of Internal Medicine* 142, no. 4 (2005): 260—73, https://annals.org/aim/fullarticle/718215/systematic-review-relationship-between-clinical-experience-quality-health-care.
182 Isso parece especialmente provável: Joyce W. Lacy e Craig E. L. Stark, "The Neuroscience of Memory: Implications for the Courtroom", *Nature Reviews Neuroscience* 14, no. 9 (setembro de 2013): 649—58, https://www.ncbi.nlm.nih.gov/pmc/articles/PMC4183265/.
185 Os autores de um guia: Peter Wei e Alex Chamessian, *Learning Medicine: An Evidence-Based Guide* (autopublicado, 2015).
187 Há evidências de que habilidades procedimentais: Jong W. Kim, Frank E. Ritter e Richard J. Koubek, "An Integrated Theory for Improved Skill Acquisition and Retention in the Three Stages of Learning", *Theoretical Issues in Ergonomics Science* 14, no. 1 (2013): 22—37.
190 O superaprendizado é um fenômeno: James E. Driskell, Ruth P. Willis e Carolyn Copper, "Effect of Overlearning on Retention", *Journal of Applied Psychology* 77, no. 5 (1992): 615—22, https://psycnet.apa.org/record/1993—04376—001.
192 Uma pesquisa com alunos de álgebra: Harry P. Bahrick e Lynda K. Hall, "Lifetime Maintenance of High School Mathematics Content", *Journal of Experimental Psychology: General* 120, no. 1 (1991): 20—33, http://citeseerx.ist.psu.edu/viewdoc/download?doi=10.1.1.1020.7785&rep=rep1&type=pdf.
192 Rajveer Meena, que detém o recorde: "Most Pi Places Memorised", Guiness World Records, http://www.guinnessworldrecords.com/world-records/most-pi-places-memorised.

Capítulo 11: Princípio 8 — Intuição: cave fundo antes de construir
197 "um mágico do mais alto calibre": James Gleick, *Genius: The Life and Science of Richard Feynman* (Nova York: Vintage, 1993), 10.
198 "Ele é o único que não tem medo": Richard P. Feynman e Ralph Leighton, "*Só pode ser brincadeira, Sr. Feynman!*" (Rio de Janeiro: Intríseca, 2019).
200 "Acontece que eu sabia": ibid., p. 193.
201 "Eu tinha um esquema": ibid., p. 85.
202 Em um estudo famoso, distribuíram-se: Michelene T. H. Chi, Paul J. Feltovich e Robert Glaser, "Categorization and Representation of Physics Problems by Experts and Novices", *Cognitive Science* 5, no. 2 (abril de1981): 121—52, https://onlinelibrary.wiley.com/doi/pdf/10.1207/s15516709cog0502_2.

203 Outro estudo, que comparou: William G. Chase e Herbert A. Simon, "Perception in Chess", *Cognitive Psychology* 4, no. 1 (janeiro de 1973): 55—81, http://citeseerx.ist.psu.edu/viewdoc/download?doi=10.1.1.601.2724&rep=rep1&type=pdf.

203 Os pesquisadores estimaram que: Fernand Gobet e Herbert A. Simon, "Expert Chess Memory: Revisiting the Chunking Hypothesis", *Memory* 6, no. 3 (1998): 225—55, https://pdfs.semanticscholar.org/d11f/079a1d6d3147abbb7868955a6231f4a5ba5b.pdf.

206 Se [ele] tivesse dito": Feynman e Leighton, "*Só pode ser brincadeira, Sr. Feynman!*", 21.

207 Feynman contou uma história: o trabalho, que rendeu aos dois um prêmio Nobel, demonstrou que o universo em que vivemos não é uma imagem refletida com simetria. Isso significa que há certos processos físicos que parecem diferentes no reflexo. Na época, isso foi uma surpresa enorme para os físicos, que supunham que havia essa simetria. Ibid., 249.

207 Uma das primeiras incursões do físico: Walter Isaacson, *Einstein: His Life and Universe* (Nova York: Simon and Schuster, 2008).

208 "ilusão de profundidade explicativa": Rebecca Lawson, "The Science of Cycology: Failures to Understand How Everyday Objects Work", *Memory & Cognition* 34, no. 8 (2006): 1667—75, http://gearinches.com/misc/science-of-cycology.PDF.

208 A abordagem de Feynman e Einstein: o artista e designer Gianluca Gimini brinca com esse conceito ao projetar bicicletas que pareçam com a imagem mental que as pessoas têm do objeto, e que, claro, não funcionam. As criações dele estão disponíveis em gianlucagimini.it/prototypes/velocipedia.html.

210 Em um estudo, pedia-se que os participantes: Fergus I. M. Craik e Robert S. Lockhart, "Levels of Processing: A Framework for Memory Research", *Journal of Verbal Learning and Verbal Behavior* 11, no. 6 (dezembro de 1972): 671—84, http://wixtedlab.ucsd.edu/publications/Psych%20218/Craik_Lockhart_1972.pdf.

210 Aqueles que processaram profundamente: Thomas S. Hyde e James J. Jenkins, "Differential Effects of Incidental Tasks on the Organization of Recall of a List of Highly Associated Words", *Journal of Experimental Psychology* 82, no. 3 (1969): 472—81, https://people.southwestern.edu/~giuliant/LOP_PDF/Hyde1969.pdf.

211 O efeito Dunning-Kruger ocorre: Justin Kruger e David Dunning, "Unskilled and Unaware of It: How Difficulties in Recognizing One's Own Incompetence Lead to Inflated Self-Assessments", *Journal of Personality and Social Psychology* 77, no. 6 (dezembro de 1999): 1121—34, https://pdfs.semanticscholar.org/e320/9ca64cbed9a441e55568797cbd3683cf7f8c.pdf.

211 "Algumas pessoas acham": Feynman e Leighton, "*Só pode ser brincadeira, Sr. Feynman!*", 244.

213 "Eu tinha essa sensação desconfortável": ibid., 281.

214 Com o livro ao lado: minhas anotações estão disponíveis em https://www.scotthyoung.com/mit/photogrammetry.pdf.

215 Para ter mais segurança nesse tópico: minhas anotações estão disponíveis em https://www.scotthyoung.com/mit/grid-accel.pdf.

216 "Cheguei a um ritmo excelente": ibid., 141.

Capítulo 12: Princípio 9 — Experimentação: saia de sua zona de conforto
219 "Você começou tarde demais": Steven W. Naifeh e Gregory White Smith, *Van Gogh: The Life* (Nova York: Random House, 2011), 260.
219 "Nós achávamos o trabalho": ibid., 514.
220 Arrematado por mais de 82 milhões de dólares: Judd Tully, "$82.5 Million for van Gogh; Japanese Buyer Sets Art Auction Record", http://juddtully.net/auctions/82—5-million-for-van-gogh-japanese-buyer-sets-art-auction-record/.
222 "devorou esses calhamaços": Naifeh e Smith, *Van Gogh*, 214.
222 "Dificilmente existe alguma cor": ibid., 333.
228 Mentalidade de crescimento: Carol S. Dweck, *Mindset: The New Psychology of Success* (Nova York: Random House, 2008).
230 Também pode dissipar: tive minha própria experiência quando tentava escrever este livro. Como parte do processo, reli muitos livros cujos estilos queria imitar. O que me surpreendeu ao fazer isso foi que muitos tinham menos citações do que eu me lembrava, e a "seriedade" vinha do tom, não da erudição.
232 Scott Adams, o criador de *Dilbert*: Scott Adams, "Career Advice", Dilbert.Blog, 20 de julho de 2007, http://dilbertblog.typepad.com/the_dilbert_blog/2007/07/career-advice.html.

Capítulo 14: Uma educação não convencional
256 "grandes mestres não gostam": a fonte que conseguir rastrear parecer vir daqui: Shelby Lyman (02—08—1987), "Younger Sisters Are Also Proficient", *Sunday Telegraph* 1 (45).
256 "três ou quatro grandes prodígios do xadrez da história": F. Lidz, "Kid with a Killer Game", *Sports Illustrated* 72, no. 6 (1990): 8—8.
256 "Ela tem um talento fantástico": ibid.
257 "Eu estava jogando contra o campeão": *Chess Life* 50, (no. 7—12): 647.
257 "Como você pôde fazer isso comigo?": Leonard Barden, "Sweet Revenge for Kasparov's Opponent", *Guardian*, 11 de setembro de 2002, https://www.theguardian.com/world/2002/sep/11/3.
257 "Acho que deviam ensinar": Dirk Jan ten Geuzendam, "Finding Bobby Fischer: Chess Interviews by Dirk Jan ten Geuzendam", *Alkmaar, the Netherlands: New in Chess* (1994), 203.
258 "Um gênio não nasce": Peter Maass, "Home-Grown Grandmasters", *Washington Post*, março de 1992.
258 "Quando olhava as histórias": Linnet Myers, "Trained to Be a Genius, Girl, 16, Wallops Chess Champ Spassky for $110,000", *Chicago Tribune*, fevereiro de 1993.
259 "As mulheres são capazes": Patricia Koza, "Sisters Test Male Domination of Chess", *Mohave Daily Miner*, novembro de 1986.
261 "As Polgárs mostraram": G. K. Kasparov e Mig Greengard, *How Life Imitates Chess: Making the Right Moves, from the Board to the Boardroom* (Nova York: Bloomsbury, 2008).
262 "Se elas foram educadas": László Polgár, *Raise a Genius!* (Vancouver: autopublicado, 2007), 97, https://docplayer.net/64270951-Raise-a-genius-by-laszlo-polgar-original--edition-laszlo-polgar-nevelj-zsenit-budapest-interviewer-endre-farkas.html.

264 "começando aos 4 ou 5 anos": ibid., 33.
265 "brincar não é o oposto de trabalhar": ibid., 20.
265 "Depois de uma quantidade de fracassos": ibid., 16.
266 "Temos que garantir": ibid., 51.
266 "Uma coisa é certa": ibid.
266 "uma das tarefas educacionais": ibid., 36.
270 "preparar a abertura não era": Judit Polgár, *How I Beat Fischer's Record* (Glasgow: Quality Chess UK Ltd, 2012), 11.

Este livro foi impresso pela Vozes, em 2024, para a HarperCollins Brasil. O papel do miolo é pólen soft 70g/m², e o da capa é cartão 250g/m².